FORMATION DES ENSEIGNANTS

Professeurs des écoles

Se former à l'enseignement musical

Approche didactique et pédagogique

Claire Gillie-Guilbert

Lucienne Fritsch

ARMAND COLIN

ISBN 2-200-01355-8

Masson & Armand Colin Éditeurs – 5, rue Laromiguière – 75241 Paris Cedex 05

SOMMAIRE

2. L'ÉCOUTE

3. LES INSTRUMENTS

Avant-propos

« Entre le moment où naît l'être humain et celui où il meurt, on parcourt l'espace d'une vie, la trajectoire d'une voix qui crie, vocalise, jusqu'à sa transformation en langage, caractéristique de l'espèce humaine, voix qui accompagne et gère les sentiments par l'intermédiaire d'un souffle qui cessera avec la mort. À cet ultime moment, les scientifiques nous apprennent que le fonctionnement de l'appareil auditif s'arrête le dernier, plusieurs heures ou peut-être plusieurs jours après ce qu'on appelle la " mort fonctionnelle ". »[1]

À ces deux phases extrêmes de notre vie, voix et écoute se manifestent dans une intensité propre à chaque individu. L'une prélude : la voix. L'autre postlude : l'écoute.

Cette voix à la genèse de notre être parlant et chantant (à moins qu'il ne soit amené à déchanter !), jette vers le monde des entendants son premier cri, première note d'une « ouverture » dont nous voici soudain institués auteur et interprète. Va-t-elle dérouler sa partition *sotto voce* dans le mode tragique, *mezzo forte* dans le style solennel, ou bien va-t-elle tisser la trame d'un dérisoire « pot-pourri » où se donnent déjà à entendre les thèmes fédérateurs d'une destinée ?

Au terme de notre vie, lorsque tout ce qui nous accompagnait se figera dans un incontournable *point d'orgue,* quelle improvisation oserons-nous en cette ultime *coda* pour varier et développer une dernière fois, en soliste, les thèmes qui nous furent essentiels ? Qu'entendrons-nous de cet Éternel Silence si notre vie durant nous avons dormi sur nos deux oreilles ?

L'enseignant vit au cœur de ces interrogations, et n'ayant pas de réponse pour lui-même, ne trouvant pas de réponse pour ses élèves, il « donne de la voix » et « prête l'oreille ».

Mais à trop « donner sa voix » on risque de la « perdre », et à trop « prêter l'oreille », il n'en restera plus qu'une par laquelle... ça rentrera... pour ne plus pouvoir ressortir... ! On est alors tenté d'inverser le mécanisme et de « prêter sa voix »... pour qu'il nous soit rendu quelque chose, et de « donner de l'oreille » à ceux qui nous accuseront leur vie durant de ne pas leur avoir accordé présence et attention. « Personne i m'écoute ! » se plaignait cette enfant de quatre ans. Allons-nous nous résigner à nous appeler « personne » ?

Soucieux de donner *sens* à notre pédagogie, sens-signification, mais aussi sens-direction et sens-sensibilité, nous craignons de nous tromper de *voie,* entraînant à notre suite les élèves dans notre sillage sinueux et déviant. Prise dans ce va-et-vient infernal entre le dedans et le dehors, entre l'intérieur et l'extérieur, une quête d'« autre chose » qui aurait un parfum de stabilité, de permanence, s'insinue aux lisières de nos désirs de pédagogues.

1. M. F. Castarède, in *La Voix et ses sortilèges.*

La Musique peut-elle tenir cette place? « *Entre les sentiments contradictoires, la musique n'est pas tenue d'opter, et elle compose avec eux, au mépris de l'alternative, un état d'âme unique, un état d'âme ambivalent et toujours indéfinissable.* »[2]

L' Éducation Musicale peut-elle tenir ce rôle? Ne risque-t-elle pas d'entraîner l'étudiant ou l'enseignant, qui se sent incompétent en ce domaine vers une sorte de mise « à l'épreuve » ?

« Musique à l'épreuve »... Musique à l'épreuve du concours certes, mais aussi musique à l'épreuve *des* concours... de circonstance qui en ont fait l'hôte passager ou lointain de nos vies. Musique à l'épreuve des enfants, à l'épreuve des parents qui continuent à la considérer comme « matière secondaire »... Mais aussi, musique à l'épreuve de soi, de ses peurs et de ses désirs...

À vous qui préparez ce concours, qui *faites l'épreuve*, et aussi à vous qui êtes *à l'épreuve* de la musique au quotidien dans votre classe, nous aimerions *faire les preuves*, témoigner de la place que tient la musique au cœur de votre vie et de votre pédagogie. Parce qu'aussi nous l'avons *éprouvé* au quotidien de notre vie de formateurs.

Écrit à deux voix, ce livre ne prétend être qu'une partition livrée à vos talents d'interprètes, qu'un thème qu'il vous appartiendra de reprendre, de broder, de varier, de développer.

« *Sachez-le toujours le chœur profond reprend la phrase interrompue*
Du moment que jusqu'au bout de lui-même le chanteur a fait ce qu'il a pu
Qu'importe si le chemin faisant vous allez m'abandonner comme une hypothèse[3] ».

---

2. V. JANKÉLÉVITCH, in *La Musique et l'Ineffable*.
3. Extrait de « Je me tiens sur le seuil de la vie et de la mort », poème d'Aragon chanté par J. Ferrat sous le titre d'*Épilogue*.

1 | LA VOIX

« Le vocal, c'est à la fois la voix instrument et la voix chair et sang...
La voix, c'est notre histoire humaine. »
Betsy JOLAS, in *Diapason*, mai 1995.

Si présente que l'on a tendance à l'oublier, si familière que l'on risque de la négliger, si quotidienne qu'on n'entend plus d'où elle parle, si intime qu'elle trahit à notre insu nos difficultés physiques et psychologiques, la voix, *notre* voix, est le premier, le plus complexe et le plus accompli des instruments, le clavier sensible de notre personnalité.

Indispensable à notre vie, elle joue en complicité avec l'oreille le plus subtil duo que l'homme puisse offrir, se donner à écouter.

1. Connaître la voix

« Elle est le médium qui a le pouvoir de nuancer à l'infini nos sentiments. »
M. F. CASTARÈDE in *La Voix et ses sortilèges.*

Instrument de communication, elle devient, pour l'enseignant, *instrument de travail* proposé à l'écoute des enfants. Celui qui « se donne à entendre » doit constamment contrôler son expression vocale pour l'adapter au message à transmettre. Il lui faut nourrir un texte d'expressivité, mettre en relief les mots clés, garder son *message intelligible jusqu'à la fin de la phrase,* solliciter, voire « séduire » l'écoute par une voix ferme et sécurisante, dynamique tout en étant chaleureuse.

Devenu professionnel de la voix, au même titre que les chanteurs, les comédiens ou les avocats, l'enseignant se doit de l'améliorer, de la protéger, d'en traquer et d'en explorer les ressources.

En contact direct avec ses élèves, « écoutants » plusieurs heures par jour, il est celui qui induit le dialogue, « donne le ton », choisit judicieusement les mots porteurs de « savoir » et de « savoir être ». L'impact d'une belle voix est incontestable mais ceux qui se considèrent comme défavorisés doivent cependant penser aux artistes qui, comme Armstrong et Aznavour ont réussi à faire d'un défaut bien géré, un véritable atout de réussite.

Il y a, aussi, ceux qui se réfugient derrière un « je chante faux » qui n'est en réalité, le plus souvent, qu'une manifestation de timidité et de crainte de se laisser découvrir... Pour que la musique ne les mette pas *« à l'épreuve »*, nous souhaitons qu'ils trouvent dans ce qui suit les informations et suggestions les incitant à prendre sans complexe leur voix « en main » pour accomplir avec elle un parcours stimulant à la découverte de « soi » et des autres.

Connaître et reconnaître les voix

Leur spécificité

Il existe deux types de voix : *les voix naturelles* et *les voix travaillées.*

Comment peut-on, d'oreille, les différencier ?

– par la présence, dans le deuxième cas, d'un « timbre » plus homogène couvrant l'étendue de la tessiture,

– par la maîtrise des « notes de passage » (notes charnières jalonnant les passages d'une technique de pose de voix à une autre),
– par l'absence d'effort vocal aux extrémités de la « tessiture » (dans le grave et dans l'aigu),
– par une gestion régulière du souffle permettant un déploiement ample des phrases musicales,
– par la souplesse d'exécution des courbes mélodiques présentant de grands écarts marqués par des intervalles fortement disjoints,
– par l'usage d'un vibrato régulier donnant un relief chaleureux aux notes chantées,
– par une articulation pensée restituant vie et sens aux mots.

Doit-on *travailler* sa voix si l'on ne désire pas devenir chanteur professionnel ?

Oui, si utilisée comme *outil de travail,* elle fait de son propriétaire un *professionnel de la voix* malgré lui. Celui-ci va donc devoir apprendre à « placer » sa voix, « poser » sa voix, sa voix parlée comme sa voix chantée (cf. p. 32)

Leur classification

Comment classer les voix ? Chaque voix étant unique, il s'avère nécessaire d'utiliser certains paramètres du son, notamment celui de la *hauteur* pour distinguer les différentes tessitures. Les diverses écoles de chant exposent des avis divergents sur l'étendue d'une voix «naturelle» et d'une voix « travaillée ». Nous avons donc essayé, dans ce qui suit, de faire une synthèse aussi objective que possible de ces tendances.

Pour les voix « travaillées » le critère de la hauteur, certes, s'impose ; mais en fonction des éventuels personnages d'opéra que ces voix devront incarner, timbre et hauteur interviendront de façon déterminante pour nuancer cette classification. La voix de ténor qui interprète *Orféo* de Monteverdi n'a ni la même couleur ni le même volume que celle qui chante Don José dans *Carmen.*

Nous donnerons, ci-dessous, les tessitures « normalisées » des différents types de voix à titre indicatif et comparatif, assorties de leur écriture sur la portée. Ceci permettra à l'enseignant entrant en possession d'une partition de vérifier que l'ambitus du chant choisi correspond bien aux possibilités vocales des enfants de sa classe.

> ***N.B. :*** les notes blanches 𝅗𝅥 indiquent l'étendue des voix travaillées, et les notes noires 𝅘𝅥 l'étendue des voix non travaillées. Les notes extrêmes atteintes par les voix travaillées sont indiquées en croches 𝅘𝅥𝅮. Les notes DO3, DO4, DO5 sont données en rondes 𝅝 pour référence.

Les voix naturelles

• **Chez les enfants,** nous considérons que nous avons uniquement des voix naturelles.

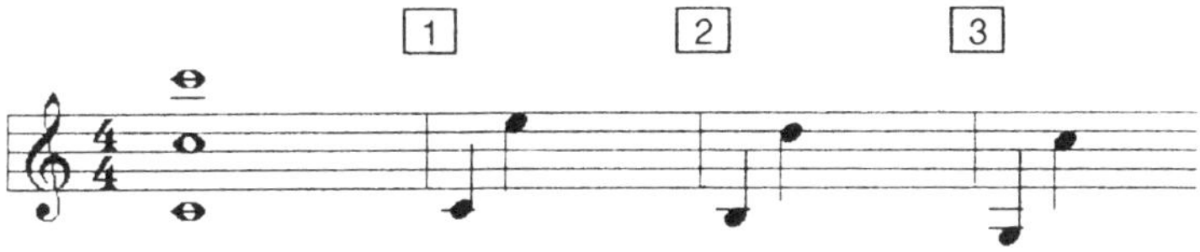

1) voix de Soprano : Do 3 à Mi 4 (mesure 1)
2) voix de Mezzo : Si 2 à Ré 4 (mesure 2)
3) voix d'Alto : Sol 2 à Do 4 (mesure 3)

• **Chez les adultes** :
– voix naturelles ***féminines*** :

1) voix de *Soprano :* Ré 3 à La 4 (mesure 5)
2) voix de *Mezzo* : Si 2 à Fa 4 (mesure 6)
3) voix d'*Alto* : Sol 2 à Ré 4 (mesure 7)

– voix naturelles ***masculines*** :

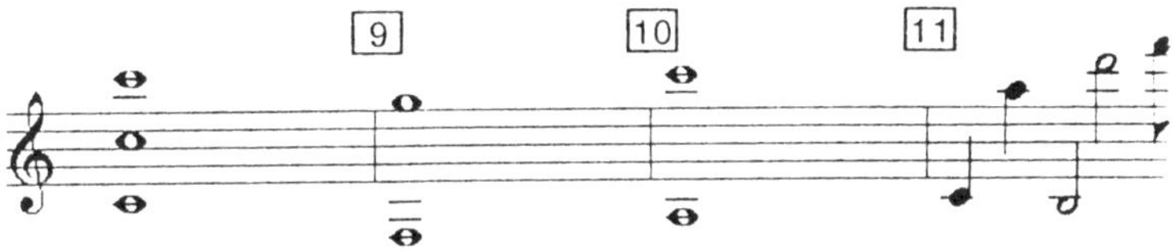

1) voix de *Haute-contre*[1] : (mes. 9 et 10)
2) voix de *Ténor* : Do 2 à La 3 (mesure 11)
3) voix de *Baryton* : La 1 à Fa 3 (mesure 14)
4) voix de *Basse* : Fa 1 à Ré 3 (mesure 15)

On remarquera que les voix d'hommes et de femmes ont la même étendue mais à une hauteur différente d'une octave sur l'échelle musicale.

1. Voix que nous traiterons dans la rubrique des voix travaillées, mais que l'on trouve parfois émise à cette tessiture par des voix naturelles et qui figurent dans ce tableau pour comparaison.

Les voix travaillées

La *tessiture* des chanteurs professionnels dépasse de plusieurs notes celle des voix naturelles, aussi bien vers le grave que vers l'aigu.

La *classification* se fait suivant certains critères : hauteur, timbre, volume sonore, mais aussi selon le style de répertoire qui réclame certaines constitutions vocales particulières (opéra, opérette, lied, mélodie, negro-spiritual, rock, etc.). La langue maternelle, le contexte social, culturel, ethnique, voire politique, prédisposent à privilégier des compétences au détriment d'autres qui ne pourront s'acquérir que par travail spécifique ; chaque pays est doté d'une école de chant à nulle autre semblable.

– Chez les *femmes*, on distingue trois types de voix : Soprano, Mezzo-Soprano, Alto (ou Contralto)[2].

Le Soprano peut être *léger* (très aigu), *colorature* (aigu mais capable d'exécuter des vocalises plus rapides), *lyrique* (beau volume et timbre un peu cuivré) ou *dramatique* (grand volume, timbre profond).

Dans les voix graves de femmes, nous trouvons le *Mezzo soprano* au timbre velouté, le *Falcon* qui correspond au timbre profond d'une chanteuse portant ce nom, *l'Alto* assez grave et le *Contralto* de même tessiture mais de couleur plus sombre. Cette dernière tessiture de loin la plus fréquente en voix naturelle, est en fait si rare en voix travaillée que les rôles de Contralto sont souvent interprétés par des Mezzo-Soprano.

– Chez les *hommes*, on distingue quatre types de voix : le Haute-contre, le Ténor, le Baryton, la Basse.

Le *Haute-contre*, très aigu, atteint le registre féminin, mais ne saurait être confondu avec la voix de Falsettiste. Alors que ce dernier utilise la voix de tête, le Haute-Contre emploie la « voix mixte ».[3]

Le Ténor peut être *léger* (clair, aux aigus faciles), *lyrique* (plus timbré et plus puissant), ou *dramatique* (le Heldentenor, ou Ténor wagnérien interprète des rôles qui exigent un médium timbré et puissant).

D'autre part, le Baryton *Martin*, plus léger que le *Baryton*, se rapproche du Ténor par sa clarté d'émission des aigus, et se distingue de ce fait du Baryton « *Verdi* », ou encore du Baryton *de caractère*.

Chez les voix de basses, la Basse *noble* ou *profonde* désigne une voix plus grave, plus dramatique et plus puissante que la Basse *Chantante*.

---

2. Certains auteurs ne différencient pas ces deux voix, donnant l'un comme synonyme de l'autre, tandis que d'autres en soulignent un contraste affectant plus le timbre que la tessiture. Les dimensions de cet ouvrage ne nous autorisent pas à entrer dans cette polémique ; soulignons toutefois que ces deux terminologies distinctes se réfèrent à l'écriture contrapuntique, et non au registre assuré à l'origine par les voix masculines !

3. A. DELLER, lors d'interview télévisées, se plaisait à faire entendre sa « deuxième » voix de baryton, et à expliciter cet aspect technique de son émission vocale.

Connaître sa voix

« On ne connaît ni sa voix ni son visage. »

Jean COCTEAU.

La situer parmi « les voix »

Notre voix parlée

Elle est l'image de notre « moi », le baromètre de notre sensibilité.

Lorsqu'une émotion quelconque est enregistrée par notre cerveau, avant d'être transmise à notre corps, elle passe par notre gorge (région très innervée), particulièrement réceptive, véritable révélateur de nos états d'âme. Sensible aux moindres inflexions de nos « humeurs », elle varie aussi selon l'usage que nous sommes amenés à en faire. Elle nous semble alors multiple : **conversationnelle** dans la vie quotidienne, **projetée** pour s'adresser à un groupe, **d'urgence** en état de choc ou de fatigue vocale extrême.

Or, de même que nous reconnaissons un acteur malgré ses différents costumes d'emprunt, nous sommes identifiables par le timbre de notre voix, malgré les facettes multiples qu'elle revêt. L'expérience du téléphone le prouve ; une oreille exercée décèle dès le premier *allô !* qui parle, et dans quel état psychologique est cette personne.

Quels qualificatifs pouvons-nous donner à notre voix ?

L'image que nous avons d'elle n'est pas celle qu'en ont les autres, car nous ne l'entendons pas comme eux l'entendent. Nous le savons bien s'il nous est donné de l'écouter dans un enregistrement ; nous accusons le magnétophone d'être de mauvaise qualité et de déformer notre voix. « Nous ne l'entendons pas de cette oreille là ! », car en effet, au vrai sens de l'expression, c'est notre audition qui est en cause. *« Cet effet spéculaire de la voix se signifie communément à travers l'effet d'étrangeté que produit sur moi l'intonation de " ma " voix »*[4].

Acceptons donc une bonne fois pour toutes que la voix qui sort du magnétophone est bien la nôtre, et cherchons parmi les qualificatifs suivants, le plus objectivement possible, ceux qui la caractérisent au mieux.

Une voix parlée peut être physiologiquement criée, cassée, chevrotante, fatiguée.

Certains adjectifs qualifient plus spécifiquement :

– sa *hauteur* : aiguë, grave, perchée, etc.
– son *intensité* : sourde, douce, forte, tonitruante, etc.
– son *timbre* : claire, voilée, granuleuse, rauque, éraillée, enfantine, détimbrée, chaude, légère, sèche, profonde, vulgaire, veloutée, acide, métallique, sifflante, douce, agréable, chantante, envoûtante, blanche, monocorde, forcée, dure, caverneuse, nasillarde, cristalline, etc.

4. Paul-Laurent ASSOUN, in *Le Regard et la Voix*.

– son *expressivité* : décidée, ferme, sécurisante, brutale, coupante, tranchante, sarcastique, cinglante, pointue, apaisante, charmeuse, agressive, irritante, lénifiante, plaisante, lumineuse, angélique, tonifiante, dynamique, chaleureuse, suppliante, conventionnelle, emphatique, ironique, apprêtée, humble, timide, étranglée, tremblante, « sexy », brutale, etc.

Certains de ces qualificatifs varient aussi selon les circonstances dans lesquelles nous utilisons notre voix. En effet, selon les différents moments de la journée, selon l'âge des enfants auxquels nous nous adressons, selon l'acoustique des lieux, selon notre âge et nos humeurs, des altérations, des modifications ou bien encore des exagérations de ces critères se manifestent.

Notre voix chantée

« Je chante faux ! »...

... dites-vous, ou bien parce qu'on vous l'a dit, parce que vous le croyez, parce que c'est ainsi que vous l'entendez, ou bien encore par action préventive à l'encontre de toute demande qui solliciterait une émission vocale de votre part... Vous arrive-t-il de dire « J'entends faux ! » ? Non ?... Or c'est pourtant ce qui arrive le plus souvent et vous conduit à mal juger vos qualités vocales. Ou bien encore, vous chantez juste, dans une échelle restreinte dont vous n'avez jamais cherché à dépasser les degrés extrêmes, et qui correspond cependant à votre propre tessiture. Lorsque l'interprétation d'un chant vous impose, par la présence d'un intervalle relativement disjoint, de passer à un autre registre, à une autre place de voix, votre mécanisme phonatoire n'arrive pas à s'adapter. Songez à ce qui se passerait si, ne sachant sauter que soixante-dix centimètres en hauteur, on vous demandait, sans entraînement préalable, de franchir un mètre cinquante... Ce serait la chute ! Chanter faux revient donc à « chuter vocalement » lorsqu'un intervalle sollicite de vous des réflexes de « pose de voix » que vous n'avez pas (encore) acquis.

« ... chanter faux serait un avatar, un raté de la synergie audio-phonatoire des débuts de vie. »[5]

« Vous chantez trop haut ! »...

... telles sont les réactions qui nous sont opposées en début de formation initiale,... et même au-delà, dès qu'il s'agit de chanter dans un registre qui n'excède pourtant pas le RÉ4 ! Ce sentiment éveillé *à l'écoute* du chant, avant même toute première tentative d'émission sonore, témoigne d'une méconnaissance de son potentiel vocal et conduit à s'interroger sur sa propre tessiture.

Quelle est votre tessiture ?

Combien peuvent répondre à cette question lorsqu'il s'agit de se présenter à une chorale d'amateur, au concours d'entrée à l'IUFM, ou dans toute autre circonstance... Dans le « test » pour voix parlée et voix chantée qui suit, vous trouverez des éléments vous permettant de répondre à cette question.

---

5. M. F. CASTARÈDE, in *La Voix et ses sortilèges.*

Test

Il faut avoir le courage d'écouter ce que les autres entendent et ce que retranscrit le magnétophone afin de pouvoir porter une écoute critique sur le volume sonore, le débit, l'articulation, etc. qui peuvent se corriger facilement.

Indépendamment de l'usage de l'enregistrement, il y a un moyen d'écouter sa voix comme les autres l'entendent. Pour cela, il suffit de glisser une main derrière l'oreille pour en rabattre le pavillon, tout en abaissant l'autre main en coquille englobant la bouche et l'ouverture du conduit auditif. En parlant... à sa propre oreille, dans cette sorte de coque formée par les deux mains jointes en leur poignet et l'extrémité des doigts, on découvre déjà une voix, la sienne, dépouillée des résonances parasites qui nous en faussaient l'image. On s'attachera d'autre part à faire l'expérience avec les deux oreilles, afin de déceler d'éventuelles différences de perception.

Votre voix parlée

Après s'être enregistré en lisant un texte à haute voix ou pendant une conversation avec un familier, on s'essayera à définir les critères suivants :

– Le débit : lent, rapide, précipité, « haché », fuyant, saccadé ?

– Les respirations : sonores, sifflantes, discrètes, inaudibles, fréquentes, espacées ?

– L'accent tonique : appuyé en fin de phrase, traînant, ou « inversé » afin de donner relief et sens à certains mots clefs (technique utilisée par les hommes politiques) ?

– Les accentuations : nombreuses, inexistantes, soumises aux respirations ou au sens du texte ?

– L'intonation : chantante, mélodieuse, monocorde, présentant des « décrochés » (tels le « je vous ai compris » légendaire du Général de Gaulle) ?

– L'ambitus : large, restreint, évoluant comment selon la longueur et le sens du texte ?

– L'expressivité : artificielle, spontanée, mobile, ennuyeuse ?

– L'intelligibilité : claire, nette, confuse, constante, fluctuante ?

– Les voyelles : « i », « é », « è », rentrées ou claires ; « on », « an », « un », « ein », nasales « enrhumées » ou claires ?

– Les consonnes : « percussives »[6] ou « aplaties », gutturales ou filantes, dentales « à l'anglaise » ou non ?

– Etc., sans oublier la gamme d'adjectifs énumérés dans le chapitre précédent.

Recommencez l'expérience de l'enregistrement. Mais cette fois-ci, au lieu de lire un texte qui vous engage affectivement, prenez un bottin ou un annuaire et explorez toute la gamme des adjectifs précités et faites en un texte... humoristique,... tendre,... ou dramatique !

---

6. Terminologie n'existant pas en linguistique, mais voulant rendre le caractère projectif de certaines consonnes telles les occlusives, les plosives, les dentales, etc.

On n'oubliera pas non plus d'oser pratiquer différents bruits de bouche comme claquements de langue, rires, soupirs sonores, grognements, etc. afin de juger de la qualité et de l'expressivité de leur émission.

Votre voix chantée

Mieux que de s'enregistrer chantant en soliste une chanson populaire, on s'essayera à chanter sur des enregistrements que l'on aime et à juger objectivement si l'on peut tout chanter comme l'interprète que l'on a choisi ou si l'on peine dans certains registres, grave, aigu, etc.

Certaines chansons peuvent vous permettre de situer votre voix, donc d'en définir la tessiture. La plupart des chanteurs cités ci-dessous chantent en voix naturelle. La classification sommaire et approximative que nous proposons (qui ne tient compte que des chanteurs français afin que la langue n'interfère pas avec le timbre et le registre) permettra peut-être mieux de situer votre tessiture.

Voix d'hommes	aiguës	Legrand, Fugain, Sheller
Voix d'hommes	médium	Perret, Bachelet, Duteil, Brel, Aznavour, Mitchell,
Voix d'hommes	graves	Brassens, Reggiani, Nougaro
Voix de femmes	aiguës	Mouskouri, Gall, Dion
Voix de femmes	médium	Elsa, Paradis, Sanson
Voix de femmes	graves	Kaas, Enzo Enzo, Barbara, Foly

Une chanson de grand ambitus comme *La croisade des enfants* de Higelin, vous permet à elle seule de vous situer. En effet, si vous ressentez le couplet comme « trop grave » et le refrain « trop aigu », c'est que votre voix est médium. N'être à l'aise que dans le début désigne une voix grave ; dans le refrain seulement, une voix aiguë.

Mais attention, pour les voix féminines, à ne pas céder à la tentation de chanter exactement à la même hauteur que les voix des chanteurs masculins. On constate de plus en plus que les femmes et jeunes filles, « séduites » par le charme de ces voix graves, les imitent tant et si bien qu'elles vont jusqu'à perdre leur registre médium !

Connaître le mécanisme de la voix

« Sans la voix – ce qui revient à dire : sans le corps –, la parole ne vit pas. »

Denis VASSE, in *Inceste et Jalousie.*

Le vrai mécanisme de la voix est encore à l'étude, plusieurs hypothèses s'affrontent. Il ne peut être question dans le cadre de cet ouvrage d'exposer toutes les théories en présence (*cf.* Bibliographie).

Physiologie de la voix

La production vocale découle du fonctionnement de l'appareil respiratoire et de l'appareil digestif dont la destination première a été détournée. La voix est donc un phénomène qui engage les fonctions essentielles du corps pour traduire une fonction essentielle de l'homme.

Elle est la sonorisation de l'expir.

Le geste vocal se répartit sur plusieurs plans

• **La soufflerie.** Alimentée par les poumons, c'est elle qui génère et régénère l'acte respiratoire, acte réflexe et inconscient qui peut être cependant contrôlé et régulé. Le diaphragme, plancher mobile la séparant des viscères, fait office de piston et joue un rôle capital dans le maintien de la « colonne d'air ».

LARYNX – COUPE FRONTALE

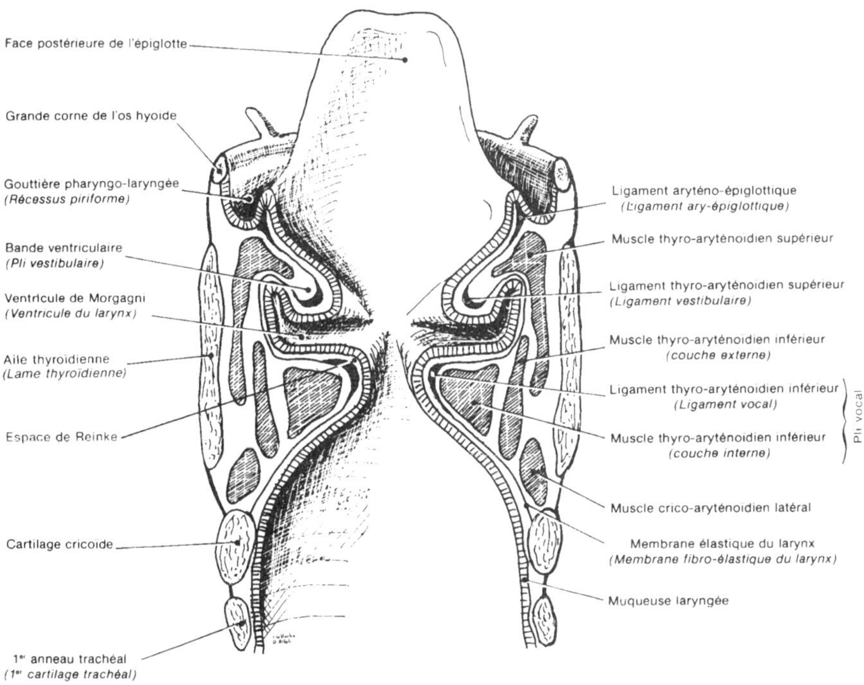

F. LE HUCHE et A. ALLALI, *La Voix*, T. 1, Masson, 1991.

• **Le générateur de vibrations**. Dans le **larynx,** cavité mobile à l'extrémité de la trachée, se trouvent les plis vocaux (ou cordes vocales), sortes de bandes musculaires horizontales servant de sphincter et formant un V pointé en avant. Ils peuvent être étirés par les cartilages aryténoïdes. Séparées des plis vocaux par le ventricule de Morgagni, les bandes ventriculaires sont quelquefois appelées fausses cordes vocales. Cet ensemble est protégé lors de la déglutition par l'épiglotte, cartilage léger en forme de pétale qui oriente le bol alimentaire vers l'œsophage.

• **Les plis vocaux.** Terminologie utilisée dans cet ouvrage à la place de **cordes vocales** (voir Lexique, p. 216), ils furent découverts par un médecin contemporain de J. S. Bach, Antoine Ferrein. Leur mise à jour conférait ainsi à la voix un double statut : celui d'instrument à vent et celui d'instrument à cordes.

Ils sont mis en vibrations par la pression de l'air expiré. La vidéo-fibroscopie (méthode d'investigation moderne et non douloureuse qui consiste à descendre une micro-caméra depuis le conduit des narines jusqu'aux cordes vocales) révèle leur couleur naturelle : blanc nacré. Ce sont des muscles de 23 mm de longueur chez l'homme et de 19 mm chez la femme, de 2 mm d'épaisseur, recouverts de muqueuses, qui se contractent en fonction de la respiration, de la toux, du rire etc. L'espace formé entre les deux plis lorsqu'ils s'ouvrent pour l'inspiration s'appelle « glotte » ou « espace glottique ». Leur accolement se produit lors de l'expiration en commençant par la base des plis. Il sera plus épais pour les sons graves (vibrations moins rapides), plus long et plus fin pour les notes aiguës.

• **Les résonateurs.** On nomme résonateurs les cavités traversées par le son laryngé avant d'arriver à l'air libre : le pharynx, la cavité buccale, les cavités crâniennes, la masse osseuse. Leur volume est modulable par la mâchoire inférieure, la langue, les lèvres.

La cage thoracique, la trachée et les sinus ne peuvent être classés dans cette catégorie; des expériences effectuées avec du matériel sophistiqué le prouvent, contrairement à ce qu'enseignent encore certains professeurs de chant quant au développement des capacités résonantielles de ces zones.

Les artères et veines laryngées supérieures en assurent la vascularisation. Le nerf crânien pneumogastrique se partage quant à lui en deux branches : nerf laryngé supérieur et nerf laryngé inférieur ou récurrent.

L'air projeté sur les plis vocaux avec plus ou moins de force déclenche les vibrations. Le bruit brut produit passe par le larynx puis dans le pharynx (gorge) les cavités nasales et toute la masse osseuse pour être modulé par la cavité buccale, la langue et les lèvres. Lors de ce trajet, le son entre en contact avec les différentes muqueuses, qui, selon leurs qualités propres l'enrichissent, le colorent. Toutes ces composantes rassemblées déterminent l'originalité du son que nous produisons. Dès notre enfance, nos potentialités vocales sont en place. Il nous reste à les optimiser, à construire notre **identité vocale.**

La voix évolue tout au long de notre vie

Le cri du bébé résume son activité vocale et lui permet de manifester ses problèmes végétatifs (faim, malaise...). C'est vers le troisième mois qu'apparaissent les « lallations », jeu vocal procurant à l'enfant le plaisir d'explorer les possibilités du son, de le moduler. À partir du septième mois l'imitation des sonorités entendues est perceptible. L'échange avec la mère ou le père devient de plus en plus signifiant. « *L'enfant imite mieux et plus précocement la voix que la parole* »[7] note G. Cornut, qui ajoute « *Beaucoup d'habitudes vocales remontent aux premières années de la vie* ».

La puberté marque de façon spectaculaire le **caractère sexuel secondaire de la voix**, particulièrement manifeste chez le garçon dont le larynx s'étire dans les deux sens pour laisser les plis vocaux s'allonger d'un centimètre environ. Chez l'adolescente, la mue, plus discrète, survient souvent avec les premières manifestations du flux hormonal, laissant des modifications laryngées modestes affectant l'épaisseur de la muqueuse.

La modification de la taille des plis vocaux entraîne un changement de registre vocal plus difficile à vivre psychologiquement pour les adolescents qui, sans possibilité de contrôle, oscillent entre leur ancien registre de « tête » et leur nouvelle « voix de poitrine ». Chez les jeunes filles, le registre peut baisser de plusieurs tons sans affecter durablement la qualité de leur voix. Il faut noter que **tous** les adolescents doivent ménager leur appareil phonatoire fragilisé par les transformations profondes subies pendant cette période de quelques mois.

Après cette étape décisive, l'appareil vocal suivra l'évolution biologique et psychologique de chaque individu. Le vieillissement vocal – fruit de nouveaux bouleversements hormonaux – accompagne le vieillissement général. Il se manifeste par une perte de souplesse, de tonus musculaire faisant fléchir les voix féminines et grimper les masculines. Certaines personnes âgées gardent cependant une voix jeune en harmonie avec leur dynamisme général.

« *Il n'y a pas "une" voix normale, il y a des individus avec des voix uniques qui leur sont propres, qui traduisent leur personnalité...* »[8]

Si la voix de chacun est unique, elle n'en reflète pas moins un certain type de société, de cadre de vie, d'environnement socioculturel et géographique. Ainsi, la voix rurale a-t-elle un grain plus marqué, quelquefois rugueux, un rythme plus ou moins lent, un volume sonore adapté aux distances à franchir.

Dans le milieu urbain, il est malvenu de parler « haut » ; les locaux étant plus exigus, le volume sonore s'adapte et s'amenuise, l'élocution perd en netteté ce qu'elle gagne en rapidité. Les conventions sociales jettent un certain interdit sur l'ouverture de la bouche qu'il faut masquer : ne pas bailler, ne pas tirer la langue, etc. L'usage du micro, la pratique de médias habituent l'oreille à une écoute filtrée estompant couleurs et reliefs, conduisant ainsi inéluctablement à une production vocale stéréotypée, linéaire, fragilisant les plis vocaux trop souvent sollicités sur les mêmes fréquences.

7. G. CORNUT, in *La Voix*, coll. Que sais-je ?
8. C. FUGAIN, in *L'Esprit des voix*.

En quarante ans notre voix a baissé de plusieurs tons. Il suffit de retrouver et d'écouter les anciens films pour le constater. Nos critères actuels considèrent une voix grave comme plus séduisante. Ce registre, anti naturel pour la majorité des personnes, fatigue les voix, génère des dysphonies,... mais se perpétue, à cause de sa sensualité troublante.

«*Quand nous parlons à quelqu'un, notre voix est provoquée par un acte du corps, elle met en vibration notre corps et l'air environnant, ces vibrations sont reçues par le corps de l'autre.*»[9]

Mécanisme de l'appareil phonatoire

«*... complexité de la machinerie, des coulisses corporelles de l'événement phonatoire*»

Paul-Laurent Assoun, in *Le Regard et la Voix*.

L'acte respiratoire est rythmé par l'inspir et l'expir.

• **L'inspiration** permet à l'air de passer à travers le nez (ou la bouche), le larynx, la trachée pour se diriger vers les alvéoles pulmonaires. Lors de l'expiration il suit le trajet inverse. Les dilatations provoquées par l'inspiration affectent les parois de la cage thoracique ainsi que les dernières côtes (côtes flottantes). Le **diaphragme** s'abaisse refoulant les viscères et tirant vers le bas le plancher de la cage thoracique. Par ailleurs, les muscles intercostaux externes se contractent entraînant quelques muscles du cou.

• **L'expiration** correspond à un relâchement, l'acte de l'expir étant au départ passif. Lorsqu'elle doit être entretenue, s'il faut garder une certaine pression, les muscles expirateurs se contractent. Muscles abdominaux, grand droit et transverses remontent le **diaphragme** et les muscles intercostaux internes pour permettre une évacuation plus complète de l'air.

La capacité respiratoire de chaque individu, quantifiée par le spiromètre, est extrêmement variable. La moyenne pour un enfant de 9 ans est de 1,4 litres, pour un adolescent de 13 ans, de 2,8 litres. Celle de l'homme varie en fonction de sa taille entre 2,3 litres et 4,5 litres. La pratique du chant améliore nettement ces performances.

• **Pressions sus et sous glottique**. Existant inévitablement en raison du mouvement de l'air de part et d'autre des plis vocaux, elles n'en constituent pas moins la pierre d'achoppement de toutes les théories s'affrontant autour des caractéristiques de l'émission vocale. Parmi ces théories, citons :

– la théorie «myo-élastique» prônant la pression sous-glottique comme tenseur des *cordes vocales* responsables de l'émission des sons,

– la théorie «neurochronaxique» de Husson où la pression sous-glottique n'interviendrait que comme régulateur de l'intensité des sons, les plis vocaux quant à eux déterminant les hauteurs sous l'action de la fréquence des influx moteurs provenant du nerf récurrent.

---

9. D. Vasse, in *L'Ombilic et la Voix*.

Les théories ultérieures ont tenté d'amorcer une synthèse réactualisée des hypothèses précédentes en leur adjoignant d'autres considérations physiques inspirées de la loi de Bernouilli. Ce serait la dépression sus-glottique, réaction à la circulation rapide de l'air dans l'ouverture de la glotte rétrécie par la présence des plis vocaux, qui serait responsable de l'accolement de ceux-ci... Mais cette fermeture brusque de la glotte déclencherait en retour une augmentation de la pression sous-glottique, d'où la réouverture des plis vocaux,... et ceci de façon cyclique jusqu'à 440 fois par seconde pour le LA du diapason !

• **La phonation.** Lorsque la pression de l'air se présente sous les plis vocaux fermés, l'acte de phonation est déclenché par le système nerveux obéissant au cerveau. Selon le son à émettre il faudra ajuster la pression d'air nécessaire. Pour un son aigu, les plis vocaux tendus par les aryténoïdes vibreront très rapidement, leur accolement, se faisant sur une épaisseur réduite, sera soutenu par une colonne d'air puissante. À l'inverse, pour les sons graves l'accolement se produira sur toute l'épaisseur des plis, les vibrations seront lentes, le volume d'air, plus réduit, devra être discipliné. Le son brut, sorte de « puf » produit, se doit d'être transformé, ce qui se fait immédiatement. À ce moment, le volume, la hauteur du larynx, la texture des muqueuses qui le tapissent déterminent les caractéristiques essentielles du son qui s'élève vers le pharynx (gorge).

• **La production phonétique.** Pour devenir intelligible, le son va se moduler en fonction de la base de la langue, du voile du palais, du plafond du pharynx, du bout de la langue, des gencives supérieures, des incisives supérieures, des deux lèvres, ce que F. Le Huche appelle « les six robinets de la parole ».

1) Les deux lèvres
1 bis) Lèvre inférieure – incisives supérieures
2) Bout de langue – gencives supérieures
3) Base de la langue – voile du palais
4) Plis vocaux
5) Voile du palais – plafond du pharynx
6) Narines

Les six robinets de la parole
Au cours de son trajet depuis les poumons jusqu'à l'extérieur, l'air expiratoire peut produire des bruits en six endroits : les six « robinets de la parole ».

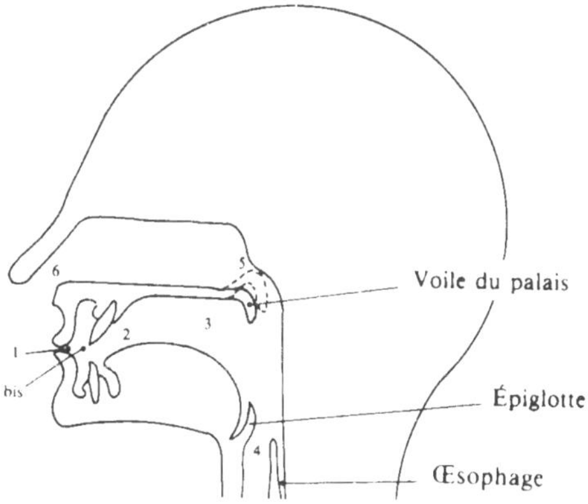

F. Le Huche et A. Allali, *La Voix*, T. 1, Masson, 1991.

Là encore, les caractéristiques spécifiques à chaque individu seront une composante incontournable de l'émission vocale.

Mais cependant, les imitateurs nous donnent une fantastique leçon sur la façon de « contourner cet incontournable » ; modifiant par leurs mimiques la configuration même de leur appareil phonatoire, ils jouent sur la production phonétique créant ainsi plus qu'une illusion sonore : une sorte de « sonocopie » de la voix dans toutes ses composantes. Mais ce serait un leurre d'espérer créer, au-delà de ces artifices, un « sosie » vocal; même les jumeaux échappent à ce phénomène. « *Chez les vrais jumeaux (...) la vidéo fibroscopie montre des cordes vocales identiques...* »[10]; mais s'ils sont élevés dans des contextes différents (suite par exemple à des séparations) leurs voix ne seront pas pour autant « identiques ». Par contre « ... *chez les faux jumeaux, la conformation laryngée est semblable mais pas identique* »[11]; mais s'ils sont élevés au sein d'une même famille, leurs voix peuvent cependant se ressembler à tel point qu'une oreille exercée éprouve des difficultés à les différencier... Ce qui nous permet, par cet exemple, de souligner l'importance fédératrice de l'environnement, et de ce que l'oreille en perçoit, quant à la configuration de la production vocale.

• **L'articulation**, c'est-à-dire la maîtrise de tous les composants de la cavité buccale, assigne certes de l'efficacité à l'élocution, au même titre que la régulation du **débit**, qui révèle rapidement l'état psychologique de la personne qui s'exprime. Par contre, on a trop souvent tendance à assimiler l'articulation à la **prononciation**, or c'est cette dernière, loin des artifices et des exagérations souvent stériles de l'articulation qui va donner sens et vie à la parole, qu'elle soit parlée ou chantée.

« *L'articulation est le simulacre et l'ennemie de la prononciation ; il vaut mieux prononcer; car l'articulation est la négation du legato; elle veut donner à chaque consonne la même intensité sonore, alors que dans un texte musical, une consonne n'est jamais la même (...) Articuler, c'est encombrer le sens d'une clarté parasite (...) Au contraire, la prononciation maintient la coalescence parfaite de la ligne de sens (la phrase) et de la ligne de la musique (le phrasé).* »[12]

Mais la tension qui résulte de l'effort engagé à maîtriser les mouvements du pharynx nuit parfois à l'efficacité de ce travail. Or, la qualité de la production vocale dépend pour une large part de l'état de relaxation de l'individu. Les vibrations ne peuvent se développer que si **aucun nœud de tension** ne vient les stopper. Les dysfonctionnements les plus courants proviennent des stress quotidiens répétitifs.

Connaître les risques du métier concernant la voix

Identifier les risques venant du milieu

Il est nécessaire de savoir que la fonction enseignante est une fonction à (hauts) risques sur le plan vocal. D'après une enquête réalisée auprès des enseignants de la région de Montpellier, 75 % des personnes consultées présentaient des troubles vocaux. La méconnaissance du mécanisme de l'appa-

10. J. Abitbol, in *L'Esprit des voix.*
11. Ibid.
12. R. Barthes, in *L'Obvie et l'Obtus.*

reil phonatoire, l'absence quasi totale de formation[13] dans ce domaine conduisent les enseignants à fréquenter régulièrement phoniatres et orthophonistes. Les dysphonies inhérentes à ce métier vont de l'aphonie provoquée par une simple laryngite au « coup de fouet laryngien » (hématome d'un pli vocal) laissant sans voix pendant plusieurs semaines. D'intéressantes statistiques, régulièrement remises à jour par la MGEN qui fait là œuvre de prévention dès les rentrées scolaires, nous informent sur l'éventail des traumatismes répertoriés. Les micro varices et les nodules touchent plus particulièrement les enseignantes, mais le forçage vocal, le polype, les Kissing nodules se répartissent dans toute la profession.

Les conditions de travail génèrent des situations quotidiennes de fatigue vocale conduisant insensiblement les enseignants vers une dysphonie plus ou moins importante.

Parmi elles on peut citer :

- les locaux trop réverbérants,
- le bruit de fond continuel,
- la surveillance des cours de récréation bruyantes avec changement brutal et prolongé de température,
- l'usage des craies dont la poussière « avalée » si l'on parle en même temps que l'on écrit peut aller jusqu'à altérer la muqueuse laryngée,
- une méconnaissance de l'usage de la voix projetée pour les séances en plein air d'EPS,
- la promiscuité, surtout en maternelle, avec des enfants qui expectorent et ne savent pas encore se moucher,
- le manque d'aération des locaux, par peur de prendre froid, ou bien encore du bruit,
- l'absence d'humidificateurs qui devraient être placés en permanence sur les radiateurs.

Mais il faut aussi avoir le courage d'incriminer **un certain type de pédagogie** où la parole du maître « dispensatrice de savoir » fait des ravages dans les voix surmenées des enseignants (et aussi dans les taux d'écoute des enfants non respectés !).

Faites l'expérience, sur une journée, de minuter votre temps de parole ! Sur six heures passées en classe, certains totaliseront près de cinq heures et demie de parole ; un véritable marathon renouvelé dès le lendemain ! Travaillez par ateliers, écrivez ou symbolisez les consignes, établissez des tableaux de responsabilité pour les tâches quotidiennes qui seront gérées en toute autonomie par les enfants, rapprochez vous d'eux pour leur parler, sachez créer le silence de l'attente, etc.

D'autre part, il faut admettre que l'« extérieur » n'agit le plus souvent qu'à titre d'amplificateur ou de révélateur de dysphonies latentes héritées de

13. Les professeurs de musique d'IUFM, en collaboration avec leurs collègues de lettres, de linguistique, d'EPS, et avec des chanteurs, médecins, orthophonistes, comédiens... s'efforcent périodiquement de combler cette absence par des colloques, stages, modules spécifiques, etc.

l'imitation de voix entendues dans le milieu familial (songeons à certains doutes vécus au téléphone lorsqu'on hésite à identifier par exemple la mère ou la fille dans une même famille), ou liées à des tensions d'ordre psychologique (*cf.* p. 28).

Dysphonies spécifiques à l'enseignant

Sous ce terme discret de « dysphonies » se dissimulent en fait toute une panoplie de véritables maladies qui prennent visage de réels handicaps pour certains.

Dans les **facteurs favorisants**, on trouve très souvent une technique vocale défectueuse, pour ne pas dire inexistante, une ambiance de travail bruyante et / ou poussiéreuse, des difficultés psychologiques de tous ordres. Les allergies à la craie, au pollen, à la poussière déclenchent une fragilité des muqueuses momentanée, génératrice de fatigue vocale. Les problèmes digestifs de reflux œsophagien, provoquant une remontée acide dans le larynx (plus fréquents chez les hommes), sont souvent à l'origine de problèmes vocaux.

Les **facteurs déclenchants** peuvent être très variés : une fatigue générale, une fragilité du secteur O.R.L., un trachéite, la période prémenstruelle, la grossesse, les excès vocaux, des contrariétés importantes provoquant des tensions psychomotrices.

La rééducation passera toujours par la relaxation, le travail du souffle et de la voix.

Quels en sont les symptômes ?

Le symptôme annonciateur est, au départ, presque toujours le même : picotements ou sensation de brûlure dans la gorge s'accompagnant d'une voix éraillée. Après quelques jours de soins habituels, l'amélioration doit être sensible. Dans le cas contraire, il est impératif de consulter un O.R.L. qui pourra, éventuellement, orienter vers un phoniatre. De nombreux accidents vocaux traumatisants et graves pourraient être évités par une action préventive.

• **Le forçage vocal**, est un ennemi sournois qui se manifeste au départ par des enrouements fréquents, des aphonies de deux ou trois jours avec une gêne plus prononcée dans la voix chantée.

Il s'accompagne de picotements dans la gorge pouvant aller jusqu'à une sensation d'irritation, voire même l'impression d'un étau qui enserre la base du cou. Après une journée de classe, on n'a plus qu'une seule envie : se taire ! Même l'idée de répondre au téléphone pèse ! Comme il faut parler, les crispations multiples apparaissent, provoquant une voix tendue, pénible, d'amplitude réduite. Pour se faire entendre, « on pousse un peu » afin qu'elle « passe » quand même. Si cela se répète trop souvent, la muqueuse laryngée est altérée.

À ce moment on atteint la cote d'alerte. Une fois le processus enclenché, les difficultés se multiplient, le souffle se dérègle, des lésions plus ou moins durables s'installent, la souffrance s'accentue, la voix est en perdition.

• **L'aphonie** périodique, indépendante des angines, trachéites et grippes qui jalonnent l'hiver, fait partie des maux les plus fréquents et les plus mal vécus des enseignants. Elle est d'autant plus récidivante que, contrairement au symptôme précédent, elle ne s'accompagne d'aucune douleur. Aucune souffrance, aucune fièvre; on se refuse à s'arrêter... et le mal ne fait qu'empirer. Or seul le repos vocal complet peut prétendre apporter à court terme une amélioration. Mais il est alors impératif de consulter un *bon* O.R.L. qui s'enquerra du contexte gynécologique de sa cliente (s'il s'agit d'une femme) Dans cette profession très féminisée, on voit apparaître bon nombre de tendances à l'aphonie cyclique intervenant entre l'ovulation et les règles. Sous l'influence des modifications hormonales, la muqueuse tapissant le larynx s'épaissit, et la sécrétion des mucosités augmente. Cela s'accompagne d'une faiblesse dans l'émission des notes aiguës. Une enseignante à l'écoute de sa voix pourrait donc déceler ces infimes changements (qui d'ailleurs lui donneraient avec précision la date de son ovulation!), et adapter sa «technique vocale» à ses difficultés du moment. Des chanteuses professionnelles le savent bien qui évitent de programmer des concerts dans la deuxième période de leur cycle!

Chez les hommes, ce sont ceux souffrant de troubles circulatoires (concernant aussi les plis vocaux que l'on voit se couvrir de micro-varices qui peuvent «claquer» lors de forçages) qui présentent ces sortes de trouble.

• **La barre à l'estomac**. Ce peut être bel et bien un symptôme du «mal de voix» lié à une mauvaise gestion du souffle. Appelée aussi «mal du conférencier», cette barre à l'estomac peut concerner deux types d'individus. Les «passionnés» par leur sujet ne morcellent leur discours que de courtes et furtives inspirs; entre temps, ils parlent dans un débit très rapide... jusqu'à extirper par *compression du diaphragme* leur dernier souffle. Cette barre à l'estomac est donc une «crampe du diaphragme» que les ostéopathes savent parfaitement soulager et enrayer avec des conseils appropriés. Dans un autre registre, il y a ceux qui, «anxieux» et «hésitants», prennent de trop fréquentes inspirs en «avalant de l'air». Ils se déclenchent de ce fait une bonne crise d'aérophagie (très fréquente en début d'année chez les universitaires qui doivent reprendre l'habitude de parler en amphithéâtre après les trois mois de repos vocal imposé par les vacances).

Quelles en sont les pathologies?

• **La micro varice** touche presque exclusivement les femmes. Plus fréquente en période prémenstruelle, elle provoque des dysphonies épisodiques de 5 à 15 minutes accompagnées de forts picotements dans la gorge. Un traitement vasculaire est indispensable.

• **Le nodule** touche plus particulièrement les enseignants et surtout les femmes. Il survient après une longue période, plusieurs mois, plusieurs années, de dysphonie négligée. Le trouble vocal n'est pas forcément proportionnel à la taille du nodule qui ne se décèle pas toujours à l'écoute. La voix parlée est éraillée, la voix chantée présente un timbre plus ou moins voilé.

Il existe plusieurs types de nodules : le nodule œdémateux marque la première étape de l'évolution. Le nodule fibreux est d'origine plus ancienne. Les Kissing nodules sont deux nodules en miroir. Tous se placent aux 2/3 des plis vocaux en partant du bord libre. Selon la nature du nodule, une rééducation ou une intervention sera nécessaire.

Chez certains enfants bruyants, le nodule peut se former très rapidement.

• **Le polype** se présente comme une petite masse accolée au pli vocal, très variable dans ses différents aspects. Il se manifeste par un manque d'intensité de la voix qui se dérobe, d'une fatigue vocale marquée avec sensation d'un corps étranger, déclenchant une envie de racler la gorge. La voix chantée devient difficilement praticable. Une intervention suivie d'une rééducation sont toutes deux indispensables.

• **Les kystes** se développent rapidement après des efforts vocaux intenses. La voix devient alors très éraillée. Une consultation rapide d'un phoniatre s'impose. Une intervention suivie d'une rééducation donne d'excellents résultats.

Les altérations vocales présentées ici, très répandues dans la fonction enseignante, ne sont pas inéluctables mais il faut noter qu'elles se trouvent aggravées par **le tabagisme** et **l'alcoolisme** qui atteignent la qualité des muqueuses. Souvent, elles sont le résultat de maladresses, de méconnaissance du mécanisme vocal et respiratoire, de négligences des règles d'hygiène de vie que pratiquent les professionnels de la voix : avocats, chanteurs, enseignants.

Nous devons chercher à connaître notre voix, ses possibilités, sa potentialité, ses faiblesses, sa complexité, ses résistances, afin de lui apporter l'attention et les soins que requiert ce fantastique (et « fantasmatique » !) instrument de travail et de communication.

Point de vue psychanalytique...[14]

Nous ne saurions terminer ce tour d'horizon sur la voix, qui vous parle en réalité de *votre* voix, sans interroger la psychanalyse sur le lieu où elle la situe et le sens qu'elle lui donne. Si pour le musicien la voix est le véhicule privilégié d'un langage sublimé qui est celui de la musique, si pour l'enseignant la voix est le canal privilégié par où il rejoint l'enfant appelé à quitter

14. Nous resterons, pour ce chapitre, dans la limite de nos compétences professionnelles. Nous n'avons d'autres prétentions que d'inviter le lecteur à partager avec nous les lectures d'ouvrages écrits par des psychanalystes. Mettre en regard des extraits de leurs livres avec nos préoccupations de pédagogues, trop souvent en quête de solutions technicistes, nous a semblé essentiel. Nous tenons cependant à souligner qu'il ne s'agit pas là d'un exercice de compilation, mais d'une volonté de faire entendre au lecteur des voix qui nous semblaient sur ce sujet sensible sonner plus « juste » que les nôtres !

un jour ce monde de l'*infans*, pour le psychanalyste[15] la voix est le support qui épouse ou dénie le flux et reflux des mots et silences qui ponctuent les cures de ses analysants.

Au fil des pages qui précèdent, le lecteur se sera rendu compte que « parler de la voix », c'est parler du lieu même du corps d'où elle émerge, mais c'est aussi parler de ce qu'elle donne à entendre de l'être lui-même comme de son message. Ce chemin, qui va de l'intérieur vers l'extérieur, nous ramène donc au cœur de ce qu'elle est : au-delà des mots qu'elle profère, l'expression du plus intime de nous-mêmes. Elle a son histoire, sa genèse à nulle autre semblable ; les mucosités la voilant n'étant parfois que les alluvions indésirables laissés par des stratifications chaotiques de notre passé individuel. « *La voix est l'articulation fondamentale de la structure humaine.* »[16]

Contemporaine de la coupure du cordon ombilical, se substituant à lui pour jeter « à la cantonade » la toute première passerelle vocale censée nous relier au monde des « supposés entendants », elle sonorise ce premier souffle, s'inscrivant là dans la répétition inévitable des respirations qui ne cessera qu'avec la mort. « *La voix et la respiration prenaient le relais du sang ombilical en autorisant l'émergence du sujet en un corps, dans le champ humain de la parole et du langage.* »[17]

À la frontière entre corps et langage, elle « *se situe dans l'entre-deux de l'organique et de l'organisation, dans l'entre-deux du corps biologique et du corps de la langue...* ».[18]

Et quand l'« organique » entre en conflit avec l'« organisation », quand l'un se met à souffrir des symptômes de l'autre, quand on ne sait plus d'où on souffre, mais que la voix et les mots manquent pour le dire, on peut certes s'adresser aux « guérisseurs » de l'organique. Mais on peut aussi, dans le silence imposé, s'interroger... Lorsque la voix nous manque, de quel vide nous parle-t-elle ? Quel « manquement à être » n'arrive-t-elle pas à exprimer ? Quels mots étouffés dans l'œuf tait-elle ? « *... le silence de mort se donne à lire comme évitement de la demande qui fait vivre.* »[19] Un symptôme peut en cacher un autre ! « *Voix et regard font (...) office de Sésame inconscient.* »[20]

Refaire l'histoire de cette voix pour comprendre d'où et à qui elle parle à notre insu, pour entendre qui elle imite ou contredit des interlocuteurs de notre enfance, se mettre en quête de sa propre voix pour enfin l'habiter dans toute sa plénitude, telle est la démarche commune de l'analysant vers l'analyste, du chanteur vers le professeur de chant.

15. On pourra, entre autres, lire les commentaires de S. FERENCZI (in *Œuvres complètes*, 2e tome, éditées chez Payot), sur la voix de fausset, l'usage de deux timbres de voix, et les talents d'imitateurs. « Il s'agit là de quelque chose de typique, qui peut être observé chez de nombreux garçons si nous prêtons l'attention nécessaire aux anomalies et aux retards de mutation de voix. »
16. Denis VASSE in *L'Ombilic et la Voix*.
17. Ibid.
18. Ibid.
19. Ibid.
20. Paul-Laurent ASSOUN, in *Le Regard et la Voix*.

« Dans le chant, comme dans la psychanalyse, il s'agit de s'arracher au temps pathologique de l'angoisse, de la dépression ou du morcellement : ainsi la répétition doit y être élan et devenir. La répétition est au cœur de la musique mais elle n'y est jamais redite : elle est mémoire. (...) D'ailleurs le chant et la psychanalyse s'inscrivent dans une expérience particulière du temps. Tous deux nous arrachent momentanément au temps conventionnel, temps du quotidien et du social. Par le chant, comme par la psychanalyse, nous retrouvons le temps de l'intimité, le temps privé de notre relation profonde à nous-mêmes et à l'autre. »[21]

Et quand l'aphonie s'impose à nous, nous privant du désir même de donner par la voix corps à la parole, quand la voix nous fait « défaut » et inscrit la perte au registre de notre identité, le vertige nous saisit au rebord de l'anéantissement. *« Quand la voix se perd, la réalité humaine s'évanouit dans la folie. »*[22] La peur d'en arriver à cette extrémité risque de nous envahir à chacune de nos inspirs précédant l'émission vocale, faussant là toute « technique » qui ne saurait résister à cette crainte. *« On le voit, l'aphonie en dit long, non seulement sur la névrose, mais sur cette virtualité aphonique présente au principe même de la voix : ce que l'orateur le plus éloquent pressent lorsque sur le point de prendre la parole, il "se racle la gorge". Précaution à la fois superstitieuse et lucide : et si, entre le parlant et sa voix, allait s'interposer ce "chat" qui ne ferait sortir qu'un "blanc" ou quelque "parasite" ? Preuve que ma voix a ses caprices et que je n'en possède que l'usufruit... »*[23]

Connaître les voix des enfants

Spécificité des voix des enfants selon les cycles

• **Cycle 1 :** pour les tout-petits, il faut respecter l'ampleur réduite de leur *tessiture*. L'*ambitus* des chants choisis ne peut dépasser une octave ; c'est pourquoi le répertoire des comptines parlées et chantées convient particulièrement bien à cet âge. Il est souhaitable de les faire chanter dans un *registre* élevé (ne descendant pas en dessous du DO3), ce qui pose surtout problème aux adultes. Les *intervalles* de sixtes ou d'octaves, difficiles à réaliser pour des plis vocaux non exercés, sont à éviter. Par contre, les mouvements de *tonique/dominante*, particulièrement nombreux dans les comptines, favorisent la mise en place de la *justesse* et de l'écoute des soutiens fondamentaux de l'*harmonie*. Le travail doit se faire en souplesse en évitant trop de *rapidité* et de *volume* sonore dans l'exécution. Les *sonorités* ludiques des langues étrangères enrichissent l'écoute, la production de timbres nouveaux ainsi que la maîtrise de l'élocution des enfants. Enfin, il faut veiller à une bonne gestion du *débit* de la voix ; trop rapide, il leur pose des problèmes de compréhension et de prononciation, mais trop lent, il empêche la régulation du *souffle*. Les respirations doivent donc jalonner les comptines et chants selon une fréquence plus grande que chez l'adulte.

---

21. M. F. Castarède, in *La Voix et ses sortilèges.*
22. Denis Vasse, in *L'Ombilic et la Voix.*
23. Paul-Laurent Assoun, in *La Voix et le Regard.*

• **Cycle 2 :** si les recommandations faites plus haut demeurent valables, la *tessiture* des enfants, un peu plus étendue, permet d'étudier des chants comportant des *intervalles disjoints* dépassant la quinte. L'interprétation de chants plus *rythmés*, plus *variés*, conduit à la souplesse et au contrôle de l'appareil phonatoire. À un âge où la lecture monopolise beaucoup d'énergie et de compétences, il est indispensable de continuer à pratiquer des *jeux vocaux* s'inspirant des *comptines*, en langue maternelle et étrangère, qu'on ne devrait absolument pas abandonner tant elles contribuent à la structuration de la pensée, de l'écoute, et du mécanisme de la voix. L'exigence se déplacera sur le *timbre* dont on explorera toutes les ressources, en essayant de lui conférer légèreté et fraîcheur. C'est en effet à cet âge qu'il faut « traquer » toute émission sonore démesurée qui risque de poser les premiers jalons d'une fatigue vocale conduisant déjà trop d'enfants chez le phoniatre. Tout en faisant respecter les *silences, les respirations*, la *justesse*, on portera l'accent sur *l'interprétation* qui, plus qu'un enjolivement, se doit de servir la richesse sémantique des textes. On s'appliquera à aborder des répertoires étrangers, construits sur d'autres *échelles sonores*, afin de contribuer à enrichir le vocabulaire (et la grammaire !) harmonique.

• **Cycle 3 :** les voix de ces enfants peuvent couvrir tout le *répertoire enfantin* (comptines « évoluées » en langues française et étrangère, chansons, opéras ou comédies musicales pour enfants), mais aussi tout le *répertoire de variété* contemporaine ainsi que des *formes plus élaborées* telles que lied, mélodies, airs d'opéra ou d'opérette. C'est l'« âge d'or » des voix des garçons qui amorcent rarement leur *mue* dans ces classes [24] ; par contre, il faudra être très vigilant avec les voix de filles (*cf.* chapitre suivant). On s'appliquera à écouter les voix, les classer (sopranos ou mezzos) sans favoriser l'une ou l'autre, les conduire en souplesse, soigner les attaques, les fins de phrases, l'articulation sobre, gagner en expressivité et, si besoin est, en rapidité. Ce cycle devrait être celui de *l'épanouissement* du désir et du plaisir de chanter. Les maîtres de sexe masculin se méfieront des « identifications vocales » que déploient les jeunes garçons s'essayant trop tôt à utiliser une «voix d'homme». Ils devront choisir parmi les voix de filles des *relais vocaux* qui répercuteront les débuts du chant, voire la note de départ, à « la bonne hauteur » pour les enfants, soit une octave au-dessus de celle du maître.

Prémices et prémisses de la mue

Au moment de la puberté se déclenchent les phénomènes précurseurs de la transformation profonde du larynx des adolescents. Sous la poussée du flux hormonal les plis vocaux s'allongent, le cartilage thyroïde se ferme pour former la « pomme d'Adam », le larynx double de volume, la voix ne trouve plus sa place, perd de sa clarté, devient instable – se décalant d'une octave plus grave, parfois plus – laissant le garçon dans l'angoisse et le désarroi.

24. Être attentif cependant à certaines ethnies précoces sur ce point.

Cette phase de mutation doit être respectée en cessant tout travail vocal (mais non tout travail musical) afin de ne pas compromettre l'élaboration de la future voix. On veillera aux réactions du groupe, ainsi qu'à ses propres commentaires : une parole désobligeante, dépréciative, voire moqueuse, prononcée à cette période cruciale, peut avoir des répercussions « en ricochet » tout au long de la vie d'adulte.

Les garçons qui bénéficiaient d'une voix agréable et fraîche ne sont pas assurés de retrouver une voix d'homme affichant les mêmes qualités. À l'inverse, l'étape de la mue peut révéler une voix d'homme superbe alors que l'enfant ne disposait que d'une voix très commune. Il arrive cependant que certains enfants dotés d'une voix très agréable la gardent après cette étape décisive, sans qu'il soit possible de prévoir s'ils deviendront ténors ou barytons.

Aucun effort vocal ne doit être fourni par la voix parlée et, a fortiori, par la voix chantée. Quand le larynx et les plis vocaux auront atteint leurs dimensions définitives, on pourra alors, prudemment, tester les possibilités de ce nouvel organe vocal.

Chez les jeunes filles, ces phénomènes sont plus discrets mais pourtant bien présents. On oublie trop souvent que dès le CE2, on peut constater chez certaines une déperdition pouvant atteindre deux à trois tons, soit quatre à huit notes chromatiques. Cela se manifeste par une impossibilité à atteindre les notes aiguës d'un chant, surtout à la suite d'un intervalle disjoint, et par un timbre voilé, parfois rauque[25]. Sans nécessiter un véritable arrêt du travail vocal, il convient d'être prudent, de garder beaucoup de souplesse dans l'émission vocale, de ne jamais forcer les possibilités. Habituellement, une « jolie » voix de petite fille ne disparaît pas avec la mue (sauf à de rares exceptions).

Après une durée qui peut aller de deux à dix-huit mois, les adolescents découvrent leur nouveau clavier vocal à traiter avec délicatesse pendant une période assez longue. Ils chercheront à tonifier leur nouvelle musculature pour enrichir leur palette sonore, mais c'est seulement vers vingt-trois ans pour les femmes et vingt-cinq pour les hommes qu'ils connaîtront le caractère définitif de leur voix.

2. Exercer la voix

« Placer » et « poser » sa voix

« On m'a dit que ma voix était mal placée et que je devais apprendre à la poser. » C'est ainsi que ceux qui sont en mal de trouver leur place parmi le monde des locuteurs viennent solliciter de l'aide.

25. Et attention de ne pas systématiquement accuser l'enfant d'avoir « trop crié » dans la cour de récréation !

Qu'est-ce qu'une voix bien placée ?

C'est une voix qui vient se « placer » naturellement dans l'oreille de l'écoutant parce qu'elle vibre en parfaite correspondance avec les plis vocaux du locuteur, à la bonne hauteur.

Comment trouver sa bonne hauteur ?

Elle se révèle de façon simple ; un jour où vous êtes de bonne humeur, dites spontanément «Bonjour ! ça va ? » ; écoutez-vous et vous risquez de trouver vous même la « place » de votre voix. Elle vous semblera claire, chantante, bien timbrée, et surtout, vous ne sentirez aucun effort, aucun tiraillement dans votre larynx, car elle se sera d'elle-même « placée » dans le « bon registre ». Si par contre elle éveille picotements, tension dans la gorge, plaques rouges à la base du cou, envie de se gratter la gorge pour chasser un chat récalcitrant, il va vous falloir alors « poser » votre voix.

Qu'est-ce que « poser » sa voix ?

C'est par exemple, redire « bonjour ! », mais cette fois-ci en anglais : « Hello ! How are you ? » Entendez-vous la différence ? La voix semble plus aiguë, dégagée de ses scories qui en brouillaient l'émission, plus souple, plus mobile autour du crâne. Répétez cette exclamation en « enregistrant » vos sensations physiques ; puis, en gardant ces impacts et en cherchant à les révéler à nouveau, redites «Bonjour ! ça va ? ». Vous venez de « poser » votre voix à une autre « place ».

Placer et poser sa voix nécessite des soins d'hygiène, beaucoup de vigilance, un souci d'*aménager* les lieux... pour *la ménager !* C'est avec l'intention d'expérimenter des outils à titre préventif, avant que l'on soit obligé d'aller consulter pour une rééducation qui peut s'échelonner sur dix-huit mois, que doivent être abordés les chapitres qui suivent.

Hygiène et santé de votre voix

Elles commencent par des *gestes* très simples :

– se moucher systématiquement tous les matins et tous les soirs pour maintenir les narines tout le temps propres et aptes à faire fonction de filtre,

– veiller à ce que les enfants autour de soi agissent de même (surtout en maternelle),

– ne pas prendre de sirop en cas de rhume, mais commencer par dégager le nez avec des gouttes qui ne contiennent pas de substance vasoconstrictrices,

– éviter de diriger les aérateurs de voiture ou les ventilateurs vers son visage et son cou,

– se méfier de l'air conditionné qui assèche les muqueuses (n'avez-vous jamais éprouvé des difficultés vocales au sortir d'un T.G.V. ou d'un avion ?),

– s'informer des effets secondaires des médicaments que l'on peut être parfois obligé de prendre : antidépresseurs, décontractants musculaires et traitements hormonaux dénaturent le timbre de la voix, et lui font perdre tonicité et hauteur,

– ne pas crier mais se contenter d'applaudir ou de brandir des banderoles le jour où c'est son équipe qui gagne le match de foot !
– ne pas crier mais préférer les colères froides ou les « gros yeux » le jour où ses enfants dépassent les limites qu'on leur avait fixées !
– éteindre définitivement sa dernière cigarette et faire éteindre celle des autres : le tabac, celui que l'on fume mais aussi la fumée qu'on inhale, durcit les plis vocaux, allant jusqu'à faire émerger à leur surface une sorte de « durillon ». La voix sonne plus grave et prend un timbre rauque... Si vous êtes de sexe féminin et que l'on vous dit « bonjour monsieur » au téléphone, il est grand temps d'aller consulter,
– prendre le temps de... souffler (des respirations sont proposées plus loin), avant que le stress vienne s'insinuer aux tréfonds de votre glotte, provoquant un débit haché, saccadé, et un dysfonctionnement de la respiration,
– consulter un spécialiste avant même votre premier stage en classe afin de connaître l'état de vos plis vocaux et de pouvoir ensuite en surveiller l'évolution,
– oser entreprendre un stage de théâtre, de yoga, ou bien encore une psychothérapie ou une psychanalyse, si votre corps ou votre psychisme sont des entraves au bon fonctionnement de votre appareil phonatoire.

D'autre part, la *relaxation* et la *respiration* sont les deux axes autour desquels se construisent l'hygiène et la santé de la voix.

Bien que l'on puisse déplorer l'aspect autosuggestif de certaines méthodes, on peut cependant pratiquer individuellement des « exercices » de relaxation corporelle. Allongé(e) sur le sol, on s'applique à contracter un membre ou une partie du corps puis à le décontracter instantanément. S'ensuit une prise de conscience de l'état de relaxation installé dans ce membre ou cette partie du corps. On procède progressivement en partant des orteils pour arriver aux paupières, au front. On peut aussi s'allonger et imaginer qu'un soleil généreux prend la place de notre plexus solaire et vient irradier sa chaleur dans tout notre corps.

Avant de fournir un effort vocal, une décontraction ponctuelle de la ceinture scapulaire, du cou et de la face, donne une émission vocale plus ample, plus libre. Un mouvement simple consiste à remonter les épaules le plus près possible des oreilles et les laisser tomber sans aucune retenue. Le massage des trapèzes, en prenant le muscle à pleine main le plus loin possible derrière l'épaule et en le faisant revenir vers l'avant est efficace mais un peu douloureux.

Pour décontracter le cou, on peut s'asseoir sur une chaise en écartant les jambes, laisser tomber la tête comme si elle était un boulet et la faire « rouler » de droite à gauche par son propre poids. On peut aussi faire « rouler » la tête allongé sur le sol (jamais sur un lit).

Connaître son souffle, apprendre à le gérer est une des clés de la santé vocale. La respiration appelée costo-diaphragmatique ou, plus banalement, respiration abdominale se découvre allongé(e) en posant ses mains sur son ventre. Les muscles abdominaux décontractés se soulèvent à chaque «inspir ». Il faut observer ces sensations afin de les retrouver en station debout. Cette inspiration permet une réserve d'air maximum ainsi qu'une bonne gestion du souffle à « l'expir ».

La respiration thoracique se fait plus rapidement et ne remplit que la partie supérieure des poumons, ne donnant qu'une réserve d'air limitée. De nombreux exercices respiratoires développent la maîtrise du souffle, mais il convient de ne pas abuser de cette pratique pour éviter la suroxigénation (susceptible de provoquer étourdissements, malaises légers, etc.).

« Jogging » vocal journalier

Un état optimal de relaxation et de disponibilité étant créé, il va falloir construire une statique ferme mais non tendue pour que le corps, dans son élan de la plante des pieds à la racine des cheveux, se fasse propulseur et réverbérateur de la voix. Dans une étape suivante, on installera une prise de conscience de la place et l'organisation du souffle, avant de travailler la mobilité du larynx, la souplesse des plis vocaux, et la mise en vibration des résonateurs.

L'entraînement quotidien peut se faire avec les enfants, en effectuant avec eux les jeux que nous développerons dans les pages suivantes (*cf.* p. 53). Mais une réelle écoute des enfants ne peut se concilier avec ce « jogging » vocal journalier minimum, pour lequel on « s'escargotera » selon l'expression de F. Dolto, en se mettant à l'*écoute de soi*, et dont nous décrivons ci-dessous les étapes.

La posture

Debout, les pieds écartés de la largeur du bassin, on modifie l'écart naturel des pieds pour les amener parallèles ; le dos se décambre, le torse s'encastre dans le bassin qui a basculé permettant l'effacement de la courbure lombaire, la colonne vertébrale s'élance, la nuque se dégage, les épaules tombent et on a l'impression de s'enraciner au sol.

Les respirations

La respiration ventrale étant installée, il va falloir progressivement allonger les temps d'expir et raccourcir les temps d'inspir, pour arriver au rythme de la diction et du chant. On veillera à ménager des « temps vides » à l'intérieur de ce mouvement de va-et-vient du souffle ; à la fin de l'expir, on laissera se faire de lui-même, après quelques secondes d'arrêt, le réapprovisionnement en air des poumons ; tandis qu'à la fin de l'inspir, on prolongera le temps de « rétention » (et non de « blocage »), avant de laisser les poumons se vider, etc.

On s'exercera d'autre part à agir sur le diaphragme, en lui imprimant des mouvements de piston indépendants de la respiration (permettant par la même occasion un massage des viscères qui ne peut que contribuer au bien-être et à l'apaisement général).

Jeu vocal minimal

Vous êtes en Italie en compagnie de Roberto. Roberto s'éloigne pour photographier ; vous l'appelez : « Roberto ! » en déployant toute la gamme de vos émotions, depuis l'exaspération, jusqu'à la plus extrême tendresse que vous appuierez d'un « Roberto mio ! » des plus implorants et des plus modulés. Changement de compagnie ; vous êtes avec Eleonora que vous enveloppez de la même affection « Eleonora mia ». Vous attirez l'attention de l'un comme l'autre vers un lac splendide, ce qui donne : « Roberto mio, la belle eau ! » (dans un seul souffle !) Et Roberto, qui est anglais pour la bonne marche de notre histoire (et de surplus de nos plis vocaux !) de répondre « Horrible ». Ce qui donnerait pour le dialogue de ce film (qui n'a rien à envier à Tati...) : « *Roberto-mio-la-belle-eau-horrible.* »

Que se passe-t-il en vous lorsque vous faites cela ? Mise à part une légitime réaction de défense envers cette histoire qui a tout l'air d'une régression organisée, vous *placez* votre voix. Comment ? Et bien, « Roberto mio » modèle le son de votre voix en avant de vos lèvres, « la belle eau » vous ouvre l'espace (affaissé chez les français) entre le plancher de la langue et le voile du palais, tandis que « horrible » développe vos résonateurs en arrière de votre pharynx et de votre luette. Prononcés l'un après l'autre, ils font emprunter à l'émission vocale tout un circuit passant de l'avant vers l'arrière et produisant un véritable « gargarisme vocal » destiné à « éclaircir » la voix.

Jeux de timbre

Vous pouvez aussi modifier votre timbre c'est-à-dire la sonorité qui vous est propre. On adopte là la démarche des imitateurs que beaucoup d'enseignants devraient... imiter ! Apprenez à gérer l'air dont vous disposez. Jouez avec les différents registres. Amusez-vous à faire une « grosse voix », une voix d'enfant, une voix nasillarde pour découvrir vos résonateurs. Parlez avec tous les accents locaux et tous les accents étrangers. Quelle meilleure musique que celle des langues qui sollicite toutes les productions de phonèmes que nous savions déjà émettre à cinq mois, avant d'en perdre la faculté ! Il est recommandé aux enfants d'imiter les cris d'animaux afin de découvrir les possibilités multiples des résonateurs ; livrez-vous (hors témoins) aux mêmes excentricités !

Imaginez que vous passez près d'une pâtisserie et qu'une odeur tentatrice vous sollicite. En laissant les lèvres détendues, les narines bien ouvertes, vous poussez des petits grognements gourmands... Hummmm... Hummmm... élargissez votre registre en « montant » de plus en plus et soyez attentifs aux zones résonantielles. C'est excellent pour mettre les plis vocaux en forme.

Aménager le milieu de vie

L'enseignant qui prend un poste ou démarre un stage doit se préoccuper du « milieu de vie » dans lequel il va évoluer, communiquer de la façon la plus agréable et la plus efficace souhaitable avec les enfants qui lui sont confiés.

L'air respiré influence considérablement le comportement vocal de chacun. Il sera donc judicieux d'installer, en hiver, des *humidificateurs* dont l'eau pourra contenir quelques gouttes d'huiles essentielles de lavande ou d'eucalyptus, ou toute autre produit destiné à assainir l'atmosphère.

Même en hiver, *l'aération* du local doit se faire plusieurs fois par jour pour éviter l'accumulation de chaleur et d'odeurs nuisibles à l'attention générale.

Le nettoyage du tableau, trop souvent source de projection de poussière de *craie* s'il est essuyé avec un chiffon sec, provoque agitation et série d'éternuements allergiques ou délibérés, toujours inopportuns. Mieux vaut utiliser une éponge humide, propre (si possible !). Mais dans tous les cas, on évitera d'écrire en même temps que l'on parle.

Pour préparer la séquence de chant qui requiert l'attention et la disponibilité des enfants, afin d'éviter déplacements et bruits perturbateurs, on invitera les élèves à ranger leurs crayons (qui ont une fâcheuse tendance à rouler et tomber dans les instants d'attention soutenue) et on leur recommandera une attitude assurant une bonne verticalité de la colonne vertébrale.

Selon les sièges dont ils disposent, ils peuvent s'installer bien calés au fond en s'appuyant sur le dossier ou, au contraire, s'asseoir sur le bord de la chaise, les pieds posés sur le sol, les mains détendues sur les cuisses pour obtenir une attitude dégagée proche de la position « debout ». Une autre attitude se révèle très efficace pour redresser la colonne vertébrale et éviter un affaissement de mauvais aloi sur les dossiers des chaises ; elle consiste à « crocheter » les pieds des chaises avec les chevilles.

Si plusieurs classes se rassemblent pour chanter ensemble, il conviendra d'éviter de choisir (si cela est possible) un lieu trop réverbérant, et ne pas prolonger outre mesure les séances si les enfants sont debout. Une demi heure de travail bien conduite est satisfaisante (surtout en maternelle).

On n'oubliera pas (*cf.* p. 21) que les *conventions sociales* portent un certain interdit sur la liberté de la parole : ne pas ouvrir trop la bouche, ne pas bailler, ne pas tirer la langue, rentrer le ventre. Autant de gestes qui pourtant facilitent l'élocution et la phonation mais doivent être pratiqués en «privé ».

D'autre part, en quarante ans, notre voix a baissé de plusieurs tons. Pourquoi ? Notre société trouve les voix graves plus troublantes, plus « sexy ». Pour prendre conscience de cette évolution, comparez celle d'Arletti et celle de Marlène Dietrich. Actuellement, il y a très peu de *soprano* chez les chanteuses de variété.

L'urbanisation est aussi responsable de ce phénomène ; en ville on parle plus grave et moins fort. La voix s'adapte à l'espace.

S'entraîner à l'épreuve vocale du concours[26]

Le candidat dispose du choix entre l'épreuve vocale et l'épreuve instrumentale. S'il choisit l'épreuve instrumentale, il est cependant prévu un moment durant l'oral où il lui sera demandé de faire entendre sa voix chantée. Que l'on choisisse l'épreuve vocale ou l'épreuve instrumentale, il est donc fortement recommandé de prendre connaissance de ce qui suit.

26. L'intégralité du texte régissant le concours se situe en Annexes (p. 233) à la fin de cet ouvrage.

Choisir l'épreuve vocale au concours, c'est bien sûr choisir de préparer un chant adapté à sa voix et à sa sensibilité, mais c'est aussi choisir de préparer sa voix à la lumière de ce que nous avons pu dire précédemment et sur lequel nous ne reviendrons pas dans ce chapitre.

Modalités de l'épreuve vocale[27] et critères d'évaluation

> L'épreuve vocale *« consiste en une interprétation (...) vocale d'une œuvre choisie par le candidat. La durée pourra varier de deux à cinq minutes.*
>
> *L'objectif de l'épreuve n'est pas de vérifier des compétences techniques de spécialiste, au sens de virtuosité. Le jury appréciera les aptitudes (...) vocales du candidat, la cohérence entre ses capacités techniques et l'œuvre choisie, enfin ses qualités d'expression musicale.*
>
> *L'interprétation pourra être réalisée avec ou sans accompagnement (enregistrement ou accompagnateur). Pour l'œuvre exécutée vocalement, la partition sera mise à la disposition du jury. »* (B.O. 24/09/1994)
>
> ***N.B. :*** attention ! Il y a actuellement un second volet à cette épreuve que nous traiterons p. 48.

Que doit-on comprendre de ce texte ?

– Il ne faut pas confondre *exécution* vocale et *interprétation* vocale. Le texte insiste donc de façon explicite sur l'engagement personnel du candidat qui est ainsi amené à « donner une touche personnelle » au chant sélectionné, et non à le reproduire de façon scolaire, ou par imitation d'interprètes de renom.
– Il s'agit bien de « choisir » un chant, et non de chanter une des vieilles rengaines qui ont fait malheureusement école (aux deux sens du terme !). Combien de fois, tous les ans, n'entendons-nous pas *À la claire fontaine*, *Le petit âne gris*, *Le petit cheval* débités à toute allure, le visage impassible, après un petit sourire d'excuse assorti d'un « je vais commencer par le chant, parce qu'après, j'en serai débarrassé ! »
– Il faut respecter la fourchette horaire fixée par les textes, et éliminer tout choix préalable qui porterait sur un chant trop court. Quant aux chansons trop longues, si vraiment on ne leur trouve pas de substitut, il faudra en sélectionner avec soin des couplets pour que l'ensemble demeure cohérent.
– Il faut savoir cibler les difficultés éventuelles du chant (*cf.* p. 102), et faire preuve d'humilité.
– Le candidat a le choix de l'accompagnement qui ne peut lui être imposé de l'extérieur, et il doit avoir réfléchi à la question avant de se présenter devant le jury (*cf.* p. 42).

---

27. Nous rappelons qu'à l'heure où nous écrivons, les premières épreuves du concours selon les textes paru au B.O. le 24/09/1994 viennent d'avoir lieu, et que ces nouvelles données ministérielles ont orienté nos propos pour ce chapitre. Mais qu'il soit bien précisé néanmoins que même si les modalités et les contenus du concours varient au gré des remaniements ministériels, les compétences attendues à cette épreuve... et dans les classes... demeurent identiques à elles-mêmes dans leurs grandes lignes, de même que les critères d'évaluation.

– Le jury est en droit de comprendre que ce texte l'invite à refuser d'écouter tout candidat qui ne remettrait pas une partition et qui fournit les excuses suivantes devenues rituelles :

- « Je ne l'ai pas trouvée » (or chaque centre IUFM dispose d'un stock impressionnant de partition et d'adresses où les acquérir, renseignements fournis même gracieusement aux candidats extérieurs).
- « Elle n'existe qu'en recueil ; cela aurait coûté trop cher » (*sic*).
- « Elle n'est pas éditée » ; il est certain que le cas se présente très souvent. Que faire ? Aller trouver un professeur de musique compatissant qui accepte de passer quelques week-ends studieux à retrouver les charmes du bon vieux temps de ses études en transformant votre chant en un exercice aride de dictées musicales. Ou bien trouver un passionné d'ordinateur et de synthétiseur qui par des branchements savants trouvera le moyen de vous sortir d'une imprimante LA partition... (mais surtout pas la veille au soir, car depuis deux ans, les ordinateurs souffrent de pannes de mémoire, et les imprimantes de pannes de pales d'entraînement justement les veilles d'oral !). Ou bien, renoncer à votre premier choix et vous tourner vers d'autres sources.
- « C'est moi-même qui l'ai composée... ! », ce qui nous ramène au cas précédent.
- « C'est un chant de tradition orale ! », idem.
- « J'improvise ». Monsieur[28], votre prestation est incompatible avec les textes...[29]

De telles situations, au-delà de leur caractère incongru voire cocasse, posent au jury, et a fortiori au candidat, de grandes difficultés d'évaluation.

Quels sont en détail les critères d'évaluation habituellement retenus ?

– *La musicalité et l'interprétation*, c'est-à-dire une qualité d'investissement, d'engagement, de réappropriation du chant, se traduisant, en fonction du contenu du chant, par une mise en valeur de la ligne mélodique (devant comporter des nuances, des contrastes, des appuis), du rythme (qui ne sera ni trop saccadé, ni trop alangui, et pourra comporter des ralentis et des effets de rubato) et des paroles (mise en relief de certains mots, certaines syllabes, certaines ponctuations).
N'oubliez pas non plus que le jury se trouve en lieu et place d'une classe d'enfants ; il va donc mesurer votre impact, votre capacité à émouvoir ou

28. « Monsieur »... ; c'en était un que nous avions accepté d'entendre quand même, mais qui nous sert une sorte de mélopée incantatoire, mi-parlée, mi-hurlée, avec force gesticulation, contorsions, les yeux tour à tour exorbités ou fermés dans un plissement soutenu et douloureux... ; mais les paroles étant de langue étrangère nous lui demandons de quelle langue il s'agit ; « de l'arabe » ; très bien, nous sommes étonnées de ne pas l'avoir reconnue, mais nous nous proposons d'aller chercher un membre d'un autre jury tout à fait compétent... ; « ce n'est pas la peine ; c'est un dialecte très spécial ! » ; très bien, mais que disaient les paroles ? ; « je n'oserai jamais vous le dire, car ce sont des choses que l'on improvise dans les mariages bien de chez nous »...
29. Quant au fou-rire qui nous gagnait, il était incompatible avec la dignité supposée d'un jury souverain !

dynamiser, votre désir de « faire passer le message », en fait votre capacité à vivre (de toute votre voix, mais aussi votre corps et votre visage) et faire vivre (en induisant un certain climat) votre chant.

– *L'aptitude vocale*, c'est-à-dire votre degré de maîtrise des différents éléments de l'appareil phonatoire, votre acquis en terme de travail vocal et musical, qui doit s'entendre à travers la justesse mélodique, l'exactitude rythmique, le respect de la partition (c'est-à-dire une traduction fidèle de ce qui est écrit[30]), la gestion du souffle, et surtout la qualité du son (en précisant cependant que si vous êtes doté(e) d'une voix « à la Armstrong », ce sera à vous de jouer de son timbre rocailleux et granuleux, pour, à la limite du son, faire naître l'émotion). Il n'y a aucun « idéal de voix » qui servirait de norme sur laquelle on alignerait les critères de notation ! Non ! Il y a :

- votre voix, avec son histoire, son vécu, son évolution peut-être récente et son devenir confronté aux réalités du terrain,
- votre voix et vous, dans le rapport de défiance ou de convivialité que vous entretenez avec elle,
- votre voix, vous et le chant, dans cette rencontre en trois dimensions que l'on souhaite la plus en symbiose possible,
- votre voix, vous, le chant et le jury, ce dernier étant tout disposé à oublier la grille d'évaluation en sa possession (remise à jour tous les ans dans chaque académie, et comprenant, rassurez-vous, moins de critères détaillés d'évaluation que ceux cités plus haut) pour vivre ce moment de musique *avec* vous, depuis sa position d'écoutant réceptif.

– *Le choix de l'œuvre ;* il doit être réfléchi et cohérent, c'est-à-dire mettre en valeur vos aptitudes vocales, ne pas faire apparaître vos éventuelles déficiences (phrases trop longues que vous seriez obligé(e) de fractionner si vous manquiez de souffle, ambitus trop large qui vous laisserait dans l'impossibilité d'émettre les notes graves et les notes aiguës), s'harmoniser avec votre personnalité (afin que vous ne vous retrouviez pas dans une situation de « forçage » d'un certain type d'extériorisation) et révéler une certaine appréciation de la qualité musicale du chant lui-même.

Quel chant choisir ?

Il va s'agir maintenant, en toute connaissance de cause, de savoir vers quel type de répertoire orienter son choix. Chants traditionnels, chants populaires, chants de variété, de langue française ou étrangère,... la palette est somptueusement colorée.

Voici quelques conseils de méthodologie inspirés de ce que nous avons pu vivre avec les préparationnaires :

– opérez assez tôt, de six à huit mois avant le concours, une première présélection recouvrant plusieurs styles et plusieurs genres, et correspondant à vos compétences vocales du moment ;

---

30. Il vous appartient donc de faire vérifier par un spécialiste que cette partition que vous avez acquise en toute confiance est bien elle-même un reflet fidèle des versions enregistrées par les chanteurs. Méfiez-vous et prenez la peine de faire cette démarche, car vous aurez compris le risque de... « malentendu » aux deux sens du terme !

– si vous chantez en même temps que des disques, méfiez-vous en tant que femme des voix masculines (vous devrez transposer la mélodie une octave plus aiguë) et en tant qu'homme des voix féminines (vous devrez transposer la mélodie une octave plus grave, et non pas chanter en voix de fausset)[31] ;

– soumettez votre choix à l'existence ou non de la partition, afin d'éviter de vous mettre au dernier moment dans une situation impossible à gérer ;

– faites un montage sur cassette de votre présélection, et écoutez le souvent afin de bien mémoriser les différentes composantes mélodiques et rythmiques ;

– mettez-vous en recherche le plus tôt possible de l'existence ou non d'un play-back (*cf.* p. 44) que vous enregistrerez sur la même cassette ;

– prenez en compte les paroles, elles peuvent être vulgaires, ou provocatrices ; si tel n'est pas votre style, n'ajoutez pas aux difficultés du concours celle de devoir gérer une certaine gêne[32] lorsque vous devrez « faire passer le message » ;

– arrêtez, pendant deux ou trois mois, de réécouter votre cassette, mais vous, enregistrez-vous et écoutez-vous avec un esprit critique mais indulgent ;

– trouvez, ou créez les occasions de vous constituer un public d'amis compatissants et sommés d'être critiques, devant lesquels vous interpréterez « pour de vrai » votre chant ; ce seront le plus souvent ces expériences déterminantes qui vous amèneront à constater si vous et votre chant « tenez » à cette épreuve du public ;

– trois mois avant le concours, réduisez votre choix à celui de deux chansons de caractère opposé, et deux mois avant, décidez-vous. À ce moment là, réécoutez l'interprète originel de ce qui est censé être devenu *votre* chant, pour rectifier éventuellement les divergences de texte musical ;

– sachez qu'un mois avant l'oral, vous aurez à remplir des papiers d'ordre administratif où vous devrez inscrire le titre et l'auteur (certains ne le savent toujours pas le jour où ils ont à effectuer cette tâche...) de l'œuvre retenue ;

– et sachez ne pas vous lasser de votre chant, à force de le répéter, et perpétuer le plaisir de sa re-découverte garant d'une véritable re-création.

Transposer le chant ou faire évoluer sa voix ?

Transposer un chant, cela signifie décider de le soumettre à sa propre tessiture afin d'éviter les difficultés dans l'émission des notes situées aux deux extrêmes de l'ambitus. Il va donc vous falloir choisir une note de départ autre que celle indiquée sur la partition, et à partir d'elle reproduire fidèlement la ligne mélodique. Mais cette décision ne se prend pas au hasard. Vous devrez :

– essayer méthodiquement plusieurs notes de départ, en graduant les difficultés (de demi-tons en demi-tons) ;

31. Ce sont les femmes qui orientent le plus souvent leur choix vers les chanteurs masculins.
32. Comment un jury pouvait-il se situer face à un candidat rougissant qui chantait, en évitant le regard d'un collègue fort respectable en barbe grisonnante : « Je ne chante pas pour toi ; quand j'te r'garde, j'te trouv' la gueule d'un c... ! », avec par ailleurs une voix fort juste et bien placée !

– repérer la note de départ sélectionnée (*cf.* p. 69) et la noter sur la partition ;
– enregistrer plusieurs essais de votre part, à plusieurs hauteurs différentes, car vos « impressions » peuvent masquer de réelles qualités vocales que vous ignorez ;
– aller en discuter avec un professeur de musique qui sera à même de vous conseiller.

Et si votre décision est irrémédiable, le jour de l'épreuve, indiquez cette nouvelle note de départ au jury qui vous la fera alors entendre, afin que vous preniez « un bon départ ».

Faire évoluer sa voix, cela veut dire ne pas s'arrêter à une difficulté passagère (les notes aiguës qui ne « sortiraient » pas), mais mettre au point des stratégies de remédiation afin de vaincre certains handicaps. On se rapportera au chapitre 2 (p. 32) qui traite cette question.

Si vous vous remettez seulement à chanter maintenant, après une longue période d'utilisation exclusive de votre voix parlée, sachez que votre voix va de toute façon évoluer au cours de votre préparation. Écoutez-la ; enregistrez-la à intervalles réguliers.

C'est seulement un mois avant la date fatidique de votre oral que vous saurez si vous devez transposer ou non votre chant.

Les femmes enceintes devront penser que leur voix évolue au cours de la grossesse et que cette évolution est suivie d'un changement brusque de repères corporels, affectant le souffle et les points de résonance si elles accouchent juste avant le concours.

De ce qui précède, on peut déduire que ces deux décisions sont envisageables conjointement ; mais il est hors de question que vous vous en remettiez à un choix arbitraire du jury le jour de l'épreuve.

De l'utilisation, ou non, d'un play-back ou d'un accompagnement

Vous avez le choix entre chanter *a cappella*, c'est-à-dire sans aucun accompagnement, ou bien en vous faisant accompagner.

À quel type d'accompagnement pouvez-vous recourir, et quels en sont les avantages et les inconvénients ?

• ***Chanter* a cappella.** Vous serez libre du tempo, d'insérer des ralentis et des accélérés lorsque l'interprétation le réclamera, et vous n'aurez à être à l'écoute que de vous-même au fur et à mesure que vous chanterez. Vous ne dépendrez donc que de vous !

Quels sont les risques d'inconvénients cependant ? De ne disposer d'aucun repère harmonique pour appuyer la ligne mélodique et lui en garantir la justesse, ni d'aucune « ambiance » de soutien. L'émotion et la qualité du message reposeront donc uniquement sur votre chant.

Si vous n'avez jamais chanté avec accompagnement, et si vous n'avez jamais entendu une version orchestrée ou accompagnée de votre chant, il est parfois plus raisonnable de choisir cette modalité.

• ***Amener votre accompagnateur*** (chanteur, guitariste, ou autre). C'est recréer le jour de l'épreuve les conditions dans lesquelles vous aurez (souvent) répété. Outre le soutien harmonique et rythmique dont vous bénéficierez, les facteurs de connivence et de complicité joueront au profit d'une meilleure assurance et allégeront votre trac.

Quels sont les risques d'inconvénients cependant? Que vous vous retrouviez dépendant(e) d'une éventuelle erreur de rythme, d'accord, ou d'un faux départ de votre accompagnateur, qui vous fasse vous arrêter net, et «perdre vos moyens»..., parce que, être accompagné(e), c'est se trouver dans une dynamique de production vocale mais aussi d'écoute de l'autre!

Si tel est votre choix cependant, «testez» vos amis à l'épreuve d'un public, avant le jour de l'oral, afin de connaître leurs réactions... Nul n'est à l'abri de ces sortes de mésaventure, surtout qu'ils risquent d'avoir le trac pour vous!

> ***N.B.*** **:** prenez connaissance de ce qui est dit au paragraphe ci-dessous traitant du play-back; l'accompagnement ne devra présenter aucune doublure de la ligne mélodique.

• ***Demander à être accompagné par un des membres du jury.*** Vous retrouverez ici les mêmes avantages que ceux mentionnés plus haut, surtout que l'accompagnement est une discipline à part entière à laquelle certaines des personnes du jury[33] risquent fort d'être rodées. Que vous ralentissiez, que vous vous trompiez, que vous «sautiez» des mesures, vous serez suivi(e) imperturbablement autant que faire se peut. Mais surtout, songez à indiquer au jury, au cas où vous ayez transposé votre chant, sa nouvelle tonalité, car transposer représente aussi pour le jury un «exercice» supplémentaire que tous ne seront pas en mesure de vous accorder.

Quels sont les risques d'inconvénients cependant? Les mêmes que précédemment, puisque «personne n'est à l'abri»...

Mais dans tous les cas, rappelez-vous que les autres membres du jury ont la partition, et une certaine habitude de l'écoute qui leur permettra de se rendre compte que vous n'êtes pas «coupable» d'une fausse note déstabilisante de votre accompagnateur.

• ***S'accompagner soi-même.*** Quel que soit votre accompagnement, et même s'il comporte des erreurs, vous serez noté(e) sur la qualité de votre prestation vocale. Votre accompagnement, lui, ne sera pas noté, mais si vous êtes à l'aise dans ce style, l'ensemble de votre prestation y gagnera en qualité, facteur d'évaluation tout de même déterminant.

33. Les centres d'examen qui disposent de professeurs ou d'instituteurs accompagnateurs s'organisent en conséquence et le mentionnent le plus souvent sur les fiches que vous aurez à remplir au moment des inscriptions. Lors des réunions d'harmonisation du jury précédant l'épreuve, chacun est mis au courant des réponses à faire à vos demandes concernant cette question de l'accompagnement. Mais, par précaution, si aucune personne pianiste n'est disponible ce jour là, sachez chanter *a cappella*, ou ayez prévu un play-back.

Si vous êtes par exemple guitariste, plus habitué à accompagner des groupes qu'à chanter, vous pourrez chanter en vous accompagnant, mais alors inscrivez-vous à l'épreuve comme ayant choisi l'interprétation instrumentale.

Quels sont les risques d'inconvénients cependant? Si vous n'êtes pas rodé(e) à cette technique, qui a sa propre spécificité, vous serez accaparé(e) par deux directions différentes; l'acte vocal et l'acte instrumental, dans leurs interférences, avec tout ce qu'ils représentent d'interaction entre produire et écouter.

N'adoptez cette solution que si vous maîtrisez bien cette pratique.

> ***N.B.*** **:** prenez connaissance de ce qui est dit au paragraphe ci-dessous traitant du play-back; l'accompagnement ne devra présenter aucune doublure de la ligne mélodique.

• ***Apporter un play-back***. Que ce soit un play-back du commerce (on en trouve à foison maintenant avec la mode du karaoké), que vous le réalisiez sur ordinateur ou que vous le fassiez faire par des amis musiciens, prenez la précaution de l'écouter et de le faire entendre à un professionnel pour être certain(e) qu'il ne comporte pas, en plus de l'accompagnement, la ligne mélodique jouée par un instrument, même si c'est à une intensité très faible. Nous insistons ici une dernière fois sur cette nécessité; si certes, l'accompagnement doit *soutenir* la ligne du chant, il ne doit en aucune manière la *doubler*, c'est-à-dire la faire entendre, car il appartient au candidat de faire preuve de justesse et d'oreille en assurant seul la parfaite conduite de la mélodie[34].

Vérifiez que le play-back du commerce est adapté à votre tessiture, car sinon il risque de vous entraîner à des hauteurs (ou des profondeurs) que vous ne pourrez atteindre.

Si vous faites confectionner ce play-back «sur mesure», et si vous avez choisi de transposer le chant, signalez-le et indiquez la nouvelle tonalité à vos coopérateurs afin qu'ils modifient la partition en conséquence.

Quels sont les risques d'inconvénients cependant? Que vous preniez un faux départ, ou que vous vous décaliez en cours de route (adoptant un autre tempo que celui de l'enregistrement), ou bien encore que vous ne repériez pas les transitions instrumentales éventuelles reliant les strophes (ou refrain, couplet).

Au terme de ce chapitre, nous attirons l'attention du candidat sur l'absence de mention ***de la nécessité ou non de chanter par cœur***. C'est une question épineuse qui n'a pas fini de soulever des débats divergents et des prises de position contradictoires quant à l'évaluation de ce critère absent des textes officiels.

---

34. Dans certains centres d'examen, la consigne imposée aux membres du jury a été jusqu'au refus d'écouter l'accompagnement, mais heureusement pas le candidat qui devait alors se résoudre à chanter *a cappella*.

La véritable question, à notre sens, est celle de *la cohérence* du candidat entre ses capacités de mémorisation et le mode d'exécution qu'il choisit. Si, plus tard dans les classes, chanter par cœur contribue à créer une meilleure communication entre maître-interprète et élèves, que le futur enseignant choisisse cette approche. Mais si par contre, chanter par cœur lui ôte toute spontanéité, tant l'appréhension du « trou de mémoire » ou du lapsus le tourmente, qu'il y renonce. En attendant d'être confronté aux exigences interprétatives de la classe, il a pour l'instant à se soumettre à celles supposées du jury. Nous ne pouvons conseiller que de faire appel au bon sens, c'est-à-dire de savoir tout de même son chant par cœur... et de garder à portée du regard les paroles, au cas où la mémoire ferait défaut.

De l'interprétation

Trop souvent absente des prestations individuelles ou des productions collectives, trop souvent confondue avec des recherches de contrastes et de nuances dont seules parfois les mimiques du visage témoignent, elle est cependant essentielle si l'on veut « vivre » et « faire vivre » un chant.

Elle a été et sera évoquée tout au long de cet ouvrage, qu'il s'agisse d'améliorer sa propre qualité vocale pour le concours, pour présenter un chant aux élèves, ou bien encore comme objectif que l'on se fixe lorsqu'on entreprend de faire chanter les enfants.

Pour se persuader de l'impact affectif d'une interprétation, il sera conseillé d'emprunter en discothèque plusieurs interprétations d'un même chant ou d'une même œuvre, et de procéder à une *écoute comparative*. Pour faciliter cette démarche, nous donnons ci-dessous un listing des critères de comparaison envisageables, s'articulant autour d'une confrontation terme à terme des quatre éléments caractéristiques du son.

Critères de comparaison d'interprétation

Timbre

- Choix des timbres :
  - Orchestration ?
  - Instrumentation ?
  - Répartition ?
  - Solistes ?
- Utilisation des timbres :
  - Instruments anciens ?
  - Accord à un autre diapason ?
  - À tessiture égale, timbre spécifique ?
  - Effets spéciaux (sourdine, *flatterzunge*[35], etc.) ?
  - Effets spéciaux de prise de son (réverbération, écho, plans, etc.) ?
  - Traitement technique infligé aux sons (filtrage, distorsion, etc.) ?

---

35. *Flatterzunge* : « tremblement de langue » effectué dans l'embouchure de la flûte et produisant une sorte de trémolo.

Hauteur

• Même mélodie ?
• Même harmonie ?
• Respect du texte d'origine ?
• Effets spéciaux (vocalises, mélismes, ornements, trilles, ports de voix, vibrato, glissando) ?

Durée

• Même tempo (différence globale, ou fluctuation) ?
• Même mesure ?
• Même rythme ?
• Phrasés et respirations (place, style, durée, nombre, etc.) ?
• Effets spéciaux (accelerando, rallentando, rubato, etc.) ?

Intensité

• Nuances ?
• Dynamique des phrases ?
• Style (contrastes, progressions) ?
• Effets spéciaux *legato* (lié), *staccato* (détaché), martelé, louré (appuyé sur le premier temps), *portamento* (avec port de voix) ?

Prosodie et musique

• Lorsqu'il s'agit de *chant*, on prendra en compte la mise en valeur du texte, et aux critères déjà signalés on ajoutera les notions de *diction, articulation, prononciation, couleur des voyelles, relief des consonnes, intelligibilité, registres vocaux, place de la voix avec effets volontaires ou non de modification de timbre, etc.*

Suggestions d'interprétation

L'expérience menée précédemment ne pourra qu'enrichir la palette des raffinements interprétatifs possibles. Dans ce qui suit, nous donnerons quelques suggestions de détails facilitant la mise en œuvre d'un tel projet.

S'agissant du travail d'interprétation mené avec les enfants, on trouvera dans le chapitre **En stage, en classe** (*cf.* p. 50) des outils de travail pour le maître, tels que la gestique, la direction de chœur, l'échauffement vocal, etc.

Timbre

• Exploiter les inflexions de la voix parlée (pour quelques mots expressifs) et de la voix chantée.
• Renforcer les dentales et les occlusives pour favoriser la production et la projection du son.
• Maintenir la qualité vocale tout le long de l'émission des voyelles (sans les laisser « retomber »).
• Conserver ou non l'accent local (le sien ou celui de l'auteur de la chanson).

• Insérer ou non des bruitages corporels ou des percussions.

• *Lors d'un travail avec un groupe d'enfants,* répartir les groupes, les solistes ou toute la classe en fonction des différents refrains et couplets, mais aussi en fonction d'un équilibre ou déséquilibre intentionnel, d'une recherche d'homogénéisation ou d'hétérogénéité.

Hauteur

• Utiliser ou non des effets de port de voix ou de glissando.

• Changer ou non de hauteur à chaque couplet (*cf. l'Aigle noir* de Barbara).

• Introduire ou non un contre-chant, un ostinato, ou une deuxième, voire troisième voix.

• *Lors d'un travail avec un groupe d'enfants,* veiller à ce que tous les enfants démarrent à la même hauteur, sur la même note, et finissent de même.

Durée

• Changer ou non de tempo selon le sens de certaines phrases.

• Ralentir ou non en fin de phrases.

• Soigner les fins de mots en tenant le son aussi longtemps que nécessaire et en veillant à la qualité de l'émission sonore de la dernière consonne.

• *Lors d'un travail avec un groupe d'enfants,* on veillera à ce qu'ils « tiennent » tous aussi longtemps que nécessaire les notes longues (une gestique appropriée pourra les y aider).

Intensité

• La maintenir constante ou la faire varier en fonction du sens du texte.

• L'accentuer sur certaines syllabes ou certains mots porteurs de sens.

• Penser à inverser les accents toniques dans un souci d'intelligibilité.

• *Lors d'un travail avec un groupe d'enfants,* répartir là aussi les groupes, les solistes ou toute la classe en fonction des différents refrains et couplets, mais aussi en fonction d'un équilibre ou déséquilibre intentionnel, d'une recherche d'homogénéisation ou d'hétérogénéité.

Forme

• La mettre ou non en valeur par des changements de timbre, de vitesse, de hauteur.

• *Lors d'un travail avec un groupe d'enfants,* on peut insérer des effets d'écho lors des redites, des ostinatos parlés, chantés ou rythmiques, des silences, des interludes, préludes, postludes instrumentaux ou autres, des gestes soulignant la forme mais aussi l'expressivité du texte.

Prosodie et musique

• *Lors d'un travail avec un groupe d'enfants,* on se mettra d'accord sur les liaisons à faire ou non, les « e » muets, la place et la longueur des respirations, l'exagération ou non de l'articulation et la prononciation de certaines consonnes, la transformation de la couleur de certaines voyelles difficiles d'émission dans les registres extrêmes (tels les « i » dans l'aigu que l'on peut prononcer « à l'anglaise » en les « mouillant » de la couleur « é »).

S'entraîner à l'épreuve de mémorisation et reproduction

> *« Le candidat devra reproduire vocalement une phrase d'un chant adapté à des élèves du cycle des apprentissages fondamentaux, après deux auditions proposées par le jury au cours de l'entretien. Les paroles de cet extrait sont fournies au candidat.*
>
> *Le jury estimera les capacités de mémorisation, de justesse et les capacités du candidat à analyser sa prestation. »* (B.O. 24/09/1994)

Que doit-on comprendre de ce texte ?

– La longueur du texte à chanter représente environ quatre ou huit mesures, puisqu'il s'agit d'une « phrase » musicale correspondant le plus souvent à une phrase littéraire. Ces phrases sont choisies en règle générale selon les critères suivants : ambitus restreint, la première note et la dernière note étant des notes-clefs de la tonalité (le plus souvent : tonique et/ou dominante), évitement de pièges d'ordre rythmique et/ou mélodique, évidence tonale (mais attention aux chants de type modal, hérités des anciens modes grégoriens, et qui peuplent encore le répertoire traditionnel et folklorique !).
– Il s'agit d'un extrait d'un chant de cycle 3, ce qui signifie une très grande diversité de répertoire de référence. Mais il est évident que le choix va se porter sur des chants peu pratiqués ; certains fragments musicaux seront même composés pour la circonstance.
– Le candidat entendra ce chant deux fois. Cela peut se comprendre de deux façons : soit le jury chante deux fois l'extrait retenu *avant* que le candidat soit invité à le reproduire ; soit le jury le propose une fois, puis le candidat s'essaye une première fois à le reproduire, à la suite de quoi il réentend le fragment rechanté par le jury, ce qui lui permet dans un quatrième temps de parfaire sa restitution.
– Seul le jury aura la partition sous les yeux ; le candidat quant à lui ne disposera que des paroles (ce qui requiert un entraînement spécifique que nous aborderons ci-dessous).
– Le candidat a à émettre un avis critique sur sa prestation.

Quels sont en détail les critères d'évaluation habituellement retenus ?

– Essentiellement la *justesse* mélodique et la *justesse* rythmique, car il s'agit là de repérer les capacités du candidat à s'approprier rapidement un fragment musical isolé de son contexte, à le mémoriser et à le restituer avec précision. Il est donc fait ici appel à la boucle audio-phonatoire (*cf.* p. 88), et bien que la voix soit le véhicule de cet acte de mémorisation, c'est en réalité une compétence auditive qui se manifeste.

– Mais aussi la *« capacité du candidat à analyser sa prestation »* ; on lui demande donc de dire s'il est satisfait ou non[36] de la restitution qu'il vient d'opérer. S'il estime avoir commis une erreur, s'il l'a entendue mais qu'il n'arrive pas à chanter la version d'origine, la chance lui est donc offerte de verbaliser et d'expliciter cette erreur en l'identifiant avec précision[37].

Comment s'y entraîner ?

Apprendre des chants nouveaux tout au long de l'année, et non pas se contenter de chanter les meilleurs scores du « top 50 » diffusés par tous les médias, est bien sûr une garantie d'une bonne préparation à ce type d'épreuve. Mais cela ne suffit pas.

Vous devrez donc :

– enregistrer sur cassette des phrases de chant que vous connaissez mais que vous isolerez de leur contexte. Par exemple vous chanterez la troisième phrase d'un chant X, la septième d'un chant Y, etc.

– faire la même opération technique, à partir de cassettes de chants que vous ne connaissez pas ;

– mettre les enfants des voisins et les petits cousins à contribution pour qu'ils vous chantent, et pourquoi pas vous apprennent, leur répertoire de l'école ;

– vous entraîner avec les pochettes de disques, où ne figurent que les textes, à désigner vos erreurs en repérant mots et syllabes. Certains candidats non musiciens, mais habitués à suivre le dessin mélodique des phrases sur les partitions, perdent leurs repères lorsqu'ils n'ont plus accès à cette partition. Vous ne serez pas autorisés cependant à noter quelque code graphique que ce soit sur le document qui vous sera remis ;

– aller vers l'écoute de répertoires inhabituels pour vous, afin de vous entraîner à chanter des styles parfois très éloignés et dont vous ne soupçonniez pas l'existence.

Pensez que vous allez avoir là l'occasion (et le plaisir ?) de découvrir du répertoire que vous pourrez réinvestir plus tard dans les classes, et que, d'autre part, cet entraînement spécifique va vous permettre d'acquérir des compétences de mémorisation rapide et précise qui vous donneront de l'assurance avec vos élèves.

36. Dans certains centres, la consigne du jury (qui représente une interprétation envisageable du texte) était la suivante : « Nous vous chantons deux fois un fragment musical. Ce sera ensuite à vous de le chanter ; vous aurez droit à deux essais. À l'issue de votre prestation, si vous n'êtes pas satisfait de vous, vous pourrez désigner les erreurs éventuelles que vous penserez avoir commises. »

37. Cela peut donc conduire à des formulations de ce genre : « sur tel mot, j'ai prononcé telle syllabe trop rapidement par rapport à telle autre ; j'ai dû faire une erreur de rythme » ou « au début de la phrase, ça restait au même niveau, et moi j'ai fait monter la voix ; j'ai dû faire une erreur mélodique ». Mais ce peut être aussi « je l'ai chanté d'un bout à l'autre plus rapidement que vous », ce qui désigne une erreur de tempo ; ou bien encore « j'ai bien chanté le même air que vous, mais je ne l'ai pas fait à la même hauteur » ce qui désigne une transposition, qui n'est pas reconnue comme une erreur si elle est bien désignée comme telle.

3. En stage, en classe

Au pied du mur !

Votre voix est votre portrait vocal, elle évolue comme vous de la naissance à la sénescence. Elle sera porteuse de votre magnétisme ou de votre lymphatisme. Même sans aucun mot, votre expression vocale traduira vos états d'âme ; la fatigue, l'énervement, tout transparaît dans votre élocution.

Si votre oreille est attentive, vous décelez chez vos amis qui vous téléphonent leurs joies ou leurs difficultés.

Nous sommes tous, pour des raisons culturelles ou sociales (qu'il serait trop long de commenter ici) plus sensibles à certaines vibrations. Certaines, intenses, nous donnent la « chair de poule », d'autres nous réénergisent, d'autres au contraire nous endorment, nous exaspèrent ou nous stressent.

Certains types de voix sont attachés à différents personnages. Traditionnellement, la jeune première est un soprano, le diable et les hommes de pouvoir ont une voix de basse, etc. On imagine mal Aznavour chantant la *Traviata* ou Pavarotti improviser un chorus... Que serait Donald sans sa voix ? Elle est indissociable du petit personnage des dessins animés.

Nous avons tous une hiérarchie de types vocaux véhiculée par notre éducation, notre tradition, notre culture. Qu'en est-il de notre voix à l'heure où nous basculons soudain dans un monde reconnu par les phoniatres comme celui des « professionnels de la voix » ? Qu'adviendra-t-il de notre voix si nous ne savons interpréter à temps les signes de défaillance qu'elle nous envoie ?

Il s'agira dans le chapitre suivant de confier au maître une « trousse d'urgence » lui permettant de faire face seul, dans un premier temps, aux désagréments qu'il risque de rencontrer.

Samu vocal pour les maîtres

Pour éviter l'aphonie totale après quelques jours de stage

• Ne vous imaginez pas qu'il faille parler beaucoup et fort pour être entendu des élèves (au contraire).

• Avant de partir (ou de commencer), pratiquez le jogging vocal (*cf.* p. 35). Vous êtes des professionnels de la voix, il faut ménager votre instrument de travail. N'oubliez pas que vos plis vocaux (cordes vocales) sont des muscles, qu'ils ont besoin d'être chauffés avant l'effort.

• Ne faites pas de phrases trop longues sans respirer. De temps en temps détendez-vous en pratiquant de grandes respirations (pas plus de trois, vous pourriez avoir un malaise).

• Après avoir donné les consignes d'une voix claire à destination du fond de la classe, et avoir contrôlé que vous avez été bien compris, vous respirez, baissez les épaules, laissez tomber au maximum la mâchoire inférieure et si vous sentez l'envie de bailler, bravo, vous êtes sur la bonne voie (voix).

• Exigez des temps de silence, excellents pour la concentration des enfants et votre santé vocale.

• Si vous avez besoin « d'exploser » faites le, cela évacuera votre stress, mais ne forcez pas votre voix. Pour éviter le forçage prenez un registre aigu désagréable à entendre mais efficace.

• Ayez toujours présent à l'esprit que la meilleure protection de la voix est la décontraction. Pratiquez quelques exercices le soir en rentrant pour votre bien être personnel et celui de tout votre entourage !

• Si vous avez un rhume : soignez vous dès les premiers symptômes en désinfectant vos voies respiratoires supérieures. N'abusez pas des antibiotiques, ils ne sont pas indispensables dans ce cas.

• Si vous avez une angine (donc un problème vocal) voyez un ORL qui jugera de l'importance de l'inflammation.

Quelques suggestions et exercices

• Asseyez-vous sur une chaise les jambes très écartées, penchez-vous en avant en laissant tomber votre tête devant vous. Balancez-la de droite à gauche en la laissant rouler par son propre poids.

• Roulez vos épaules en avant, en arrière, en essayant de les faire monter le plus possible vers les oreilles.

• Debout, baissez-vous très progressivement en laissant aller vos bras comme s'ils étaient en chiffon. Descendez le plus possible en restant très décontracté(e) puis remontez très lentement en déroulant votre colonne, vertèbre par vertèbre, la tête toujours proche du sternum.

• Baillez plusieurs fois pour décontracter votre gorge.

• Mâchez comme si vous aviez un énorme chamalo dans votre bouche, cela décontractera vos joues.

Soyez aussi attentifs à votre débit

• Si vous parlez dans une grande salle, votre débit doit être moins rapide que si vous vous adressez à un petit groupe. *Souvent les enseignants parlent trop vite devant les enfants qui n'ont pas le temps de saisir le sens des paroles.* Ceux-ci sont souvent accusés, à tort, d'être inattentifs. Il faut se poser la question : ont-ils vraiment entendu ce que je viens de leur dire ?

• Votre articulation dépend plus de l'attention que vous y portez que de mouvements exagérés des lèvres ou des mâchoires.

Que faire en cas d'urgence ?

• Si vous êtes en état d'aphonie (ou de dysphonie caractérisée) **alerte, arrêtez-vous**. Il vaut mieux ne pas parler pendant vingt-quatre ou quarante-huit heures que de risquer un claquage. Prenez rendez-vous rapidement chez un phoniatre pour qu'il ausculte votre larynx et vos plis vocaux. En attendant **silence** ou pratiquez (le moins possible) la voix bourdonnée (*cf.* p. 121). Relaxez vous, poussez de grands soupirs, expirez en tirant la langue à fond, cela vous décontractera.

• Dès que se présente une dysphonie quelconque, picotements, inflammation, etc., **soyez très vigilants, ne forcez jamais**. Organisez votre travail en fonction de votre fatigue vocale. Exposez vos difficultés aux enfants et demandez-leur de vous aider. Ils sont très compréhensifs dans ces situations.

Entraîner les voix des enfants

L'apprentissage

Lorsque le bébé apprend à parler, la richesse de son expression vocale dépend, en très grande partie, de son entourage. Ses possibilités vocales sont infinies ; à cinq mois, il gazouille dans toutes les langues, c'est-à-dire qu'il est capable d'émettre tous les phonèmes de toutes les langues étrangères. À huit ou neuf mois, il babille déjà dans *sa* langue, allant jusqu'à restituer fidèlement courbes mélodiques, intonations, accentuations, accents toniques, etc. Tout ce potentiel se trouve ensuite, le plus souvent, considérablement réduit par des sollicitations trop timides. Notre langue française, pauvre en relief et en sonorités (bien que très belle), ne demande que peu d'efforts à notre oreille et notre phonation, ce qui pose un véritable handicap lorsqu'il faut assimiler des intonations et phonèmes nouveaux. De plus, parler français prédispose à la fatigue vocale ; des radiographies comparées d'anglais et de français révèlent un affaissement du palais pour ces derniers.

L'idéal serait, sans doute, de permettre aux jeunes enfants de dire et de chanter de nombreux textes en différentes langues étrangères, afin d'éveiller leur attention et leurs mémoires (auditives et musculaires), très disponibles à cet âge, pour assimiler ces nouveautés de façon ludique.

Un tremplin serait établi pour aborder une étude plus détendue de plusieurs langues, adaptée à notre société de médias omniprésents. La chanson n'est-elle pas depuis le Moyen Age un moyen de communication efficace et populaire !

Si l'on fait travailler la voix chantée des enfants, ces difficultés trouvent, en partie, leur résolution. Elle est en effet la sublimation de la voix parlée, réunissant à des degrés supérieurs tout ce qui est nécessaire à celle-ci. En sollicitant de manière plus aiguë la mémoire auditive et la mémoire musculaire, elle discipline la distribution d'air, le débit verbal, l'articulation, et maîtrise la projection sonore.

Mais ce travail vocal doit toujours se faire dans le respect de la personnalité de chaque enfant.

Comment travailler sa voix en jouant

Ceux qui n'ont pas une voix très juste ne doivent pas être rejetés mais bénéficier, au contraire, d'une attention soutenue et discrète pour les intégrer au groupe.

On se rappellera que le meilleur exemple pour les voix d'enfants est celui de la voix qui les conduit.

• Travailler d'abord la **posture**. Pour l'obtenir il faut un corps droit, sans raideur, rentrer légèrement le menton, avoir l'impression que la tête est suspendue à un fil qui tend la colonne vertébrale. Ne pas bloquer les genoux qui doivent rester souples et chercher un bonne implantation au sol.

• Prendre du rôle du **diaphragme**. Indiquer les points d'attache et tousser pour sentir, au moins, celui du sternum.

• **Décontraction du haut du corps**.

1) Monter les épaules le plus près possible des oreilles et les relâcher complètement (à répéter trois fois).

2) Faire des moulinets avec les bras, d'arrière en avant (ce sens est moins fatigant pour les épaules).

3) Secouer les bras comme s'ils étaient en chiffon.

4) Se pencher lentement en ayant conscience d'enrouler sa colonne vertébrale et en laissant les bras complètement décontractés. Remonter lentement en déroulant la colonne (ne redresser la tête que lorsque l'on est bien droit).

• **Décontraction du cou.**

1) Rotation du cou d'avant en arrière en partant vers la droite – inspirer en montant expirer en descendant – changer de sens en partant vers la gauche (à faire trois fois dans chaque sens).

2) Faire avec la tête de petits mouvements de salutation en se penchant en avant : signifier le « oui » (trois fois) puis le « non », en sentant l'étirement des muscles. Reproduire ces mouvements en penchant la tête en arrière, sur le côté droit puis sur le côté gauche.

• **Travailler sa voix en jouant.**

1) Jeux de fusées avec des « Hummm... » gourmands très souples, en balayant l'échelle vocale, sans jamais forcer et sans serrer les lèvres ni les dents (on peut placer sa langue entre les dents comme témoin).

2) On peut aussi balayer l'échelle vocale en soufflant dans ses lèvres pour obtenir un « Brrrrr » décontractant la base du visage.

Les vocalises proposées aux enfants doivent toujours commencer par la note la plus aiguë. Plus les voix descendent plus elles doivent être très *soulevées* (comme un vase fragile). On peut imaginer un fil symbolique à la base du nez qui forme une barrière obligeant les voix à rester à cette place.

• **Travailler sur le souffle.**

L*e visualiser :* matériel, paille et verre d'eau.

Demander aux enfants de souffler avec des intensités progressives, vérifiables avec l'apparition des bulles plus ou moins grosses et bruyantes. L'enfant apprend à contrôler son expir et à le maîtriser progressivement.

Ce jeu convient à partir de 4 ans et peut se pratiquer dans les classes primaires. Il peut servir de point de départ à tout un travail sur le vent, les instruments à vent, etc.

• **Expressivité du souffle.**

Avec un soupir donner une impression d'aise (comme lorsqu'on s'assoit dans un fauteuil), d'impatience, de dépit, de détente, d'angoisse, de peur, etc. Noter les différences d'intensité et de projection du souffle, la détente provoquant l'expir, la peur ou l'angoisse déclenchant l'inspir (attention ces jeux sont très fatigants et ne doivent pas être trop prolongés).

1) *Production de différents types de vents* : la brise, la bise, la tempête, le vent dans les voiles; travailler sur l'intensité du souffle et sur la place des lèvres pour moduler les différents bruits.

2) *Reprendre* cette production sonore *avec une vibration* : prononcer simplement « m... m... » ou émettre un petit grognement léger. Faire glisser ensuite cette vibration du médium au grave et du médium à l'aigu (exemple : murmure de gourmandise en imaginant une bonne odeur).

3) Introduire sur ce travail une voyelle, de préférence « O » ou « A », qui laisse une large place à l'expressivité vocale ; chercher à traduire la gamme la plus complète possible d'expressions différentes et contrastées.

4) Chercher à imiter un très grand nombre de cris d'animaux et de voix (graves, aiguës, nasillardes, etc.) afin de découvrir les zones résonantielles et de faciliter la mobilité des lèvres.

5) Pour les plus grands, prendre un mot ou une expression courte (ex. : oui, non, c'est bien, bien sûr, etc.), passer par toutes les inflexions possibles y compris celles qui expriment le contraire du mot prononcé. *Ne jamais demander aux enfants de jouer avec le mot « Maman »* qui peut déclencher des tensions psychologiques.

Les jeux 2, 3, 4, sont plus adaptés aux enfants des cycles deux et trois.

• **Travail de la mobilité de la langue**.

Pratiquer toutes sortes de claquements de langue.

1) Placer la langue derrière les dents du haut, la faire reculer vers le milieu du palais dur ; proposer un élément rythmique en demandant aux enfants une grande synchronisation.

2) Mettre la langue derrière les dents du haut, élargir les lèvres et faire des petits bruits de cigale (Z... Z... Z...) de rapidité et d'intensité différentes.

3) Placer la langue bien à plat, détendue, derrière les dents du bas, laisser tomber la mâchoire mobile au maximum (jusqu'au bâillement) et dire « be le be le be le... » de façon relâchée et inexpressive.

4) Mettre la pointe de la langue derrière les incisives du haut et prononcer avec précision : « La, Mé, la, Mé, la Mé, la Mé...lodie. » Grouper les syllabes par six, huit ou douze, puis par quatre groupes de six, huit etc. avant de conclure, avec des tempi différents.

5) Prononcer lentement « tiki tiki tiki ti, taka taka taka ta », plusieurs fois ; accélérer le rythme tout en gardant la langue bien placée derrière les dents du haut ; pratiquer ensuite le même exercice en disant « tu du tu du tu du tu... », puis « tudutu, tudutu, tudutu tudutu tu... » en recherchant la tonicité du bout de la langue (exercices efficaces pour les flûtistes).

• **Travail de la mobilité des lèvres.**

1) Projeter les lèvres en avant et remonter la lèvre supérieure jusque sous le nez. Placez un crayon entre la lèvre et le nez et gardez le un petit moment.

2) Faire un sourire « américain » assez crispé en disant « cheese ».

3) Prononcer plusieurs fois avec le maximum d'articulation « YE, OU, YE, OU ».

4) Avant de chanter, ouvrez plusieurs fois la mâchoire au maximum en la refermant ensuite en mettant les lèvres en avant.

• **Quelques phrases à dire.**

1) Normalement, 2) lentement, 3) rapidement. Jouer aussi sur l'intensité

***N.B.* :** il est très difficile de parler *vite* et *piano*, ainsi que dire *fort* un texte *lent*.

« Le babouin a bien bu des bouteilles de bibine au bivouac. »
« Les chaussettes de l'archiduchesse sont-elles sèches ou archisèches ? »
« Nous sommes six à savourer le saucisson sorti du sceau. »
« Jojo a joué avec joie sur la jolie jachère. »
« Un pickpocket ponctionne un pensionnaire poussif. »
« Thimothé toussa quand Thaïs tomba. »

Et autres phrases destinées à délier la langue.

• **A dire** par petites étapes, en ajoutant à chaque fois quelques syllabes pour apprendre à maîtriser le souffle et prononcer des phrases longues.

– Je lance...

– Je lance la balle...

– Je lance la balle dans la prairie... par-dessus... la barrière... tout près... etc.

Au début le geste du lancer donne de l'élan au « L » et peut aider à projeter la voix.

• **Interprétation d'un chant pour améliorer la diction.**

Peut être pratiqué par le groupe classe, avec un élève ou un petit groupe pour dire le texte.

Prendre une chanson que l'on connaît parfaitement afin que l'attention soit concentrée sur la diction. Exemple : *A la claire fontaine*. Un groupe d'enfants murmure la mélodie très légèrement. Un enfant, ou un petit groupe (plus difficile), *dit le texte du chant* qui correspond à la mélodie entendue. La difficulté réside dans l'obligation de ne pas reproduire en parlant le rythme de la mélodie, et d'inclure le texte prononcé dans la durée de la phrase musicale. Généralement, le départ du texte parlé après le début de la mélodie permet de bien centrer la parole.

Ce jeu de diction peut très bien être proposé à partir de comptines aux enfants du cycle 2, mais c'est pendant le cycle 3, et surtout en cours moyen deuxième année, qu'il peut apporter aux élèves une élocution nette et assurée, leur permettant des prises de parole moins inhibées.

• **Jeux de débit.**

– Dire une phrase bien connue, lentement, *sans interruption* du son.

– Reprendre le texte en disant chaque syllabe très détachée.

– Reprendre le texte et le dire lentement mais fort.

– Même chose en parlant rapidement et dans une nuance piano, puis grave et rapidement, enfin avec une voix aiguë dans un tempo lent ou très lent.

• **Jeux sur les phonèmes étrangers.**

– Jeux vocaux sur des prénoms ou expressions extraites de comptines (ex. : *Tiddely Pom*).

– Jouer avec des *Tongue Twisters*, et leurs équivalents allemands, conçus pour « piéger » l'articulation.

– Dire des comptines courtes ou ne chanter que des refrains ou des phrases (ex. : *de los quatro muleros*).

– Chanter dans une autre langue des chansons connues (ex. : *The three little kittens, the farmer in the dell*).

– Faire collection de comptines et jeux de nourrice dans les familles de langue arabe, africaine, roumaine, portugaise, tchèque, vietnamienne, etc.

– Dire des comptines, des poèmes et des chansons de langue française en leur appliquant les critères de prononciation des langues étrangères (en y incluant les accents locaux, de même que l'accent canadien).

Pédagogie du chant

Objectifs, compétences, démarches, activités, dans une séquence de chant

Il nous a semblé intéressant de présenter ici aux lecteurs, sous forme d'un « listing » volontairement dénué de commentaires, un montage réalisé à partir des différents textes officiels de référence et nos propres convictions.

Il ne faut surtout pas croire que l'élaboration finale d'un texte officiel corresponde aux exigences de ses concepteurs. Pour avoir nous-mêmes participé aux réunions de travail préludant à la confection de certains de ceux-ci, nous n'avons pu que regretter, après coup, que les exigences de cohérence de la publication terminale, ainsi que les règles de mise en page, aient conduit à des contractions de texte fortement elliptiques, voire même à l'occultation de certains principes.

C'est donc pour pallier ces carences, redonner leurs lettres de noblesse à certaines formulations, préciser le sens de certains impératifs, que nous avons choisi de faire figurer enfin à un même endroit les différentes rubriques complémentaires que l'on trouve réparties au fil des années dans les textes officiels.

Pour en trouver la formulation exacte, ainsi que pour les appréhender dans leur globalité, le lecteur pourra se reporter aux versions originales de ces textes[38] dont nous donnons ici la référence :

- Programmes et instructions pour l'école élémentaire, 1985 ;
- L'éducation musicale à l'école élémentaire, compléments aux programmes et instructions du 15 mai 1985 ;
- Les cycles à l'école primaire, ministère de l'éducation nationale, Hachette / CNDP, 1991 ;
- L'éducation artistique à l'école, ministère de l'éducation nationale et de la culture, Savoir Livre CNDP, 1993.
- Programme de l'école primaire, bulletin officiel n° 5 du 9 mars 1995.

Qu'il s'agisse de préparer une séquence de chant ou d'en préparer une analyse dans le contexte du concours, on gardera à l'esprit les domaines très définis auxquels se rapportent les quatre termes « objectifs – compétences – activités – démarches ».

Parler d'**« objectifs »**, c'est porter un regard sur la séquence à venir « vue du maître » ; celui-ci ne peut prétendre engager des activités sans avoir inscrit celles-ci dans une dynamique qui s'impose des *visées* d'ordre pédagogique. Il forme alors le projet que ces activités reposent sur une conception projective et prospective, sans oublier le souci de favoriser les « compétences » de ses élèves.

Parler de **« compétences »**, c'est porter un regard sur la séquence à venir « vue des élèves » ; ceux-ci ne peuvent prétendre s'engager dans une activité dans le seul but d'« exécuter une tâche » débouchant sur un résultat à évaluer. Ces tâches sont conçues pour solliciter, ou éveiller, ou susciter des *aptitudes* réinvestissables éventuellement dans d'autres domaines disciplinaires. Elles s'articulent à travers des « activités » proposées par l'enseignant.

Parler d'**« activités »**, c'est porter un regard sur la séquence à venir « vue du contenu » ; celui-ci ne peut prétendre reposer, surtout en musique, sur une transmission verbalisée d'un savoir. Il va donc falloir mettre en place des *situations actives* proposant des contenus diversifiés (sous-tendus par des objectifs à atteindre et des compétences à solliciter), mais dans un souci constant d'en assurer la cohérence par une « démarche » logique, rigoureuse et attrayante.

38. On les trouvera, retranscrits dans leur intégralité, en Annexes (*cf.* p. 234).

Parler de « **démarche** », c'est mettre en relation ces différents regards sur la séquence à venir, au cours de son déroulement. En effet, prévue par le maître lors de sa préparation de séquence, tenant compte aussi des facteurs de lieu, de temps, elle repose sur le choix d'une *stratégie pédagogique* optimale qui va permettre de concilier les objectifs du maître, les compétences des enfants et les types d'activités proposés. Mais cette stratégie n'est pas figée dans le cadre d'un journal de bord ; elle se doit d'être « interactive » et diversifiée.

AU LONG DES 3 CYCLES

Objectifs généraux d'un travail sur la voix, communs aux 3 cycles

– Donner le désir de connaître et l'envie d'apprendre.

– Faire de la voix, au même titre que l'écoute, une zone frontière entre le corps et le langage, un vecteur de communication d'impressions, d'expressions, entre soi et les autres.

– Faire acquérir aux enfants les compétences *transversales* mentionnées ci-dessous.

Compétences transversales vocales communes aux 3 cycles

– Découvrir, construire, structurer sa personnalité.

– Connaître, reconnaître, accepter, respecter, développer, exprimer sa sensibilité.

– Connaître, reconnaître, accepter, respecter, développer ses ressources corporelles.

– Affirmer son autonomie et son indépendance dans une confrontation constructive entre le « pareil » et le « pas pareil » (*cf.* Partie 2 : L'écoute)

– S'intégrer à des activités collectives tout en gardant la conscience de son individualité.

– Accepter les codes et les contraintes de la vie collective et participer à leur élaboration.

– S'adapter tout en conservant un esprit critique.

– Être à l'écoute des autres, et de soi (*cf.* Partie 2 : L'écoute).

Objectifs spécifiques d'un travail sur la voix, communs aux 3 cycles

– Poser la voix des futurs adultes.

– Faire connaître et découvrir aux élèves leur voix.

– Donner aux élèves une connaissance corporelle, sensitive, tactile, auditive, terminologique de leur voix.

– Donner aux élèves le goût et les possibilités techniques de jouer avec leurs voix et d'en explorer les ressources, dans des situations collectives aussi bien qu'individuelles.

– Faire en sorte que cette voix ne les trahisse pas et soit pour eux un vecteur d'expression, d'échange et de communication.

– Faire acquérir aux enfants les compétences *spécifiques* mentionnées ci-dessous.

Compétences spécifiques vocales à mettre en place au long des 3 cycles

L'enfant doit être capable de :

- justesse dans l'intonation,
- précision rythmique,
- précision mélodique,
- gestion de son souffle,
- richesse et enrichissement de son timbre,
- diversité dans la production de bruitages et phonèmes étrangers,
- qualité d'articulation,
- qualité d'expression,
- qualité d'interprétation,
- « tenir sa place » dans une polyphonie, c'est-à-dire contribuer à la cohérence et à la justesse harmonique dans des chansons à plusieurs voix ou dans des canons.

Démarches générales régissant les pratiques vocales

- Pratiquer des démarches actives s'inscrivant dans une relation constante entre voir, entendre, faire, agir.
- Donner aux enfants des moyens de vivre des activités artistiques.
- Provoquer des contacts nombreux et variés entre les enfants et des œuvres de toutes époques et toutes civilisations.
- Faire créer des objets sonores et / ou plastiques, des textes, des gestes, des mélodies, des chansons.

CYCLE DES APPRENTISSAGES PREMIERS (CYCLE 1)

Objectifs généraux d'un travail sur la voix au cycle 1

- Développer chez l'enfant sa sensibilité, son imagination, sa capacité de créer, ses facultés d'attention et de concentration, son esprit critique et son aptitude à exprimer des goûts et des choix.
- Amener l'enfant à rencontrer les arts et à éprouver des émotions.
- Enrichir l'imaginaire de l'enfant.
- Faire acquérir aux enfants les compétences *transversales* mentionnées ci-dessous.

Compétences transversales vocales exploitables au Cycle 1

L'enfant doit être capable :

- d'adapter son comportement dans une situation où il n'est pas seul, en coopérant, établissant des relations de plus en plus nombreuses,
- d'être sensible à des valeurs esthétiques et d'exprimer ses préférences,
- d'apprendre à dire ses sentiments,
- de découvrir que l'on peut exprimer et échanger des idées,

– d'apprendre à aller le plus loin possible dans son expression,
– de prendre plaisir à inventer, de laisser libre cours à son imagination,
– d'enrichir son imaginaire à travers des contacts nombreux et variés avec des œuvres d'art de toute époque et de toute civilisation.

Objectifs spécifiques d'un travail sur la voix au Cycle 1

– Favoriser la socialisation des enfants : chanter ensemble, danser en groupe, écouter les autres, ressentir ensemble des émotions.
– Faire s'exercer la voix parlée et la voix chantée des enfants afin de poser les premiers jalons de leur future voix d'adulte.
– Sensibiliser les enfants à tout un éventail de modes d'expression.
– Sensibiliser l'enfant à d'autres cultures, d'autres époques.
– Faire acquérir aux enfants les compétences *spécifiques* mentionnées ci-dessous.

Compétences spécifiques vocales exploitables au Cycle 1

L'enfant doit être capable :
– de s'exprimer avec sa voix, son corps, des *instruments* (*cf.* p. 175 et suiv.),
– de s'exprimer et d'échanger avec d'autres après une *audition* (*cf.* p. 125), ou une production,
– de s'intégrer à des activités musicales collectives,
– de jouer avec sa voix parlée et chantée,
– d'en explorer les ressources en faisant varier les paramètres de hauteur, timbre, nuances, intensité,
– de produire des sons vocaux de façon « contrôlée », c'est-à-dire en ébauchant la maîtrise des différents paramètres énoncés ci-dessus,
– de repérer et de reproduire la note de départ,
– de mémoriser et de reproduire des formules simples et courtes,
– de prendre conscience de la présence des silences, non comme occasion d'y projeter l'écho des derniers fragments entendus, mais comme élément vivant de la musique à respecter,
– de se repérer dans l'espace et le temps par des jeux chantés et dansés,
– de percevoir une relation entre activités de production et d'écoute,
– d'inventer des musiques, des chansons.

Activités vocales envisageables au Cycle 1

– Répertoire vocal simple : comptines et chansons de la tradition orale enfantine et d'auteurs contemporains, dont les caractéristiques sont les suivantes : phrases musicales courtes, motifs simples, ambitus restreint adapté à la tessiture réduite des enfants, dépouillement mélodique, harmonique et rythmique.
– Jeux vocaux favorisant la mise en place de la voix parlée et de la voix chantée à partir de chansons, comptines ou poèmes.

– Jeux vocaux d'imitation reproduisant les bruits de l'environnement, des scènes de la vie courante, des cris d'animaux, etc.

– Invention de chansons, chants spontanés, sonorisation de contes, de films, de bandes dessinées, de montages visuels ou de saynètes, dialogues de marionnettes.

– Répertoire de rondes et jeux dansés sollicitant la participation active (et non illustratrive) du corps dans un souci d'interaction entre écoute et production, reproductions vocales de formules rythmiques et / ou mélodiques, puis transformations et variations de celles-ci.

Démarches spécifiques régissant les pratiques vocales au Cycle 1

– Alternance constante et interaction entre écoute, production et invention.

– Solliciter le corps pour faire vivre les émotions et les éléments constitutifs de la musique.

– Garder un souci constant du suivi, du marquage et du respect du tempo, sans réserver le travail de cette notion fondamentale au seul domaine des jeux chantés et dansés.

– Partir du codage et décodage des sollicitations et réponses corporelles pour en arriver à l'utilisation d'une terminologie adaptée.

CYCLE DES APPRENTISSAGES FONDAMENTAUX (CYCLE 2)

On s'attachera à poursuivre l'action de l'école maternelle (*cf.* Cycle 1) en veillant à ce que les objectifs du Cycle 1 aient été atteints et à ce que les compétences requises aient été acquises, dans un souci constant de respect de la progressivité des apprentissages. Cela veut dire en clair qu'on ne saurait se limiter aux seules énumérations que l'on trouvera ci-dessous.

Objectifs généraux d'un travail sur la voix au Cycle 2

– Engager l'enfant dans des activités artistiques impliquant des compétences de plus en plus affirmées.

– Amener l'enfant à une connaissance plus large du patrimoine artistique et culturel (régional, national, mondial).

– Faire acquérir aux enfants les compétences *transversales* mentionnées ci-dessous.

Compétences transversales vocales exploitables au Cycle 2

L'enfant doit être capable :

– de renforcer les comportements donnant accès à une mise en place de relations sociales tout en respectant les règles de fonctionnement du groupe,

– de développer et de réinvestir les compétences acquises dans les classes précédentes,

– de développer son sens esthétique et de manifester son besoin de créer,

– d'identifier divers aspects de son patrimoine et d'enrichir ses références artistiques,

– de développer des moyens d'expression collective et individuelle,

– de participer à une production collective en dosant la part de son investissement personnel et celle du respect des règles collectives,

– de maîtriser la qualité de son comportement et de sa production,

– de prendre conscience de ce que la présence d'un public modifie de sa dimension projective.

Objectifs spécifiques d'un travail sur la voix au Cycle 2

– Concilier la « production-source-de-plaisir » avec la « production-prétexte-aux-premiers-apprentissages ».

– Axer ces apprentissages sur une émission contrôlée des différents paramètres intervenant dans l'acte vocal.

– Initier les enfants, à travers des pratiques diversifiées, aux spécificités attachées aux différents chants constitutifs du répertoire.

– Faire acquérir aux enfants les compétences *spécifiques* mentionnées ci-dessous.

Compétences spécifiques vocales exploitables au Cycle 2

L'enfant doit être capable :

– de mieux maîtriser sa voix, c'est-à-dire :
  - stabiliser sa voix,
  - repérer le registre dans lequel sa voix atteint son meilleur potentiel,
  - rechercher la justesse, chanter juste en contrôlant l'intonation par un travail de l'oreille,
  - contrôler sa respiration en anticipant la gestion du souffle spécifique à chaque phrase musicale et en faisant de sa respiration un élément indispensable à l'interprétation du chant, tout en apprenant à contrôler le débit,
  - parfaire son articulation, la mettre au service d'une mise en relief du texte,
  - modifier son timbre,
  - faire varier les nuances,
  - émettre des sons liés ou détachés,
  - modifier les tempi sans affecter les autres paramètres ;

– de s'intégrer à des activités de reproduction, d'interprétation et d'invention,

– d'interpréter des chansons simples avec précision et expression,

– de mémoriser rapidement un ensemble de chants constitués ainsi en « répertoire »,

– d'organiser ses productions vocales selon quelques structures musicales simples : répétition identique, variations, jeux de questions / réponses, courts développements, juxtapositions d'éléments contrastés,

– de suivre une partition où figure la ligne mélodique de ce qu'il chante.

Activités vocales envisageables au Cycle 2

– Pratique régulière du chant en tant que tel.

– Pratiques de jeux vocaux diversifiés et attrayants en liaison directe avec les difficultés des chants qu'ils précèdent.

– Pratique régulière des jeux vocaux (parlés et chantés) en tant que tels, utilisés à des fins expressives et créatives, pouvant même être réinvestis dans des situations telles que la sonorisation de contes, de montages visuels, de pièces de théâtre, ou encore l'invention de chansons ou autres créations.

– Constitution d'un répertoire de chansons simples : chants du patrimoine, chants européens et extra-européens, chants d'auteurs contemporains, chants d'auteurs de variété.

– Pratiques de canons et de chants à deux voix.

Démarches spécifiques régissant les pratiques vocales au Cycle 2

– Attacher beaucoup d'importance à l'interaction entre écoute et production, surtout dans le domaine particulier de la langue maternelle qui ne peut s'acquérir sans un lien étroit entre lire - écrire - entendre - écouter - chanter - jouer avec.

– Continuer à solliciter le corps dans les pratiques vocales ; le tempo venant tout juste d'être acquis en fin de Cycle 1, il serait tout à fait préjudiciable d'en stopper l'acquisition et le vécu.

CYCLE DES APPROFONDISSEMENTS (CYCLE 3)

On ne pourra prétendre mettre en œuvre des stratégies visant à atteindre les objectifs et les compétences détaillés ci-dessous sans avoir au préalable vérifié que ce qui précède, concernant le Cycle 1 et le Cycle 2, a effectivement fait l'objet d'une pratique ; rappelons que cela veut dire, en clair, qu'on ne saurait se limiter aux seules énumérations que l'on trouvera ci-dessous.

Objectifs généraux d'un travail sur la voix au cycle 3

– Affirmer la place et l'impact des différentes disciplines.

– Encourager les goûts et compétences des élèves manifestant déjà des dispositions particulières dans certaines disciplines, sans toutefois négliger les autres domaines.

– Veiller à ne pas laisser s'installer des positions systématiques, et non verbalisées, de rejet ou d'hostilité, qui risqueraient de compromettre l'abord de certaines disciplines au collège.

– Donner une formation culturelle au plein sens du terme, en raison de l'accueil d'enfants de toute origine et de tout milieu social.

– Mettre en cohérence les informations multiples que l'élève recueille dans l'école et hors de l'école.

– Faire acquérir aux enfants les compétences *transversales* mentionnées ci-dessous.

Compétences transversales vocales exploitables au Cycle 3

L'enfant doit être capable :

– d'élargir son horizon à d'autres civilisations, à d'autres cultures, en prenant conscience de sa dimension de citoyen,

– de s'exprimer, d'affirmer ses choix et ses goûts esthétiques, de les expliciter et les faire partager,

– de se montrer désireux d'acquérir des repères culturels,

– de développer et réinvestir les compétences explorées dans les classes précédentes,

– d'adapter ses compétences aux bouleversements physiologiques éventuels (*cf.* chapitre sur la mue p. 31) dont il est l'objet (et le sujet !),

– d'émettre un avis critique sur ses productions et celles des autres, en les confrontant et les comparant avec méthode, justifications, argumentations et ébauche d'analyse,

– de développer sa créativité.

Objectifs spécifiques d'un travail sur la voix au Cycle 3

– Alterner et mettre en interaction écoute, production et invention.

– Veiller à ce que les élèves expriment et développent leurs compétences.

– Leur donner les outils matériels et pédagogiques leur permettant d'évaluer leurs productions pour les faire évoluer.

– Développer l'imagination créatrice des enfants.

– Faire vivre aux enfants des démarches rejoignant celles des artistes.

– Faire acquérir aux enfants les compétences *spécifiques* mentionnées ci-dessous.

Compétences spécifiques vocales exploitables au Cycle 3

L'enfant doit être capable :

– d'interpréter un assez large répertoire (chansons, canons, de toute langue, tout style, toute époque, tout pays, toute culture) de mémoire, avec intention et avec expression ;

– d'élaborer des interprétations différentes pour un même chant et de choisir l'une d'entre elles ;

– de chanter selon le tempo de l'accompagnement ou du play-back d'« oreille », c'est-à-dire sans direction gestuelle ;

– de « tenir » seul sa partie dans un chant polyphonique, et ceci jusqu'au bout, en résistant à la tentation de rejoindre une autre ligne mélodique ;

– de mémoriser cependant, et reproduire toutes les lignes mélodiques d'un chant polyphonique ;

– d'accompagner des chansons de façon simple *(corps, instruments)* ;

– de réinvestir ses acquis pour les mettre en œuvre dans des productions personnelles ou collectives ;

– d'improviser des jeux vocaux parlés et / ou chantés ;

– d'inventer un air sur un texte connu et réciproquement ;

– de créer des chansons, dans le contexte ou non de l'élaboration d'une comédie musicale, d'un opéra pour enfant, d'un spectacle musical, ou encore de la sonorisation de séquences visuelles ;

– de connaître de façon empirique sa tessiture, afin d'éviter de « forcer sa voix » lorsque le chant interprété collectivement s'inscrit dans un ambitus ne correspondant pas à ses possibilités vocales.

Activités vocales envisageables au Cycle 3

– Constitution d'un répertoire de chants à une et plusieurs voix de divers styles et diverses époques.

– Constitution d'un répertoire de canons.

– Apprentissage de chants simples en plusieurs langues étrangères (et pas seulement celle à laquelle les enfants sont éventuellement sensibilisés).

– Accompagnement vocal *(ou instrumental)*.

– Invention de textes sur des airs connus, ou inversement.

– Création de chansons, dans le contexte ou non de l'élaboration d'une comédie musicale, d'un opéra pour enfant, d'un spectacle musical, ou encore de la sonorisation de séquences visuelles.

Démarches spécifiques régissant les pratiques vocales au Cycle 3

– Contrairement au Cycle 1, la verbalisation sera plus facilement un préalable à une mise en œuvre corporelle.

– On s'attachera à discerner ceux parmi les enfants à qui cette sollicitation corporelle pose problème, et ceci pour deux causes les plus probables : d'une part quelques inhibitions liées à la pré-adolescence, et / ou d'autre part un manque de sollicitation regrettable (mais trop souvent observable, hélas !) au Cycle 2.

– On veillera également à repérer les voix qui présentent des affectations dues à la mue (*cf.* p. 31)

– On attachera beaucoup d'importance à l'interaction entre écoute et production surtout dans le domaine particulier des langues étrangères, qui ne peuvent s'acquérir sans un lien étroit entre dire - entendre - écouter - chanter - jouer avec, à travers des jeux vocaux adaptés, véritable jogging de l'appareil phonatoire (*cf.* p. 53 et suiv.).

Préparation de séquence de chant, progression, évaluation

PRÉPARER LE CHANT CHEZ SOI

Choix du chant

Après avoir pris en considération ce qui précède, il va falloir tenir compte :

– de la tessiture imposée par le chant ; si elle est inadaptée, il faut transposer le chant, c'est-à-dire en déterminer une nouvelle hauteur telle que l'ambitus s'inscrive dans une échelle compatible avec les possibilités vocales des enfants ;

– du vocabulaire utilisé pour les paroles ; est-il adapté au niveau de la classe, renferme-t-il des termes inconnus des enfants ? (Si c'est le cas, il va falloir

prévoir l'explication de ces termes indépendamment de l'apprentissage du chant lui-même.);
– du thème ou du projet actuellement à l'étude en classe; le chant va-t-il être lié à une situation vécue, et / ou s'inscrit-il dans une progression indépendante qui vise des acquisitions d'ordre musical?

Entraînement à l'interprétation

On renverra le lecteur au chapitre qui traite des critères d'interprétation (*cf.* p. 45).

Qu'il soit cependant rappelé ici, l'importance à accorder à ce temps de préparation, pour que l'enseignant, après avoir au besoin comparé plusieurs versions, se détermine sur une interprétation qu'il va faire sienne, ou tout au moins adapter à sa personnalité. C'est de la qualité de cette interprétation, de sa « sincérité », de l'aisance qu'il aura acquise en s'entraînant à chanter le chant sélectionné, que va dépendre l'adhésion des élèves à son choix.

On trouve d'autre part sur le marché assez de play-back (versions karaoké, versions orchestrales seules lors de la sortie de nouveaux chants, matériel pédagogique) pour s'essayer à chanter avec un accompagnement qui vienne enrichir le climat et soutenir harmoniquement le chant.

Connaître le chant par cœur, ou presque, va permettre de se dégager des paroles et d'utiliser mimiques et regards pour améliorer la transmission du message.

PRÉPARER LE CLIMAT DE LA CLASSE

Il n'y a pire entrée dans le moment de chant, que celui qui consiste à fermer les cahiers, ranger les crayons... et se mettre debout derrière sa table!

A l'école maternelle, les « coins-regroupement », lorsqu'ils sont assez spacieux, offrent un cadre privilégié aux moments des comptines et des chansons. A l'école élémentaire, des équivalents de ces coins se retrouvent parfois, lorsque l'architecture le permet, aux endroits réservés à la bibliothèque de la classe. Mais que l'on investisse ces coins, que l'on change la disposition de la classe ou que l'on se déplace dans un préau ou une salle polyvalente, il nous semble important de rompre l'unité de temps et de lieu de la classe pour que celle-ci devienne le théâtre d'un événement musical où le corps « a son mot à dire »! Et cela va favoriser chez les enfants l'installation d'un sentiment d'attente, de curiosité, préalables indispensables à une bonne réceptivité.

Le « climat » de la classe doit être un prélude à celui du chant à venir, c'est-à-dire s'harmoniser au style de ce chant. C'est pourquoi il serait judicieux de préparer non pas *un* chant, mais *deux* chants de style opposé (un de caractère dynamique, rythmé, enlevé, dans un tempo rapide, et un apaisant, mélodique, dans un tempo plutôt lent), et donc d'adapter le chant au climat du moment, avant d'avoir acquis la technique, la conviction, la foi nécessaire à faire évoluer le climat de la classe vers celui que l'on souhaite.

« JOGGING » COLLECTIF DES VOIX

On se reportera aux chapitres traitant du « jogging individuel de la voix » et de « la voix des enfants », afin d'en adapter les principes de façon toujours ludique et attrayante.

Après un « échauffement corporel » (cf. p. 51 et 53) indispensable à une bonne posture, donc une bonne émission vocale, mais aussi indispensable à ce que l'enfant s'« escargote », au bon sens du terme de F. Dolto, et reprenne conscience pleinement de sa dimension corporelle, on mènera un « échauffement vocal » spécifique en liaison avec les difficultés à venir du chant. Sans explication verbale, on préparera donc ainsi les difficultés d'ordre mélodique et / ou rythmique du chant. On veillera à perpétuer le climat établi auparavant, à maintenir un tempo immuable qui sera celui de l'exécution finale, et enfin et surtout à jouer sur tous les paramètres du son en faisant intervenir constamment une régulation de la respiration, des résonateurs et de l'articulation, dans un débit contrôlé.

PRÉSENTATION DU CHANT AUX ÉLÈVES

Oui, vous aurez le « trac » la première fois et même les fois suivantes... Est-ce une raison pour faire attendre votre jeune « public » en prenant tout un ensemble de précautions oratoires se traduisant par des : « je vais le chanter... vous êtes prêts ?... Tout le monde m'écoute ?.. Je peux y aller... bon, ça y est ?... » etc., qui ne font que détruire en quelques minutes le travail de préparation que vous venez de faire avec votre classe !

Et bien « chantez maintenant ! », c'est-à-dire tout de suite après le dernier jeu vocal, sans coupure avec ce qui vient de précéder, sans transition et sans intervention verbale. Que penseriez-vous des interprètes d'un opéra ou de votre film préféré qui, rompant le cours de l'œuvre, s'adresserait à vous en vous prévenant qu'il va chanter ou entamer un grand duo d'amour avec son partenaire ?

Vous aurez à cœur, par contre, d'exécuter votre chant de mémoire, avec tout de suite nuances et mise en valeur des mots, et en renforçant – ou soulignant – l'expression par votre attitude corporelle, vos gestes, et l'expression de votre visage.

Si vraiment les pages qui précèdent ne vous ont pas persuadé(e) que ce doute que vous émettez sur vos possibilités vocales n'est que la résultante d'une image déformée qu'« on » vous a renvoyée de vous-même (et que vous vous êtes appropriée... Pourquoi ? Ceci est une autre histoire, et c'est votre histoire) (*cf.* p. 29) ; si vraiment vous doutez du bien fondé d'un jogging vocal personnel ; si vraiment vous avez peur, peur de votre voix, peur de ce que les enfants vont en penser (ce qui est en soi une erreur car un maître qui chante, à cet âge là, c'est le « must » pour les élèves) ; bref, si vous avez peur de vous et moins peur des défaillances éventuelles de votre radiocassette, alors seulement, faites entendre à votre classe une version enregistrée du chant que vous avez choisi, mais alors surtout, en adoptant une attitude active d'écoute. Nous espérons seulement que vos élèves seront déçus que vous n'ayez pas chanté vous-même, et qu'ils vous le diront, puisque nous aurons quant à nous échoué dans notre intention de vous convaincre !

APPRENTISSAGE DU CHANT

La note de départ

Elle est indispensable.

Sans elle, vous risquez de démarrer sur une note trop aiguë ou trop grave, c'est-à-dire au bout d'un moment de vous retrouver dans l'impossibilité de chanter et de faire chanter.

« Mais je ne peux pas prendre la note de départ, je ne la connais pas, et je ne sais pas lire la musique ! » rétorquez-vous.

Comment faites-vous à l'étranger pour prendre le train lorsque vous ne savez ni lire ni parler la langue ? Ou bien vous entrez dans la première station quitte à vous perdre... ce qui vous retardera un peu, mais est tout de même moins grave que de perdre votre voix et celle des enfants ! Ou bien alors vous faites appel à un plan conçu avec un code que vous comprendrez très rapidement sans abandonner la partie sous prétexte que vous n'êtes pas expert géographe. En musique, connaissant une seule note de musique, vous pouvez en déduire toutes les autres.

Voici pour mémoire les notes correspondant à la tessiture la plus étendue que l'on puisse utiliser :

Sol La Si Do Ré Mi Fa Sol La Si Do Ré Mi Fa Sol La Si

Sol dièse La bémol Sol bécarre

Vous pouvez aussi faire appel à un interprète qui va donc traduire un langage inconnu en termes connus de vous. Vous ne connaissez pas les notes, vous n'avez jamais fait de solfège, mais rares sont cependant maintenant les écoles qui n'ont pas de métallophone (ou xylophone) sur les lames duquel les noms des notes figurent, en notes ou en lettres.

Voici pour mémoire la correspondance entre les notes et les lettres :

A = LA ; B = SI[39] ; C = DO ; D = RÉ ; E = MI ; F = FA ; G = SOL

Vous n'avez à l'école ni métallophone, ni xylophone ? Prenez une flûte à bec. La tablature très simple vous indique les trous à obturer.

39. Dans le système germanique : B = SI bémol et H = SI naturel.

Vous trouverez dans la partie Instrument de cet ouvrage une tablature (*cf.* p. 172) qui vous donnera la correspondance entre les notes sur la portée et les positions des doigts sur la flûte à bec soprano, dite « baroque ».

Vous détestez la flûte et vous n'avez jamais réussi (dites-vous) à en sortir autre chose qu'un sifflement strident ? Et bien, il vous reste un diapason, et si vous n'en avez pas, décrochez le téléphone ; il vous donne le LA.

Que faire pour trouver la note de départ à partir du LA ?

Le tableau suivant devrait vous permettre enfin de répondre à cette question. Et pourquoi ne pas en faire un jeu avec les enfants, qui pourraient essayer de trouver cette fameuse note de départ.

Comment utiliser ce tableau ?

1) Vous repérez votre note de départ sur la partition de votre chant.

2) Vous cherchez cette note parmi les notes noires (♩) inscrites sur le tableau.

3) Vous chantez le LA, puis à partir de ce LA le début de la chanson indiquée sur la même ligne.

4) Vous repérez bien la hauteur de la syllabe soulignée, et vous l'isolez ; c'est votre note de départ.

Note du diapason en 𝅝 Note de départ en ♩	**Chanson de référence** *(la syllabe soulignée indique la note recherchée)*	**Nom de l'intervalle**	**Votre référence personnelle**
	– Il était un petit navire – Nobody knows	Sixte Majeure descendante 6te M ↘	
	– Mon ami me délaisse – Ah ! dis-moi donc bergère	Quinte Juste descendante 5te J ↘	
	– De bon matin	Quarte Juste descendante 4te J ↘	
	– Ma petite est comme l'eau	Tierce Majeure descendante 3ce M ↘	
	– Fait dodo Colas	Seconde Majeure descendante 2nde M ↘	
	– Au clair de la Lune – Frère Jacques	Seconde Majeure ascendante 2nde M ↗	
	– C'était Anne de Bretagne	Tierce mineure ascendante 3ce m ↗	
	– Allons enfants de la patrie	Quarte Juste ascendante 4te J ↗	

Le « découpage »

Par ce terme peu élégant, on a coutume de désigner la fragmentation, le morcellement de la chanson, en une série de phrases musicales facilement mémorisables.

Ces phrases devront être courtes, pouvant être émises en une seule prise d'air.

On veillera à repérer les « phrases parallèles », à savoir des phrases mélodiques identiques dont seules les paroles diffèrent ; on les isolera de leur contexte pour les chanter à la suite les unes des autres, afin de bien en percevoir les différences de distribution des paroles. On procédera de même avec les « marches mélodiques » pour lesquelles la musique est la même, mais transposée à des intervalles réguliers s'échelonnant comme les degrés d'un escalier (*cf.* Lexique, p. 211).

Si les enfants butent sur une difficulté, on s'attachera à isoler celle-ci, et à redonner immédiatement une version corrigée (et à prévoir des jeux vocaux à partir d'elle pour une prochaine séquence).

On sera très vigilant à soigner les enchaînements entre les phrases ; mal perçus, ils peuvent être source systématique de décalages se répercutant sur toute la suite de l'exécution. Pour éviter de tels désagréments, il faut repérer, symboliser gestuellement, et faire répéter l'intervalle constitué par la dernière note d'une phrase et la première de la suivante, en prenant bien conscience de la nature de cet intervalle : ascendant, descendant ou unisson.

Enfin, nous rappelons combien il est important :

– de garder un tempo immuable,

– de vérifier très souvent la justesse (l'ensemble peut « monter » ou « descendre » à votre insu et on ne s'en rend malheureusement compte que sur la note finale),

– de ne pas entrecouper cet apprentissage de commentaires appréciatifs (ou dépréciatifs) ; à vous de rechanter le « modèle » en lui donnant relief, avec votre voix, vos intentions ; les enfants qui procèdent par imitation, incontournable pendant ce type d'apprentissage, vous renverront alors une image sonore à la dimension de vos attentes.

Le « play-back »

Nous désignerons par ce terme, ayant une autre signification par ailleurs, une articulation muette (sans émission vocale) qui est le propre des chanteurs de variété, lorsque au cours d'émissions bien connues des enfants, ils font semblant d'articuler les paroles pendant qu'un haut-parleur diffuse leur enregistrement accompli au préalable.

Ce procédé peut être utilisé pour parfaire l'imprégnation mélodique et rythmique, ainsi que pour aider à la mémorisation des paroles. Rappelons à ce sujet, que *les paroles ne seront distribuées, aux classes qui savent lire, qu'en fin de séance.*

Mais le maître devra penser aussi à utiliser ce même procédé pendant que les enfants chantent ; cela devrait lui permettre, outre de reposer sa voix, d'être lui aussi mieux à l'écoute de la production vocale des élèves. Tous les chefs d'orchestre et de chœur utilisent cette articulation muette lorsqu'ils dirigent une œuvre avec chœurs.

Gestique

« Le chef de chœur est celui qui facilite l'échange, empoigne les voix individuelles afin qu'elles célèbrent collectivement l'ineffable et multi-sonore salutation à la musique. » [40]

C'est essentiellement la gestique qui va se substituer à la parole. En tout début d'année scolaire, il faudra cependant expliquer ce véritable code gestuel aux enfants qui pourront s'y familiariser s'il est déjà à l'œuvre dans les jeux vocaux.

Il existe plusieurs sortes d'indications gestuelles à combiner entre elles, selon le choix du chant et surtout selon les paramètres d'interprétation que l'on compte aborder. Citons parmi elles :

Geste de repérage des hauteurs

Ce geste, accompagnant le découpage par phrases dessine le mouvement mélodique, et en suit donc les fluctuations de hauteur (vers le haut, lorsque les sons grimpent vers l'aigu, vers le bas, lorsqu'ils descendent, et surtout à la même hauteur lorsque le son ne bouge pas).

Geste de désignation

Qui chante ? Le maître pour faire entendre une nouvelle phrase, ou bien le moment est-il venu pour les élèves de répéter cette phrase ? Un geste pointé sur soi, ou sur les élèves, doit explicitement donner la réponse. Le « coup d'envoi » doit être franc, précis, direct !

Geste de mime

Dans les chansons racontant des histoires à épisodes, et surtout dans les petites classes pour aider la mémorisation des paroles, on aura recours à ces quelques gestes discrets (et pourquoi pas humoristiques), mais en veillant à toujours anticiper le geste sur le sens à venir, ce qui représente une gymnastique mentale très périlleuse pour l'enseignant qui devra s'y entraîner systématiquement.

Geste de départ

Combien de « faux démarrages » regroupent à peine un tiers des enfants s'agrippant à une note de départ très approximative. Ils sont imputables à un manque de rigueur de ce geste !

40. M.-F. Castarède in *Le Miroir sonore*.

Pour être efficace, ce geste doit se décomposer en trois gestes précis :

– un geste de départ immobile, sollicitant le silence, la concentration,

– un geste pour faire inspirer les enfants, tout en inscrivant déjà dans l'espace le tempo,

– le geste de départ proprement dit, différent selon qu'il s'agit d'un départ sur le temps (geste vers le bas) ou en anacrouse (geste vers le haut) [*cf.* Lexique, p. 211].

Geste de tempo

Lors de l'exécution finale, c'est lui qui va dynamiser la pulsation régulière du chant et ses éventuelles fluctuations. L'image qu'on pourrait en donner serait celle d'un yoyo auquel on imprimerait un mouvement de va et vient imperturbable. Plus ou moins saccadé, souple, rebondissant, ce geste traduit de plus le style dominant ; on pensera à lui inclure des signaux de respiration et des indications de nuances.

Geste de nuances

De l'amplitude des gestes, qui peuvent même impliquer tout le corps, va dépendre la variété de la palette de nuances, pourtant trop souvent appauvrie par une interprétation collective qui devient lourde, appuyée et monotone au fil des répétitions.

Geste de fin

Il sera symétrique du geste de début, et comme lui, devra se décomposer en trois gestes précis :

– un geste de tenue du dernier son,

– un geste mobilisant l'attention afin de prévenir de l'arrêt imminent du son,

– un geste de coupure, précis.

Quelques remarques

– S'il s'agit de la direction d'un canon, ou d'un chant polyphonique, on pourra s'entraîner à dissocier les gestes afin qu'une main puisse donner des indications d'une sorte à une voix, pendant que l'autre main symbolise un autre aspect de l'interprétation à une autre voix. Cette dissociation des gestes est d'ailleurs tout aussi valable dans l'exécution d'un chant monodique, lorsque l'on veut attirer l'attention des participants simultanément sur deux aspects de l'interprétation (par exemple, une main indique un crescendo, tandis que l'autre impulse le tempo).

– Il faudra s'entraîner à différencier et à faire différencier la gestique d'apprentissage de celle de l'exécution finale. En effet, la première doit inscrire dans l'espace une sorte d'écriture, de partition gestuelle donnant les points de repère essentiels de hauteur, de respiration et de mesure ; tandis que la seconde fait appel à l'évocation d'un climat, à l'expressivité, et au dynamisme de l'ensemble.

ATTENTION !

N'entrecoupez pas l'apprentissage du chant par des explications ; donnez l'exemple en chantant !
Ne chantez pas en même temps que les élèves ; vous ne pourrez ainsi jamais juger de la qualité de leur interprétation et ils auront de plus tendance à effacer leur voix pour mieux vous entendre !
Respectez les notes longues, les silences, le tempo (déjà présent dans le silence de l'attente) !
Corrigez les erreurs des enfants dès leur apparition, à la première émission ; après ce sera trop tard, et c'est ainsi que fleurissent plusieurs versions des mêmes chants populaires !
Veillez tout de suite à mettre en place les nuances, l'articulation, la « propreté » des intervalles, la qualité musicale !
Si vous repérez une fausse note de la part d'un seul enfant, ne le désignez pas, mais faites reprendre tout le groupe !
Lorsque vous donnez, à la fin, la partition ou les paroles, exigez une tenue correcte de la partition qui va permettre aux enfants de voir vos gestes au-dessus d'elle, et d'éviter de chanter à destination du plancher !
Ne dirigez jamais à contre-jour !
Supprimez définitivement un « 1 ! 2 ! 3 ! » incongru, tonitruant, indépendant du tempo et même de la mesure au moment de démarrer votre chant. Il semble malheureusement inscrit dans la mémoire collective. Puissiez-vous contribuer à faire là œuvre de salubrité pédagogique en l'en ôtant à tout jamais !

PROGRESSION

L'idée de « progression » dans les séquences de chant est malheureusement le plus souvent reléguée à l'arrière plan des préoccupations pédagogiques des enseignants. Choisir un chant en fonction du thème ou du projet de la classe, de ses goûts et compétences personnelles, ou bien encore du degré de popularité gagné au « top 50 », semble représenter là l'ensemble des paramètres guidant leur motivation... Et c'est déjà tellement important qu'il y ait motivation ! Mais prétendre mener une véritable pédagogie du chant, c'est s'astreindre à faire reposer les pratiques sur certaines lignes directrices conduisant les enfants d'un point à un autre, d'une acquisition à une autre. Pour ce faire, on aura soin de veiller à établir des paliers successifs de difficulté : ambitus de plus en plus large, phrases mélodiques de plus en plus longues, introduction progressive de mélismes, dessins mélodiques de plus en plus disjoints, rythmes de plus en plus diversifiés au cours d'un même chant, introduction progressive des syncopes et des contretemps, canons simples démarrant sur les temps puis canons avec départ en anacrouse, complexité harmonique de plus en plus osée, etc.

Il sera utile de se rapporter au tableau de « repères pour l'audition » (*cf.* p. 102) pour être à même de conduire une analyse pertinente du contenu d'un chant.

ÉVALUATION

Il ne s'agit pas sous cette appellation de satisfaire aux impératifs maintenant largement répandus de la réforme des cycles. Le plaisir évident manifesté par les enfants lors de ces séances de chant ne dispense pas de se poser toujours avec eux la question de l'évaluation analytique et critique de ce que l'on vient de produire.

Surtout que *de sa place*, l'enfant n'a *jamais* une *écoute globale* de ce qui vient d'être exécuté. Tel le musicien de l'orchestre qui doit avoir recours à l'enregistrement pour connaître l'intégralité sonore de l'œuvre qu'il exécute pourtant tous les soirs, il n'entend que sa voix déformée par la boucle audio-phonatoire (cf. p. 88) mêlée aux voix de ses plus proches voisins. Seul l'enseignant qui les dirige, face à eux a la chance d'avoir cette perception. Comme il ne saurait être question, dans le contexte d'une classe, qu'il soit le seul garant de la qualité de l'interprétation, on disposera d'un magnétophone comme témoin neutre.

Si l'on garde les «meilleures» versions réalisées au cours de l'année, on pourra même constituer une cassette qui sera celle de la classe «C» en telle année «A», et que l'on pourra dupliquer pour les parents (et les enfants!) au même titre que la rituelle photo de classe!

La confection d'un tel enregistrement peut revêtir des aspects plus professionnels et constituer alors un projet de fin d'année, lorsque les rhumes qui perturbent 6 mois de travail vocal auront disparu avec le printemps!

À l'école maternelle, on veillera à ce qu'un cahier de comptines et chansons, écrites sous la même présentation que celles affichées en classe, circule périodiquement entre l'école et la maison. Les vacances sont le moment le plus judicieux pour rapporter ce précieux témoin du vécu musical quotidien de la classe. Les parents qui ne bénéficient pas de cette coutume se plaignent de ne connaître l'intégralité de ces comptines que quatre à cinq mois plus tard, le temps pour la mémoire des enfants d'avoir fait son œuvre.

À travers cette cassette ou ce cahier, la musique faite en classe entre à la maison et reprend ainsi parfois par ce biais une place que des générations antérieures avaient sacrifiée.

Plaidoyer pour une chorale

«La musique est un yoga et le chant choral une voie qui mène ceux qui le pratiquent vers une amélioration physique, mentale et spirituelle.»
M.-F. Castarède, in *Le Miroir sonore.*

La chorale à l'école : pourquoi?

Parce que :

– c'est une activité ludique collective qui permet à plusieurs classes de se rassembler;

– c'est une activité régénérante, voire euphorisante, source de bien-être vocal, psychologique et corporel;

– ce n'est pas une compétition ; on est *avec* les autres et non *contre* eux;

– elle apprend à vivre en société, à suivre des gestes collectifs;

– elle permet de se situer parmi les autres, de les écouter ;
– elle aide à se sentir responsable de la qualité d'une production commune ;
– elle éduque l'oreille mélodique et harmonique, ainsi que l'attention ;
– elle discipline l'attitude corporelle par la prise de conscience du corps et du souffle ;
– elle développe l'écoute globale pour apprécier et modifier la justesse et les nuances ;
– elle donne une autre dimension à sa voix portée par celles du même pupitre, mais aussi autonome, et devant le demeurer, par rapport à celles des autres pupitres ;
– elle aboutit souvent à une production sonore (concert, fête) dont il faut assurer la bonne exécution.

La chorale à l'école : pour qui ?

Chanter en chœur est la façon la plus simple, la plus naturelle, de pratiquer la musique, celle qui plonge au cœur des traditions, puisqu'elle est à la portée de tous. Elle ne nécessite aucun bagage musical, demande une mémoire auditive et une voix ordinaires, procure à ceux qui pratiquent bien être physique et plaisir auditif. Le chant choral s'adapte donc particulièrement aux activités scolaires et peut devenir le ferment d'une éducation musicale équilibrée et heureuse.

Pour les enseignants, une voix nette et juste est la seule condition requise pour lancer cette activité. S'il y a deux collègues habités par le désir de chanter dans le même établissement, tout devient possible ! Faire « ses premières armes » ensemble dans ce domaine est moins ardu qu'on ne l'envisagerait a priori ! Réunir deux classes pour étudier un canon se révèle souvent l'amorce d'une « aventure » musicale qui pourra se poursuivre par l'approche de répertoires plus élaborés. Sur l'initiative du directeur d'établissement, ou d'un maître particulièrement dynamique, il arrive même que toute l'école se regroupe pour chanter. On voit de plus en plus fleurir des projets d'écoles, de groupes scolaires, ou encore de circonscriptions rassemblées autour de C.P.E.M. (conseillers pédagogiques en éducation musicale à mission départementale)[41] et de P.I.U.F.M., visant à la mise en place de chorales et à leur suivi sur le terrain.

Pour les enfants, le chant est une expression très naturelle contribuant pour une large part à la connaissance de leur corps et à leur intégration dans le groupe. Cette activité libératrice d'énergie disciplinée, structurante, provoque une prise de conscience de l'acte respiratoire maîtrisé, invitant à la relaxation.

41. Nous ne pouvons qu'encourager les débutants comme les anciens à faire appel à nos partenaires C.P.E.M. dont l'efficacité quotidienne sur le terrain n'a d'égal que le dévouement qui tient du sacerdoce. Ils doivent faire face à une demande d'aide grandissante sur des secteurs où se ressent le manque de formation initiale dû au caractère devenu récemment optionnel de la musique en I.U.F.M. Mais il leur faut également réagir à l'inertie d'autres secteurs vers lesquels ils partent, bâton de pèlerin d'une main et « valise musicale pédagogique » de l'autre !

La chorale à l'école : comment ?

L'*organisation* de la chorale est spécifique à chaque établissement. Les écoles maternelles la placent souvent le matin, avant les autres activités. Cet horaire présente l'avantage d'un regroupement de tous les élèves, avec un déplacement réduit. Si tous les enfants ne chantent pas (souvent les « petits » participent peu), ils bénéficient d'une séquence d'audition et de mémorisation qui portera ses fruits par la suite.

A l'école primaire, le début ou la fin d'une demi-journée semble plus favorable pour ce regroupement, mais l'horaire de cette activité dépend du nombre de participants et de la vie interne de l'établissement.

Pour obtenir un chœur agréable à écouter, il est indispensable d'exiger des enfants :

– *une voix légère* placée « dans la tête ». Pour les plus jeunes ont peut proposer une image telle que : « chantez comme si votre bouche se trouvait au-dessus de votre tête » ;
– *une bonne articulation* (on doit comprendre les paroles d'assez loin) ;
– *des départs et des arrêts précis* (votre oreille doit rester très vigilante et déceler tout éventuel décalage) ;
– *le respect des nuances* que vous demandez ;
– *leur investissement personnel ;* il leur faut penser aux paroles, les vivre.

Pour les *gestes* essentiels il est conseillé de se reporter au chapitre Gestique (*cf.* p. 71); quelques précisions sont cependant nécessaires afin de ne pas se retrouver confronté à un « non-départ » assez déstabilisant. Si les enfants ne sont pas expérimentés, il faut leur chanter les premiers mots, puis leur demander de les reproduire avant de donner le *vrai* départ. Ils ont ainsi le temps de mémoriser les paroles et les premiers intervalles. Avec l'expérience, deux notes suffiront pour « s'accorder » mais il sera prudent de les chanter, bouche fermée, avec beaucoup d'attention.

La gestique doit s'adapter à l'importance de la chorale, à la façon dont le groupe est disposé. Une position un peu plus élevée du chef de chœur par rapport à celle des enfants leur permet de le voir, sans crispation du cou (et donc du larynx), favorisant une meilleure posture pour chanter avec une nuque dégagée, souple, accompagnée d'un menton légèrement rentré. Une estrade est souvent la solution la plus sûre (méfiez-vous des bancs !) et la plus efficace pour celui qui conduit.

Avant de « risquer » les *deux voix* dans un chant ou un canon, faites interpréter une voix par l'ensemble de la classe et chantez vous-même la deuxième partie. Chantant *piano* pour vous écouter, les élèves auront entendu la polyphonie, et seront prêts à prendre le relais.

Si les locaux le permettent, éloignez les groupes (chacun dans un coin de la classe) pour éviter la compétition vocale conduisant à « écraser » le partenaire en chantant plus fort que lui ! On peut même suggérer de disposer le groupe en autant de rondes qu'il y a de parties vocales différentes. Cette répartition facilite la cohésion d'une voix, tandis que les autres sont perçues en arrière-plan. Puis, on fond les rondes en un cercle unique ; en dernière étape, on peut même risquer de se mouvoir dans l'espace, pour avoir une image sonore de la polyphonie évoluant au gré des rencontres. Si vous avez plusieurs groupes, profitez de la bonne voix d'un collègue ou d'un élève pour donner les départs. Les candidats à la « direction » seront nombreux et pourront « tourner », les plus efficaces étant vite adoptés par leurs camarades. Lorsque le canon et / ou le chant seront bien mémorisés à deux voix, le rapprochement des groupes deviendra naturel.

Ce sont les *canons* qui forment l'ossature d'une chorale. Ceux qui paraissent très simples, avec des phrases parallèles mélodiquement et rythmiquement, sont en réalité difficiles à mettre en place du fait de leur similitude qui incite les enfants à passer d'une ligne mélodique à l'autre (ex. : *Maudit sois-tu carillonneur*). Les phrases très différenciées sont beaucoup plus faciles à « caler ». Un chant accompagné d'un ostinato vocal vite mémorisé, mis en place rapidement, permet de réaliser des nuances dont le résultat final est très encourageant.

Lorsque le canon présente de nombreuses possibilités de départ, trois ou quatre, il est conseillé de faire démarrer le deuxième groupe seulement lorsque le premier arrive au troisième repère afin de laisser aux enfants le temps d'écouter leurs camarades et de préparer leur entrée. La progression se fera en réalisant des départs de plus en plus rapprochés.

Frère Jacques, mondialement connu, gagne à être étudié dans plusieurs langues. Certaines chorales de maternelle et de primaire le chantent en anglais, en allemand ou en espagnol pour en renouveler l'intérêt, mais surtout pour préparer les oreilles et les langues des enfants à enregistrer et produire de nouvelles sonorités.

Où trouver du répertoire ?

La tradition orale est riche dans ce domaine et les échanges entre collègues fréquents. Dans ce cas, enregistrez sur cassettes ce qui vous est donné, cela évite les déformations inhérentes à la reproduction orale.

Puisez sans scrupule dans votre mémoire, vous apprendrez et conduirez mieux un répertoire qui vous est familier. Ne « montez » pas un chant sans le connaître très bien, les enfants ont besoin de vous sentir « solide » pour vous suivre.

Quelques recueils ou livrets peuvent contribuer à l'évolution du répertoire. *Lamelou* et autres fascicules de la *méthode Orff* fournissent des « classiques » (*cf. Arma, armata, les quatre canards*, etc.). Les trois tomes des *« Mille chants »* proposent du répertoire dont les difficultés sont graduées. La maison Fuzeau[42], invitée périodiquement à exposer dans les I.U.F.M., dispose d'un catalogue très riche sur ce sujet. On pourra aussi consulter le dernier texte de

42. Éditions J. M. Fuzeau, B.P. 6, 79440 Courlay (espace Fuzeau, 1 rue Montalembert, 75007 Paris).

septembre 1995 paru au B.O., et dont on trouvera les références en Annexes (cf. p. 238).

Dans toutes les circonscriptions, les conseillers pédagogiques d'éducation musicale se tiennent à la disposition des enseignants « demandeurs » réunissant des groupes de travail et / ou accompagnant les premiers pas d'une initiative chorale. Ce sont le plus souvent les premières personnes-ressources que l'on peut consulter lorsque l'on se met en quête d'un répertoire approprié à l'âge de ses élèves et à ses propres difficultés.

A la fin de l'année, l'audition ou la fête donne l'occasion de se faire entendre. C'est le moment favorable pour inciter les enfants à écouter sans indulgence les enregistrements que vous aurez pris lors des répétitions; ils ont, le plus souvent, une critique pertinente sur leur production. Essayez d'atteindre une interprétation aussi parfaite que possible, sachant que le moment venu, l'émotion, la tension, la présence d'un public auront raison de leur concentration et que le résultat final ne sera sans doute pas celui que vous espériez.

Si votre groupe progresse, offrez-lui des occasions de se produire en participant à des journées de rencontres-chorales. Les enfants seront plus attentifs à vos gestes, découvriront le plaisir d'une interprétation plus homogène, s'habitueront au miroir sonore de la salle. En dehors du plaisir des échanges, cette confrontation amicale apporte aux enseignants une émulation chaleureuse, aux enfants l'écoute réciproque, la découverte d'interprétations et de sonorités inattendues. Cette nouvelle dimension musicale réalisera, au sein du groupe, une complicité favorable à l'épanouissement d'une harmonie créatrice.

« *Partout où il y a joie, il y a création ; plus riche est la création, plus profonde est la joie* » (Bergson).

2 L'ÉCOUTE

« (...) parler de l'écoute, n'est-ce pas un artifice insoutenable ?
N'est-on pas absent de cela même qu'on évoque? »

Maurice BELLET, in *L'Écoute.*

Au seuil de ce chapitre, convaincues de la vérité de cette mise en garde formulée par Maurice Bellet (*cf.* p. 79), nous avons conscience de la difficulté à aborder à notre tour ce sujet sur lequel les spécialistes théoriciens, pédagogues, acousticiens, psychologues, médecins, musiciens, etc., continuent à s'affronter.

Récemment, dans une émission concernant « Le Monde des Sourds », le Docteur Fugain, parlant des implants qu'elle effectuait sur les tympans de jeunes enfants malentendants, était prise à partie par ceux-là mêmes qui revendiquaient leur droit à conserver leur langage, avec ses codes, ses rites. « Malentendu » entre deux mondes s'affrontant dans leurs différences et refusant le code commun qui risquait de les égarer sur le chemin de l'altérité. « Malentendu » qui se transpose au quotidien de la classe, et qui transparaît dans les propos de bons nombres d'enseignants se plaignant que les enfants « n'écoutent plus ». Peu d'entre eux confieront : « ils ne *m'*écoutent pas », comme si « écouter » était devenu un verbe intransitif.

S'agissant de l'écoute de la musique, les plus lucides diront : « Comment voulez-vous que je leur fasse écouter de la musique... Ils sont incapables d'écouter ! Déjà qu'ils ne m'écoutent pas !... » Où est le problème ? Du côté de *ce qu'*on écoute, ou du côté de *qui* écoute ? On a plus souvent coutume de traiter de la question en s'interrogeant sur *l'objet* de l'écoute à savoir l'audition d'œuvres musicales. Ce qui nous intéresse ici, c'est le *sujet* de l'écoute, le sujet *à* l'écoute, l'« écoutant », qu'il soit enseignant ou élève.

Peut-on apprendre à écouter ? Est-ce une compétence transversale ou une compétence spécifique ? Faut-il savoir écouter pour écouter de la musique ? L'écoute de la musique bien conduite peut-elle mener à éveiller et affiner un potentiel en sommeil chez tout être humain, alors que chez nos confrères du monde animal, cette faculté semble portée au rang d'instinct de survie ?[1]

Nous avons fait nôtres ces questions posées journellement par les étudiants et par le terrain, espérant apporter dans les propos qui suivent des éléments de réflexion, d'information, de formation... et de déformation de quelques idées reçues.

1. Connaître l'écoute

> *« Si écouter, c'est ausculter (d'après l'étymologie), j'écoute pour entendre comme j'ausculte pour diagnostiquer. »*
>
> P. Kaeppelin, in *L'Écoute*.

Connaître son mode personnel d'écoute

Les personnes qui nous abordaient au chapitre précédent en nous disant qu'elles chantaient faux ne manqueront pas de venir à notre rencontre en ce

1. Il semblerait même qu'à l'heure actuelle on s'interrogeât sur les musiques qui profiteraient à l'épanouissement de nos consœurs les plantes !

début de chapitre pour s'exclamer cette fois : « Comment voulez-vous que je leur fasse faire de la musique, je n'ai pas d'oreille ! »

Pourtant deux lobes finement ourlés émergent de la masse de cheveux qui ponctuent d'un mouvement ondoyant l'énergique dénégation dont nous venons d'être témoins. Musiciens professionnels, enseignants en musique, qu'aurions-nous donc de plus que le commun des mortels et qui nous soit tant envié? Nous sommes simplement dotés d'un « traducteur interne », acquis au prix d'un travail plus ou moins douloureux selon la formation de chacun, et qui nous permet de situer et identifier les sons. L'*oreille absolue* nous permet d'en nommer l'exacte hauteur; *l'oreille relative*, de désigner l'exact intervalle qui les sépare les uns des autres.

« Avoir de l'oreille ? »

« *Une personne possède l'*audition relative *si, entendant deux sons purs successivement, elle est aussitôt capable, sans les reproduire, d'indiquer l'intervalle qui les sépare (...) l'*audition absolue *est, au contraire, très rare, même chez les musiciens. Elle consiste, en principe, à être capable de reconnaître et identifier un son pur, sans s'aider d'aucune autre sensation, et notamment sans chercher à le reproduire intérieurement.* »[2]

« Avoir de l'oreille », c'est être capable de reconnaître et de différencier les sons à leur véritable hauteur dans l'échelle musicale, de pouvoir leur donner rapidement un nom, une durée, un timbre.

C'est avoir une oreille gourmande, déployée, disponible, attentive à capter tous les sons, qui fait du musicien un gourmet capable de goûter tous les raffinements d'une musique.

Cette facilité relève-t-elle de l'inné ou de l'acquis ?

Il faut plutôt l'envisager comme une aptitude à acquérir. Remarquable chez certains sujets, acquise après de longues et pénibles heures de « dictée musicale » pour d'autres, certains vivront toute leur vie avec l'angoisse que leurs collègues les prennent en défaut, alors que d'autres ne peuvent entendre une publicité, en faisant leurs courses, sans la reproduire d'instinct en la solfiant. Il est à noter cependant qu'il y a des familles où l'oreille absolue, sorte d'« héritage chromosomique » semble se répandre plus facilement que dans d'autres.

L'éducation de l'oreille est une longue patience. Elle peut commencer au berceau par un échange d'intonations vocales proposées au bébé par l'entourage, se poursuivre avec des sollicitations nombreuses d'écoute de sons à dire et à reproduire.

« Avoir de l'oreille » est le fruit d'un long parcours construit avec obstination et méthode par une écoute (tous azimuts) toujours en éveil, un contrôle des acquisitions, la pratique de la musique vocale monodique et polyphonique et de la musique instrumentale.

2. A. GRIBENSKI, in *L'Audition*, Que sais-je ?

Maurice Martenot dans *Principes d'éducation musicale* (où une large place est faite à l'éducation auditive), a préconisé la pratique du « chant intérieur », élément déterminant pour l'acquisition d'une écoute mémorisée efficace.

Car, c'est bien de mémoire qu'il s'agit, et « avoir de l'oreille » s'apparente alors à « avoir une certaine forme de mémoire ». Chaque individu étant doué de plusieurs types de mémoires, si la mémoire auditive s'avère plus sensible naturellement que la mémoire visuelle, on peut effectivement en conclure à une part de l'inné dans cette disposition. Une bonne oreille ne vient-elle pas alors tout simplement d'une éducation auditive bien conduite et précoce ou plus exactement d'une éducation particulière de l'esprit ?

Mais si l'on n'a jamais éduqué votre oreille relative, si l'on n'a jamais entraîné votre oreille absolue, ou si vous vous êtes bloqué(e) sur des dictées musicales dans votre jeunesse, n'avez-vous pas d'oreille pour autant ? Ne pourriez-vous donc pas goûter une « jonque aux sept délices » au restaurant vietnamien parce que vous ne sauriez pas en nommer (dans la langue d'origine) les sept épices ? Si ? Alors vous conviendrez simplement que votre seul « handicap » c'est de ne pouvoir confectionner à votre tour ce plat si tel est votre désir. Mais ceci est une autre histoire ; celle du créateur.

Test

Les premiers dépistages d'éventuelles déficiences auditives effectués par les pédiatres demeurent assez sommaires. Il s'agit en effet de présenter au bébé des sons variés produits par des petits cubes que l'on dissimule à sa vue ; si celui-ci tourne la tête vers l'origine de la source sonore, les parents sont rassurés... L'enfant entend. Plus tard, on présentera à son oreille une montre qu'on éloignera progressivement de celle-ci ; il revient à l'enfant de signaler verbalement la distance à laquelle le « tic-tac » lui devient inaudible. Ou bien encore, des chiffres sont murmurés à son oreille ; il doit les reproduire.

Or, l'observation quotidienne de l'enfant « à l'écoute » par parents et enseignants peut révéler des difficultés liées à la perception ; l'enfant s'absente dans un silence pesant pour l'entourage, ou bien encore il déforme comptines ou chants. Il est très difficile d'établir un « diagnostique », car d'autres domaines déficients sont peut-être concernés : mémoire, élocution, comportement, absence de terme pour identifier, etc.

Les tests que nous proposons ci-dessous devraient permettre à l'enseignant de mieux cibler les types de difficulté rencontrées par les enfants.

Test d'acuité auditive : (près... loin)

– Ouvrir la radio, mettre le curseur du volume très près du minimum, chercher à entendre le son puis s'éloigner et constater la distance à laquelle vous l'entendez encore en étant *très attentif*. Remonter légèrement le son, s'éloigner plus et chercher à nouveau, etc.
– Même démarche en éloignant une montre (non à quartz) qui a une trotteuse.

– Dans une classe, repérer et identifier les bruits extérieurs (camion, bruits de frein, pas dans le couloir, voix, etc.).

Ces tests ont l'avantage d'aboutir à une recherche de production sonore minimale dans les manipulations d'objets; arriver à un volume minima devient un jeu!

Test d'attention auditive :

– Être capable de comprendre une personne au débit particulièrement rapide (ex. : un spectacle de Smaïn).
– Écouter deux personnes qui parlent simultanément. Être capable de répéter l'essentiel de la conversation.
– Restituer un relief sonore en respectant les plans d'éloignement.
– Mémoriser et retenir une phrase parlée ou chantée de plus en plus longue.
– Écouter des histoires de plus en plus longues sans « décrocher ».
– Reproduire des phonèmes étrangers qui n'ont aucun sens.

Test de discrimination auditive

– Entendre de façon précise une voix au milieu du brouhaha (ex. : la speakerine dans un aéroport).
– Écouter plusieurs voix ou plusieurs instruments formant un ensemble. En trouver le nombre et, si possible, les nommer.
– Faire abstraction d'une voix parlée ou chantée donnant du sens, pour être capable de suivre et décrire son accompagnement.
– Comparer des timbres très proches : clarinette / hautbois; ondes Martenot / scie musicale; haute-contre / soprano; luth / guitare, etc.

Connaître le mécanisme de l'audition

Physiologie de l'oreille

«L'homme est un organisme vivant baignant, entre autres, dans un environnement acoustique qui lui fournit un nombre considérable d'informations de toutes sortes. L'expérience montre qu'il en retient et traite une très petite quantité seulement.»[3]

L'appareil auditif, récepteur de vibrations, se présente comme l'organisateur, le gestionnaire d'une succession de transformations à la base de réactions physiques, physiologiques voire psychiques. Son rôle est prédominant, et il intervient de façon précoce dans la structuration de l'individu puisque l'oreille en tant qu'organe sensoriel fait son apparition dès les premiers jours de la conception[4] et devient fonctionnelle vers le cinquième mois de la vie intra-utérine.

---

3. E. Leipp, in *La Machine à écouter.*
4. A. Tomatis, in *L'Oreille et la Voix* .

Audition in utero

Les battements du cœur de la mère, avec en écho ceux du placenta[5], sont alors perceptibles (ainsi que les bruits digestifs) et rythment le développement du fœtus. En fin de gestation, celui-ci réagit à des stimuli externes suffisamment forts pour couvrir les bruits cardiaques. La reconnaissance de la voix maternelle se construit à cette période, plus en s'appuyant sur les rythmes que sur la sonorité ; celle du père aussi, bien que perçue à travers le filtre que représente le corps de la mère. D'intéressantes hypothèses amènent à penser que la voix extérieure est perçue comme émanant d'un être bi-vocal, et que la différenciation des sexes se fera plus tard, liée à la perception visuelle.

Les recherches de M.-L. Aucher dans les maternités sur les réponses positives du fœtus sont confirmées par les travaux de Feijoo. Après la naissance, l'écoute des œuvres entendues *in utero* calme les nouveau-nés témoignant d'une reconnaissance évidente des séquences musicales.

« Si la mère ajoute le chant à sa voix parlée, elle va provoquer des résonances beaucoup plus intenses, un impact physique neurologique puissant, et elle provoquera des messages sonores à l'ensemble du cerveau. C'est beaucoup plus équilibrant et complet pour l'enfant. » [6]

Anatomie de l'oreille

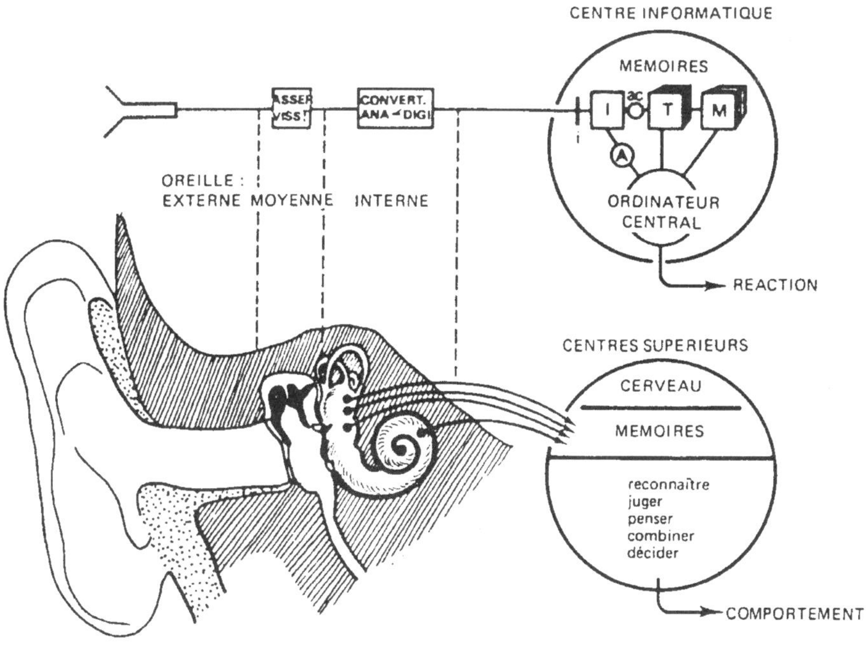

E. LEIPP, *La Machine à écouter*, Masson, 1977.

5. Consulter l'intéressant ouvrage de C. DOLTO «*Neuf mois pour naître*», agrémenté d'un disque souple enregistré *in utero*.
6. M.-L. AUCHER, in *L'Aube des sens*.

Notre système auditif est celui de nos sens qui réagit le plus rapidement.

L'oreille se divise en trois parties : oreille externe, oreille moyenne, oreille interne ; chacune d'elles intervient dans le traitement de l'information sonore. Cette « chaîne d'écoute » sera abordée ultérieurement (*cf.* p. 99).

Oreille externe

Composée du pavillon et du conduit auditif scellé par le tympan (membrane élastique mince, légèrement inclinée, de un centimètre de diamètre environ), elle joue le rôle de cornet acoustique filtrant les sons vers l'oreille moyenne et interne.

Oreille moyenne

Elle est constituée d'une cavité contenant de l'air (caisse du tympan) traversée par la « chaîne des osselets » constituée de trois petits os, le marteau, l'enclume et l'étrier.

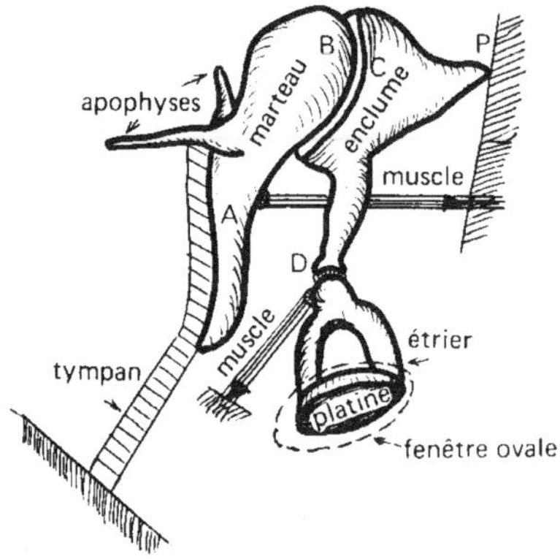

Le système ossiculaire. Ce schéma se rapproche bien de la réalité. Pour comprendre les mécanismes en présence, il faut obligatoirement représenter le système ossiculaire avec ses apophyses (axe de rotation du marteau), le point d'appui (P) de l'enclume, et les muscles, ce que l'on ne fait pas toujours.

E. Leipp, *La Machine à écouter*, Masson, 1977.

Oreille interne

Organe fragile, elle est placée dans une cavité de l'os du rocher. Souvent appelée « Labyrinthe » elle contient les organes essentiels de l'équilibration ainsi que la **cochlée** (ou limaçon) centre de l'audition dans lequelle se trouve intégré « l'organe de Corti ». D'une très grande complexité, le tube formant la cochlée se divise en trois rampes : rampe cochléaire, rampe tympanique, rampe vestibulaire, les deux dernières appartenant à ce que l'on appelle le labyrinthe osseux, siège de la périlymphe. Entre les deux se trouve **la rampe cochléaire** (labyrinthe membraneux) contenant de l'endolymphe, fermée à l'une de ses extrémités (apex de la cochlée). Un côté de la section de cette rampe, presque triangulaire, s'appuie sur le limaçon osseux, l'autre (membrane de Reissner) la sépare de la rampe vestibulaire, et la troisième, posée sur la lame spirale et la membrane basilaire, contient **l'organe de Corti, récepteur des vibrations.** La structure de celui-ci répartit les cellules auditives internes et externes (plus de 20000) le long du colimaçon.

L'ENSEMBLE DU SYSTÈME DE L'OREILLE INTERNE

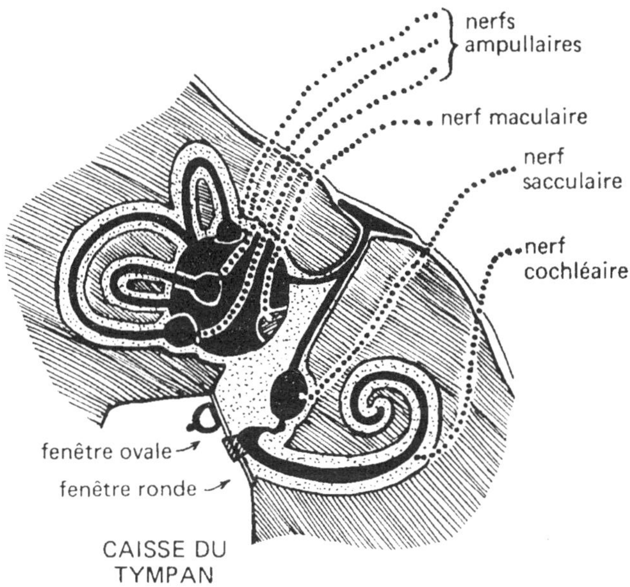

E. LEIPP, *La Machine à écouter*, Masson, 1977.

Le message sonore, sur le parcours de l'oreille au cerveau, est conduit par les fibres nerveuses des voies auditives, le nerf auditif notamment, jusqu'au niveau du bulbe rachidien, relayé ensuite par des fibres nerveuses établissant des relations complexes entre les neurones (synapses). Dans chaque hémisphère cérébral elles aboutissent à une zone de l'écorce cérébrale (aire de projection auditive) située dans le lobe temporal.

Selon E. Leipp, chaque signal acoustique complexe produit une image codée du signal afférent transmise aux différentes mémoires : mémoire *immédiate* à la sortie de la cochlée, puis mémoire *transitoire*, enfin mémoire *mémorisante*, chacun des individus possédant des «profondeurs» de mémoires différentes.

Mécanisme de l'appareil auditif

Chaque oreille est en relation avec les deux hémisphères cérébraux...

... et, réciproquement, chacun des hémisphères cérébraux est en relation avec les deux oreilles.

Notre oreille n'entend que les vibrations dont les fréquences sont situées entre 20 et 20000 hz par seconde. La note la plus grave de l'orgue semble être un infrason, elle est pourtant perçue par certaines personnes. Nous recevons les infrasons comme des vibrations mais nous ne pouvons entendre les ultrasons audibles pourtant par quelques animaux. Deux exemples pourraient illustrer cette affirmation; lorsqu'un organiste utilise les jeux dits de «32 pieds» faisant parler l'orgue au plus grave de son échelle, un auditeur situé à la tribune se sentira «vibrer» de la tête au pied. Dans un autre registre, qu'on se rappelle l'histoire de cette pouponnière où tous les jours, à heure régulière, les bébés entamaient un concert de pleurs et cris; après maintes hypothèses (dont l'envoûtement!), on s'aperçut qu'à quelques distances de là, un centre de dressage de chiens s'était installé, et à heure fixe, la séance débutait, ponctuée de coups de sifflets à ultrasons!

La boucle audio-phonatoire

La perception des sons émis par notre voix parvient à notre oreille avec une déformation qui surprend le plus souvent et qui apparaît nettement lorsque nous nous écoutons lors d'un enregistrement. Les sons se répartissent dans l'espace selon l'importance de leurs fréquences. Les aigus filent en ligne droite, les médiums s'étalent un peu en largeur alors que les sons graves se répandent plutôt en demi-cercle se rapprochant des oreilles qui reçoivent, en réalité, plus de fréquences graves que d'aiguës.

L'échelle de production sonore de la voix humaine va de la fréquence 80 hz (basses profondes) à la fréquence 1150 hz (sopranos légers). La cohérence, le contrôle, l'évaluation relative (car prenant en compte la différence entre sa propre perception et celle d'autrui) de cette émission vocale est assurée par ce que E. Leipp et autres psychoacousticiens appellent : la boucle audio-phonatoire. Chez Tomatis on trouve une autre terminologie : les «boucles de contrôle».

«Dans le domaine des mécanismes physiologiques, il faut un organe de commande, des éléments de transmission, des appareils agissant et obéissant aux injonctions imposées par l'organe central, enfin bien entendu un capteur de contrôle qui garantit que l'émission est bien conforme aux souhaits formulés par l'organe de commande. En l'occurrence, les différentes parties de ce montage sont : le cerveau, les nerfs qui en émanent en direction des divers groupes musculaires mis à contribution, en même temps que les nerfs qui rapportent les réponses sensitives de chacun de ces groupes et qui assurent à leur niveau un certain contrôle proprioceptif. Le tout est coordonné par le capteur auditif qui sait collecter toutes les données recueillies par les territoires et les organiser en fonction des informations qu'il réceptionne par conduction aérienne et par conduction osseuse.»[7]

Une description complémentaire à celle-ci nous donne une vision du traitement de l'information sonore par l'appareil auditif :

«On retiendra surtout l'idée maîtresse (...) que l'on peut résumer ainsi :

– notre système auditif traite l'information par «blocs» (et non séquentiellement);

– ces «blocs» sont des «images» qui s'inscrivent sur un «écran de visualisation» d'un empan de quelques secondes (la mémoire instantanée);

– chaque bloc est utilisé globalement par l'ordinateur central;

– pendant la durée d'inscription (3-4 secondes) l'ordinateur est disponible pour faire beaucoup d'autres opérations.

---

7. A. Tomatis, in *L'Oreille et la Voix* .

Ce traitement en bloc représente une économie informatique extraordinaire, et on comprend ainsi les incroyables performances de ce cerveau humain comparativement à celles de nos ordinateurs actuels...»[8]

La fatigue auditive

Dès la vingtième année, chez tous les hommes, la sensibilité aux sons de fréquence supérieure baisse. Elle décroît progressivement et régulièrement, surtout pour les sons aigus, et ramène vers 13 000 hz le palier supérieur des fréquences audibles. La limite de perception s'abaisse donc d'un intervalle de quinte environ. On ignore encore les causes de cette surdité aux aigus propre à la vieillesse, puisque aucune lésion n'apparaît à l'examen. Le tympanographe signale toute perte d'élasticité du tympan; seule l'audiométrie permet de mesurer l'acuité auditive en faisant appel au concours actif du sujet ou en utilisant (dans les cas graves) l'éléctrodermographie.

Il faut évoquer la fatigue auditive qui peut aller de la diminution passagère de sensibilité auditive aux surdités d'origines diverses. Cette fatigue n'est pas due, comme on pourrait le croire, au nerf auditif mais au fonctionnement de l'oreille même.

Une tension musculaire affectant les muscles des trapèzes, très fréquente chez les adultes, peut même entraîner un tel raidissement de la nuque que cela se répercute jusqu'aux osselets en entravant leur vibration.

La surdité par traumatisme sonore peut être considérée comme une limite extrême de la fatigue auditive, et on se méfiera des dommages causés par les baladeurs réglés à trop forte puissance qui peuvent conduire à une perte sensible d'acuité auditive irréversible.

Beaucoup plus complexe est la surdité que l'on pourrait qualifier de «psychosomatique», et qui affecte le système auditif au même titre que l'aphonie pour l'appareil phonatoire. Apparemment «tout *ouïe*», l'auditeur cache un «tout *non*» à ce qui se fait entendre... «Il n'y a pire sourd que celui qui ne veut pas entendre.» dit le dicton populaire! (*cf.* p. 90 à 95).

Connaître le mécanisme de l'écoute

Autant la connaissance du mécanisme de la voix peut nous aider à mieux «placer» et «poser» celle-ci, autant la connaissance de la physiologie de l'oreille nous semble étrangère à la problématique de l'écoute.

Pourquoi?

Nous avons déjà évoqué dans les chapitres précédents les interférences entre le mécanisme de l'écoute et d'autres fonctions telles que mémoire, attention, comportement, système psychique. C'est de leur influence sur nos facultés de perception qu'il sera question dans les chapitres suivants.

8. E. Leipp, in *La Machine à écouter.*

Psycho-acoustique

> *« L'oreille maintient constamment le corps ouvert à la sphère du subtil qu'elle branche sur un appareil psychique dont l'activité est permanente. »*
>
> Denis VASSE, in *L'Ombilic et la Voix.*

Alors que des paupières peuvent nous permettre d'interrompre volontairement le regard lorsque fatigue, agression ou besoin d'isolement se font sentir, aucune protection ne nous facilite l'accès au silence. Nous n'avons plus qu'une solution, consciente ou inconsciente : devenir mentalement sourd à ce qui s'impose à notre conduit auditif, qui continue cependant à emplir son office.

Les psychoacousticiens se sont intéressés à tous ces fonctionnements et parasites psychiques qui entravent, travestissent ou distordent le « bon mécanisme » de l'écoute. Certains de ces dysfonctionnements concerneront plus particulièrement les pédagogues confrontés quotidiennement à leurs manifestations.

Il s'agit de :

La prévisibilité de l'écoute

E. Leipp se plaisait souvent à citer cette expérience entreprise en laboratoire : ayant fait venir un comédien, il lui fit enregistrer une phrase où il était question « d'équilibre entre les ...ations ». Ordre lui fut intimé d'omettre volontairement la consonne précédant « ...ations ». Puis ce même comédien, avec la même voix, dut dire trois textes : un discours politique, un prêche et enfin une recette de grand cuisinier. Au montage de la bande magnétique en laboratoire, les techniciens insérèrent la phrase indépendante sur les « ...ations ». On fit écouter cet enregistrement à trois groupes distincts; le premier entendit à l'unanimité « c'est un problème d'équilibre entre les **N**ations », le second « c'est un problème d'équilibre entre les **P**assions », enfin le troisième « c'est un problème d'équilibre entre les **R**ations ».

Que peut-on en conclure? Qu'un auditeur scrupuleux et objectif se devait d'entendre « ...ations », mais que tous, sans exception, restituant le mot amputé de sa consonne dans son contexte sémantique, lui attribuèrent du sens.

Ce que nous pourrions énoncer ainsi : « *on entend ce que l'on s'attend à entendre* ».

L'illusion sonore

Cette notion dérive en droite ligne de celle de la prévisibilité de l'écoute. On peut en effet « tromper » l'oreille. Une expérience en fournira l'illustration : si l'on enregistre en laboratoire un son continu mais en filtrant régulièrement et progressivement certains rangs d'harmoniques pendant que l'on en renforce d'autres, l'image sonore obtenue est celle d'un son « qui n'en finit pas de descendre » (chute d'une bombe qui n'arriverait jamais à destination), ou selon la technique utilisée, « qui n'en finit pas de monter » (avion qui ne cesserait de décoller). Cela crée chez l'auditeur un sentiment d'angoisse et d'intemporalité assez difficilement soutenable.

Que peut-on en conclure? Que les artifices de la prise de son, comme de mauvais appareils, de mauvais réglages de ceux-ci, mais aussi des déficiences auditives, peuvent fausser notre perception en déformant l'image acoustique offerte à notre appareil auditif.

Ce que nous pourrions énoncer ainsi : «*on entend ce que l'on croit entendre*».

Le phénomène d'émergence

Si dans un orchestre symphonique de trois cents instrumentistes un percussionniste fait tomber un triangle, tout le monde, musiciens comme public, sursaute. Mais si d'aventure un accordéoniste venait interpréter une rengaine populaire pendant l'exécution de la neuvième symphonie de Beethoven, seuls ses proches voisins (et le chef d'orchestre) auraient connaissance auditive de la supercherie. Pourquoi? Car, le triangle, de faible intensité mais très riche en harmoniques de rangs supérieurs, contrairement à l'accordéon, émergerait du magma sonore de l'orchestre.

Dans un autre registre, citons cette expérience d'écoute vécue dans une classe du Thillay, près de l'aéroport de Roissy. La stagiaire débutant en maternelle, forte des conseils reçus lors de sa formation, amorça sa séance d'écoute par une «mise en condition». Les enfants agités jusque-là, fermèrent les yeux, écoutèrent leur respiration...; un silence bienfaisant s'était installé, propice à passer à la deuxième phase de la séquence : écouter pendant deux minutes les bruits ambiants. Nous étions là, trois formateurs au fond de la classe, à échanger des coups d'œil tout en comptant les avions qui décollaient... «Qu'avez-vous entendu?» demanda l'étudiante suivant scrupuleusement sa préparation... «Le hamster; il a gratté dans sa cage!». Aucun des spécialistes que nous étions n'y avait prêté attention! Aucun des enfants présents ne mentionna les avions!

Que peut-on en conclure? Que ce qui dominait et s'imposait à chacun des auditeurs présents, c'était l'inhabituel, l'insolite, ce qui faisait tache dans le paysage sonore.

Ce que nous pourrions énoncer ainsi : «*on n'entend plus ce que l'on sait entendre*».

Les associations de pensées

Bien que l'on puisse tout mettre en œuvre pour améliorer l'écoute dans la durée par des jeux et des exercices appropriés (*cf.* p. 121), une écoute de production parlée ou sonore en appelle toujours au sens : sens-intentionnalité du producteur (qu'en sait-on parfois?), mais surtout sens-signification que nous donnons. Or tout phénomène entendu interpelle en nous des événements antérieurs qui se présentent à notre esprit sous la forme du «pareil - pas pareil» que nous avons déjà évoquée par ailleurs. Ce qui revient à dire que, parallèlement au défilé permanent d'images sonores sur l'écran de notre mémoire transitoire, défilent les films antérieurs enfouis dans notre mémoire mémorisante. N'écoutant jamais parfaitement dans l'instant présent, ces associations entre le « maintenant » et « l'avant », rançons de la sensibilité en alerte, perturbent une écoute constante dans la continuité.

Parler de ces associations en réponse à la question « ça vous fait penser à quoi ? » ou encore « alors, quelle impression ? », amène l'écoutant à parler de lui en tant que *sujet* de l'écoute, au lieu de commenter l'*objet* de l'écoute.

Que peut-on en conclure? Que c'est un des écueils de la pédagogie de l'écoute que nous évoquerons dans les chapitres suivants.

Ce que nous pourrions énoncer ainsi : « *on entend ce qui* est *en référence à ce qui* était ».

L'écoute projective

Nous désignerons par cette terminologie la propension de tout individu à écouter un message structuré sur un code étranger à son entendement, en lui substituant son propre code. Dans son ouvrage, *La Machine à Écouter*, E. Leipp raconte l'expérience suivante. Il fait venir à son laboratoire un groupe d'excellents solfégistes ainsi qu'un excellent chanteur dont les compétences en déchiffrage ne font aucun doute. Il propose au groupe d'étudiants l'écoute d'une musique vietnamienne que ceux-ci doivent retranscrire en dictée musicale. Tout le monde sachant que l'échelle des notes de ce pays repose sur des degrés différents des nôtres, chacun reçoit la consigne d'indiquer les fluctuations de hauteur par un signe + ou –. Ce qu'ils font; puis ils confrontent leur travail afin d'élaborer une partition musicale, exacte transcription solfégique de la musique écoutée. On fait entrer le chanteur : celui-ci a pour mission d'exécuter la partition le plus fidèlement possible. On enregistre, et on compare avec la bande magnétique qui a servi de support au travail des étudiants : un monde sépare les deux ! Malgré toute leur bonne volonté et leur haute qualification, chacune des parties a eu tendance à niveler les différences pour les ramener à leur code originel connu. Cela « sonnait occidental ! ».

Dans un autre registre, que l'on songe à ces remarquables émissions télévisées sur l'autisme de T. Lainé et D. Karlin. À force de repasser plusieurs fois la bande son pour les besoins du montage, ils s'aperçurent que l'oreille pouvait faire l'effort de s'adapter à un autre code d'émission vocale (distorsion vers l'aigu, étirement du débit, modulations extrêmes) pour enfin donner sens à ce qui apparaissait en premier lieu comme un long cri inarticulé.

Que peut-on en conclure? Qu'à force d'écouter au crible d'une grille d'écoute que l'on se forge au gré de son contexte social et familial, on n'écoute pas l'autre « pour de vrai », dans son intégrité et son altérité. On projette son propre mode d'entendement.

Ce que nous pourrions énoncer ainsi : « *on entend ce que l'on veut entendre* ».

Point de vue psychanalytique[9]

«S'il fallait donner une figure sociale à l'écoute, la meilleure serait sans doute du côté de cette pratique antique, perdue voire impossible en notre monde : l'hospitalité (...) Écouter, c'est se faire l'hôte de l'hôte qui vient (...). L'écoute est l'hospitalité intérieure.»

Maurice BELLET in *L'Écoute.*

À quelle invitation, voire à quelle festivité cette phrase nous convie-t-elle? S'agit-il de repousser dans les coins ce qui gêne, ou s'agit-il de faire place nette? S'agit-il de recevoir l'autre en faisant le vide ou en faisant de la place? S'agit-il de rajouter un *faire* à la liste des tâches de l'enseignant en «faisant» l'hospitalité, ou s'agit-il d'*être* tout entier à cet accueil de l'étrange et de l'étranger en l'autre? Ne s'agirait-il pas d'autre chose, à savoir d'être, de répondre présent à une autre présence, sans peur de l'envahissement ou de la dépossession.

Françoise Dolto répond à sa manière lorsque, au cours d'une émission télévisée tournée au Québec, elle confiait sa perplexité devant le cas difficile d'une petite fille : «*Je ne comprenais rien; je n'entendais pas (...) mais j'étais toute oreille*». Dans le même registre, c'est une sorte de définition même de l'acte d'écouter que l'on retrouve chez Maurice Bellet : «*Écouter, c'est être là, l'oreille ouverte, et laisser dire ce qui se dit.*»[10]

Les psychanalystes ont fait de l'Écoute leur pain quotidien. Ce pain nourrit en retour l'analysant en quête de réceptacle à sa parole perdue dans les méandres de l'indifférence des écoutants familiaux de son enfance. Sur le chemin que tous deux, analyste et analysant, empruntent, l'Écoute les lie – l'un à l'autre – et les relie aux oracles et fantômes de leur ***passé***. Écouter devient alors ré-écouter l'histoire de son histoire en retrouvant en soi le fil du dialogue incessant entre *ce* qui se disait et ce que *ça* disait en nous. Un épisode du film *Liliom* de F. Lang (1934) pourrait argumenter notre propos : lorsque Liliom arrive au Purgatoire, après son suicide, un épisode difficile de sa vie lui est projeté. Sur un écran défilent les images d'une scène déjà vue par le spectateur, tandis que l'on découvre un nouveau dialogue : celui de l'homme en souffrance, incapable d'oser «s'écouter» pour pouvoir enfin parler en vérité. «*Faire parler l'image évite d'entendre la vérité qui parle.*»[11]

Transposée au domaine de la musique, cette formulation de F. Dolto, que nous citions plus haut, convoquerait l'idée que l'on peut écouter de la musique au ***présent***, sans rien y comprendre au sens de lui donner significa-

9. Nous rappelons ce que nous écrivions en ouverture du chapitre sur la voix : «Nous resterons, pour ce chapitre, dans la limite de nos compétences professionnelles. Nous n'avons d'autres prétentions que d'inviter le lecteur à partager avec nous les lectures d'ouvrages écrits par des psychanalystes. Mettre en regard des extraits de leurs livres avec nos préoccupations de pédagogues, trop souvent en quête de solutions technicistes, nous a semblé essentiel. Nous tenons cependant à souligner qu'il ne s'agit pas là d'un exercice de compilation, mais d'une volonté de faire entendre au lecteur des voix qui nous semblaient sur ce sujet sensible sonner plus «juste» que les nôtres!».

10. Maurice BELLET, in *L'Écoute.*

11. Denis VASSE, in *Inceste et Jalousie.*

tion, sans même l'entendre au sens d'être capable de l'identifier et de la retranscrire en dictée musicale. «*Entendre, c'est écouter dans la durée; ça s'écoute comme ça vient, comme ça chante, son après son, silence après silence.*»[12] Comme s'il n'y avait aucun effort pour entendre autre chose que ce qui se donne à être écouté. «*Laisser* résonner *la parole d'un autre (ou sa musique), implique nécessairement le suspens de tout* raisonnement.»[13]

Cela semble s'opposer fondamentalement à nos démarches de pédagogues et à tout ce que nous pourrons dire ultérieurement de la «dissection» de la musique visant à en identifier de façon pertinente chacun de ses composants. Mais c'est ici le moment d'affirmer notre conviction qu'il y a compatibilité entre «l'écoute raisonnée» et «l'écoute-*plaisir*», et qu'un des objectifs premiers de l'enseignant pourrait être qu'à terme l'enfant puisse éprouver et vivre le *désir* d'aller de lui-même à la rencontre de la musique, de l'«autre musique», de l'«autre» dans sa différence.

Cette perspective de la pédagogie de la musique ouvre vers le ***devenir*** de cette écoute. Dans le film *Liliom* que nous évoquions précédemment, c'est de la confrontation entre la scène «publique» et la scène «intime» que va se profiler la destinée de cet homme amené à retourner sur terre parfaire sa tâche.

«Comme la vie psychique, l'audition musicale est souvenir et désir : elle opère une liaison entre un passé que je me remémore et subis et un avenir que je crée et invente.»[14]

«Interaction écoute-production», disent en d'autres termes les textes officiels, dans leur formulation lapidaire qui appelle pourtant à revisiter toutes ces «activités d'écoute» pour en faire autre chose qu'une activité à tout prix, au prix de passer à côté de l'écoute.

Curieux périple que celui de l'Écoute, qui nous conduit donc du sujet lui-même au présent, à son passé tatoué sur l'écran (au sens psychanalytique et acoustique du terme) de sa mémoire mémorisante, pour lui faire «tendre l'oreille» vers l'oracle toujours présent et redouté qui murmure en lui des paroles d'avenir. «*L'écoute est écoute de ce qui n'existe pas, pas encore, et s'annonce dans la déconstruction de ce qui croyait être. Car le réel des humains, c'est leur pouvoir être, pas leur état.*»[15]

Pourrait-on se risquer à transmuter le célèbre «*wo es war, soll ich werden*» en «*wo es war, soll ich hören*»[16]?

L'écoute de l'enseignant se doit d'être vigilante à susciter, éveiller et maintenir l'écoute de ses élèves, leur disponibilité à l'accueil de l'autre, qu'il soit de

12. Maurice BELLET, in *L'Écoute.*
13. Denis VASSE, in *L'Ombilic et la Voix.*
14. M.-F. CASTARÈDE, in *Le Miroir sonore.*
15. Maurice BELLET, in *L'Écoute.*
16. «Où cela était, je dois advenir» ; hören = entendre.

chair ou de sons. «*L'écoute doit veiller sur l'écoute.*»[17] Cela ne peut s'opérer que dans le ***silence***, non pas celui que l'on entend sans cesse marchander dans les classes, mais celui que l'on sait donner et partager.

«Le silence de la bonne écoute parle; il dit, avec une intensité extrême, qu'il y a lieu d'être (...) Entendre la voix d'un autre, c'est écouter dans le silence de soi, une parole qui vient d'ailleurs (...) La parole n'est pas non plus opposée au silence. Elle est plutôt le silence plein, peuplé, agissant. Ou comme le silence qui précède la musique : ce vide espère tout, le chant y est commencé avant le premier son.»[18]

Connaître les difficultés du métier concernant l'écoute

Elles ont été déjà abordées dans le chapitre qui précède, sous l'angle de la psycho-acoustique et de la psychanalyse. Nous les traiterons, dans ce chapitre, avec le regard du «technicien» qui pourrait poser la question en ces termes : «Dis-moi comment c'est construit; je te dirai comment ça marche.»

Tout son naît d'une source et se propage dans un environnement avant d'être recueilli par un récepteur. S'il n'atteint pas son but, c'est qu'en cours de route il a été étouffé, distordu, dévié... La source aussi peut être incriminée; le système excitateur risque de présenter des défauts qui empêchent la diffusion du son. Quant au récepteur, il est parfois incompatible avec le circuit au bout duquel il est intégré.

Lorsqu'une situation d'écoute ne «fonctionne pas», l'enseignant se doit d'examiner tous les maillons de la «chaîne d'écoute», de son origine à son destinataire, pour déceler la «poussière» qui a «grippé» le système. Poser a priori que les enfants sont des récepteurs de mauvaise qualité qui «de toute façon n'écoutent jamais» est une aberration pédagogique : dirait-on d'un enfant qui a des difficultés de lecture qu' «il ne voit jamais»?

«Ils ne m'écoutent pas; à qui la "faute"?»

Posons d'emblée qu'il n'y a pas *faute* mais *erreur*, donc possibilité de remédiation. Il faut cependant s'interroger sur le lieu et l'origine de la *panne* : vient-elle du maître, de la situation d'écoute proposée, du contexte dans lequel elle est proposée, ou des enfants eux-mêmes?

Si je suis en cause, pourquoi?

• Ma présence :
- Suis-je *avec* eux et non pas *devant* eux?
- Suis-je à leur écoute? attentif (ve) à leurs demandes ?
- Est-ce que je *respecte leur rythme de travail?*

• Ma voix :
- Est-elle trop sourde?
- Est-elle trop monotone?

17. Ibid.
18. Ibid.

– Est-elle trop forte ? (Il y a fatigue auditive, les enfants « décrochent ».)
– Est-elle trop aiguë ? (Les sons aigus engendrent l'agitation.)
– Est-elle trop grave ? (Risque de manque de clarté.)
– Est-elle assez projetée pour que « ceux du fond » entendent ?
– Y a-t-il confusion ou distorsion des sons émis ?

• Mon débit :
– Est-il trop lent ? (Il peut y avoir lassitude.)
– Est-il trop rapide ? (Les enfants n'ont pas le temps d'assimiler.)
– Est-il trop saccadé ? (Ils ne comprennent pas.)

• Mon articulation :
– Est-elle suffisante ? exagérée ? claire ?

• Ma posture :
– Suis-je souvent face à eux pour dire les choses importantes ?
– Est-ce que je les regarde bien en face ?
– Est-ce que je me tiens droit (e) ?
– Est-ce que mon attitude s'harmonise à mon discours ?

• Mon langage :
– Le vocabulaire est-il adapté à leur niveau de compréhension ?
– Les consignes sont-elles suffisamment courtes et explicites ?
– N'y a-t-il pas surcharge d'informations ?
– Est-ce que je sais me taire ?

• Ma pédagogie :
– Laisse-t-elle la place aux échanges entre eux ?
– Leur laisse-t-elle le temps de l'exploration et de la recherche ?
– Est-ce que je sais *ne pas* intervenir ?
– Utilise-t-elle des consignes autres que verbales ?
– Si je suis dans le fond de la classe, est-ce que je leur propose un objet ou un endroit pour y porter leur regard et retenir leur attention ?
– Est-ce que je crois à ce que je dis ? (Il faut être convaincu et convaincant.)

Si le contexte est en cause, pourquoi ?

• Le lieu :
– Mauvaise acoustique de la salle.
– Proximité avec d'autres lieux bruyants (cours de récréation, préaux, etc.).
– Une mauvaise organisation et / ou gestion de l'espace.

• Le temps :
– Trop tôt, les enfants dorment.
– Trop tard, ils ne peuvent plus rien « ingurgiter ».
– En fin de matinée, ils ont faim.

– En début d'après-midi, ils digèrent.
– Se révèlent donc être adéquates les temps encadrant les récréations.

• Les conditions :
– Manque de confort.
– Sièges inadaptés à la taille des enfants (surtout de leurs jambes).
– Manque d'aération.
– Matériel défectueux (*cf.* p. 148).
– Absence des inévitables accessoires (prises multiples, prolongateurs, etc.).

Si les enfants sont en cause, pourquoi ? que faire ?

• S'ils sont trop « perturbés » par un incident :
1) Je peux faire de cet incident un outil pédagogique.
2) Je peux changer de sujet et parler calmement *mezzo forte*, avec une voix très modulée, pour les conduire à écouter.

• S'il y a un agitateur ou un grand bavard :
1) Le mettre hors des diagonales maître-élèves afin de le destituer de son rôle de « fou du roi ».
2) Puis lui confier une responsabilité qui le valorisera devant le groupe autrement que par ses interventions intempestives.

• S'ils s'endorment :
1) Leur proposer du repos.
2) Les redynamiser (avec du chant ou des jeux de percussion).

• S'ils fatiguent vite ce peut être :
– Qu'ils ont été exposés trop longtemps à la parole ; certaines fatigues auditives sont des « coups de parole » !
– Qu'ils ont des problèmes d'ordre affectif, émotif, familial.
– Qu'ils ont des sérieux motifs d'être fatigués (saison, heure de la journée, santé, etc.).

• S'ils se déconcentrent facilement ce peut être :
– Un manque d'entraînement à l'écoute.
– Un signe d'immaturité.
– Du désintérêt pour le sujet traité.
– Un manque de bagage culturel.
– Une attitude de rejet du locuteur ou de la source.

• S'il y a bavardage permanent, leur faire prendre conscience de la fatigue auditive et faire quelques gestes et respirations leur permettant d'être à l'écoute de leurs sensations corporelles (*cf.* p. 53 et 139)

Mais, en fait, tous ces facteurs interfèrent entre eux, et l'on peut affirmer que tous ces symptômes de la « mauvaise écoute » cohabitent et coexistent. En tout état de cause, le maître est « responsable de sa classe » ; c'est lui qui orchestre toutes les situations en faisant preuve de compréhension, de fermeté, en adaptant ses choix et stratégies pédagogiques en fonction de l'adhésion et de la participation des enfants qui lui sont confiés.

SCHÉMA D'UN MODÈLE FONCTIONNEL DU SYSTÈME AUDITIF

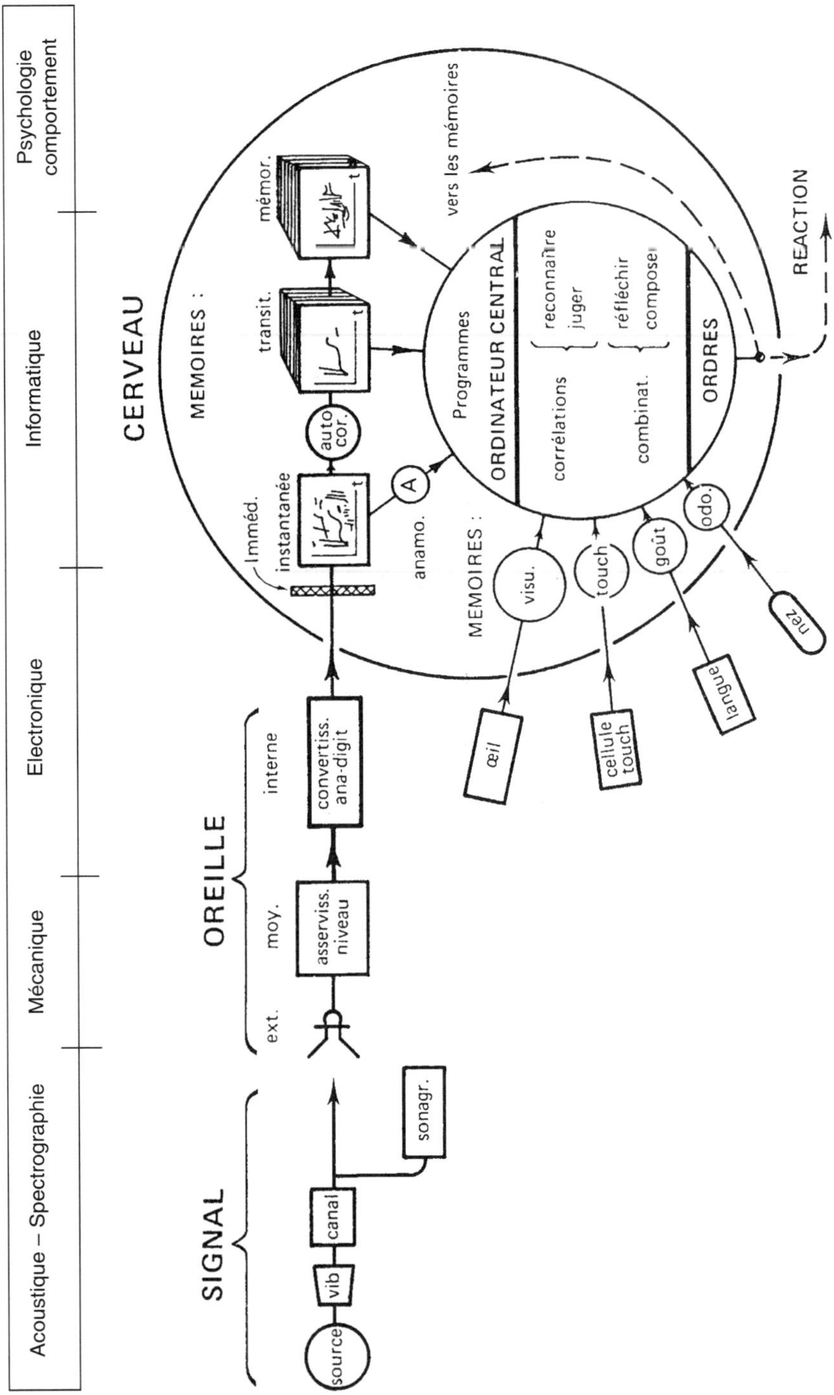

E. LEIPP, *La Machine à écouter*, Masson, 1977.

Analyse de la « chaîne d'écoute »

Nous nous sommes interrogés au chapitre précédent sur les origines des difficultés rencontrées lors de la mise en place des séquences d'écoute. Les trois maillons que nous avons évoqués, le locuteur, le contexte, l'auditeur, forment en fait les trois pièces maîtresses de ce qu'on appelle « la chaîne d'écoute », à savoir : l'émetteur, le canal de transmission, le récepteur.

Comment l'information circule-t-elle de l'un à l'autre ? Le schéma d'un modèle fonctionnel du système auditif, élaboré par E. Leipp dans les années 1975, et que nous reproduisons ci-contre, permet de mieux comprendre quel traitement subit le signal sonore, de sa source jusqu'à son impact en nous.

Une source vibratoire quelconque, locuteur, musique, objet sonore, etc., émet un **signal** sonore qui va transiter par un canal de transmission où il est déjà, le plus généralement, filtré. À cet étape de son cheminement, un *sonagramme* peut nous en donner une image révélant ses caractéristiques acoustiques essentielles. Ce procédé, maintenant supplanté par les méthodes informatiques, demeure cependant un des moyens les plus « parlants » de matérialiser une donnée acoustique en une donnée graphique rapidement assimilable par un néophyte.

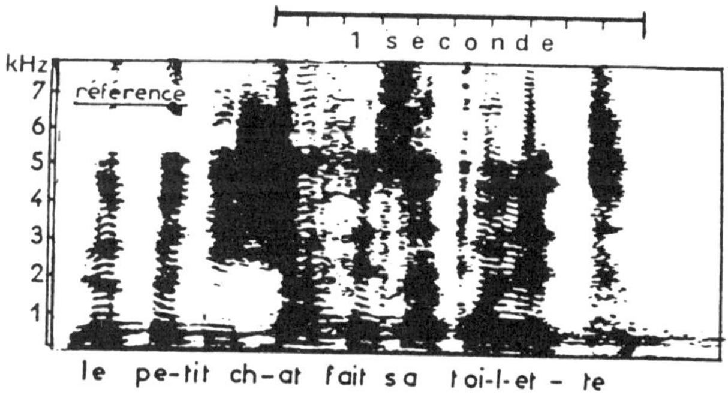

E. Leipp, *La Machine à écouter*, Masson, 1977.

Ce signal va être capté par l'**oreille** ; l'oreille externe oriente son pavillon jouant là le rôle de « cornet acoustique », puis l'oreille moyenne fait office d'autorégulateur, avant que l'oreille interne ne convertisse et code les impulsions reçues. Jusqu'ici n'a eu lieu qu'une transmission mécanique de l'information qui ne porte pas encore le nom d'« écoute ».

C'est alors que le **cerveau** intervient, et tel un ordinateur, va traiter l'information selon le programme sur lequel son propriétaire va se régler. Les *mémoires* instantanée, transitoire et mémorisante que nous avons déjà décrites par ailleurs vont prétraiter, corriger, trier et stocker l'information. À chaque nouvelle arrivée d'information, la mémoire mémorisante va s'ouvrir, comme un album que l'on feuilletterait, pour comparer la photo ancienne avec celle qui est en train de défiler sur l'écran de la mémoire transitoire. Conscient de ce « mécanisme », l'enseignant aura donc à cœur d'aider l'enfant à se constituer un album richement approvisionné, mais aussi bien classé et qui puisse faire office de catalogue. S'il y a « éducation musicale », c'est bien au niveau de l'enrichissement de ce stock d'images sonores qu'elle se joue. Mis à part le souci de monter en classe une « collection » bien fournie de sons et musiques, on doit demeurer vigilant à la nécessité de donner à l'enfant des outils pour qu'il sache, et qu'il désire, devenir à son tour collectionneur autonome.

Ce schéma que l'on pourrait assimiler à une sorte d'organigramme du système auditif présente aussi l'avantage de faire figurer les autres sens traités selon le même modèle par le cerveau. Cela peut donner à réfléchir à l'enseignant conscient des interférences et corrélations entre les différentes acquisitions. *L'œil* intervient en éducation musicale par l'emploi des codages et décodages, le *toucher* par la manipulation des instruments de percussion. Une lecture attentive de Proust nous rappellera combien le goût et l'odeur d'une simple madeleine fonctionnent comme « la petite phrase de la sonate de Vinteuil ».

Quant aux corrélations et programmes combinatoires, ils se réduisent ici à : reconnaître, juger, réfléchir, composer. Lorsque nous traiterons des différentes démarches inhérentes à la pédagogie de l'écoute (*cf.* p. 125), nous tenterons d'élargir les « programmes » de cet ordinateur central, et de les adapter selon l'âge des enfants.

2. Exercer l'écoute

« L'essentiel est d'avoir une prise ; que la musique ne soit pas comme un rocher lisse devant vous, qu'on ne sait pas comment saisir. »

F. Delalande, in *La Musique est un jeu d'enfant.*

Exercer son écoute

Tests, jeux, activités, démarches, etc., ne sauraient avoir une portée pédagogique et faire œuvre de formation musicale si « les mots manquent pour le dire » ; ou autrement exprimé, si on ne se soucie pas dès la petite section de maternelle de fournir à l'enfant une terminologie appropriée. « C'est là que le *bas* – et le *haut* blessent », tant l'enseignant se sent lui-même souvent démuni. Une fois que l'on a dit et fait dire : « c'est haut », « c'est bas », « c'est triste », « c'est gai », « c'est fort », « c'est doux », le vocabulaire se tarit, et on dévie très rapidement vers une simili leçon de langage ou quelques-uns font part de leurs « impressions », souvenirs et états d'âme... qui intéressent plus la musicothérapie que la pédagogie.

Nous tenterons donc dans ce chapitre de préciser quelques termes indispensables à la description, l'analyse, l'identification d'une musique, non sans rappeler que ce que nous avons nommé par ailleurs cette « dissection » de la musique n'est pas incompatible (et s'avère même souhaitable !) avec d'autres types d'approches (corporelles, gestuelles, graphiques, vocales, instrumentales, etc.). Ces termes sont réunis dans un « tableau d'audition » qui devrait permettre d'établir une sorte de fiche d'identité[19] pour chaque musique entendue, quelle qu'elle soit. Les critères d'identification d'une musique seront ainsi regroupés par familles.

Tableau d'audition

On trouvera dans le tableau ci-après un ensemble de termes regroupés sous des questions se rapportant à des domaines précis. Répondre à toutes ces questions, à l'issue de chaque audition, est envisageable pour un enseignant qui s'y exercerait systématiquement. Mais on peut s'essayer, à plus court terme, d'en explorer questions et réponses se rapportant aux spécificités de l'œuvre entendue.

Quels sont les critères d'élaboration de ce tableau ? comment l'utiliser ?

• De gauche à droite, apparaissent dans l'ordre qui s'impose le plus généralement à l'esprit les critères de différenciation des divers plans d'analyse :

– *instruments et voix*, désignant les ***timbres***,
– *forme*, désignant la structure de l'extrait,
– *mélodie*, désignant l'organisation des ***hauteurs*** dans la continuité,
– *tempo, rythme, mesure*, désignant trois aspects de la notion de ***durée*** ;
– *harmonie*, désignant l'organisation des ***hauteurs*** dans la simultanéité,
– *nuances*, désignant la dynamique sonore en rapport avec ***l'intensité*** ;

• *Style* et *genre* ne figurent pas en tête de colonne car ils peuvent se déduire, au même titre que l'époque et éventuellement le pays et l'école d'origine, de certains aspects de l'écriture.

• À l'intérieur de chaque colonne, apparaissent des *questions* qui, de haut en bas, vont du plus général au plus particulier.

• À l'extrémité inférieure des deux premières colonnes une orientation de *déduction* est mentionnée ; parvenir à déduire la forme et la formation instrumentale, c'est en fait pouvoir déjà énoncer le titre d'une œuvre (ex. : concerto [forme] pour violoncelle [soliste] et orchestre [formation]).

• En italique est proposé le minimum de « savoir faire » devant témoigner d'une écoute active : chanter le ou les *thèmes*, frapper le *tempo*, reproduire un *rythme*. Les étudiants passant le concours de recrutement de la fin de première année devront s'y entraîner, car cela leur est systématiquement demandé.

• Mais cette lecture verticale ne peut se faire qu'après coup, une fois l'audition terminée. On s'appliquera en effet à remplir le tableau horizontalement, de façon linéaire, afin d'essayer de caractériser plusieurs moments fédérateurs de l'œuvre.

19. En veillant à ne pas confondre « identité » et « personnalité » !

TABLEAU D'AUDITION ; REPÈRES POUR L'AUDITION

Instruments Voix	Forme	Mélodie	Tempo Mesure Rythme	Harmonie	Nuances
FAMILLES ? • cordes ? • vents (bois ; cuivres) ? • percussions ? • (claviers) ? • voix d'hommes ? (HC ; T ; B ; B) • voix de femmes ? (S ; M ; A) • voix d'enfants ? • autres ?	Repérer : • silences • phrases	Est-elle : • continue ? • discontinue ?	**TEMPO (= pulsation) :** • lent ? • modéré ? • vif ? *Le suivre par un frappé régulier de pied*	Quelle impression ? • statique ? • tendue ? • clarté ? • confusion ?	Contrastées ? • pp • p • mf • f • ff
	Repérer les différentes parties	Est-elle composée d'intervalles : • conjoints ? • disjoints ?	**RYTHMES :** Isoler : • des cellules ? • un ostinato ? *Les reproduire par des frappés de mains*	Est-elle : • consonnante ? • dissonnante ?	Fluctuantes ? • crescendo • decrescendo
Reconnaître à l'intérieur de chaque famille des TIMBRES spécifiques **Y a-t-il des solistes ?**	Repérer ce qui est identique et ce qui diffère : Y A-T-IL ? : • répétition ? • variation ? • développement ? • juxtaposition de différents éléments ?	Y a-t-il chromatisme ? Quel ambitus ? Quel registre ? Quel style ? En cas de musique vocale : Y a-t-il : • mélismes ? • vocalises ? • syllabisme ?	**MESURE :** • repérer les temps forts • et les petites divisions • en déduire : – binaire ? – ternaire ?	Aspect : • vertical ? *(série d'accords)* • horizontal ? *(contrepoint)*	Y a-t-il : • appuis ? • à-coups ?
En déduire : • **L'orchestration ?** • **L'instrumentation ?**	En déduire : • **La Forme**		Y a-t-il : • des ralentis ? • des variations de tempo	Mode : • Majeur ? • mineur ? • autre ?	
	Quels sont les thèmes caractéristiques ? • *les chanter*	***Quels sont les thèmes caractéristiques ?*** • *les chanter*	Rôle des silences ?		Rôle des silences ?

Vocabulaire spécifique

Le lecteur pourra se reporter au lexique des termes musicaux situé en fin de ce volume (*cf.* p. 211) pour avoir une idée exacte de la richesse sémantique de certains termes et en connaître la définition précise.

Nous commenterons ci-dessous, dans le contexte de la question qu'ils posent, chacun des termes selon la place qu'ils occupent dans ce tableau.

Instruments et Voix

Familles

Avant d'essayer d'énumérer quelques instruments épars que l'on « reconnaît », on s'efforcera de définir, dans un premier temps, les familles en présence. Pour les distinguer, on se reportera aux chapitres traitant des voix (*cf.* p. 12) et à celui traitant des instruments (*cf.* p. 156)

Timbres

Une famille étant perçue dans sa globalité, on s'attachera à repérer quelques éventuelles particularités de timbres. S'agissant des voix (*cf.* p. 12 à 14), on évitera ainsi de ne les situer qu'en fonction de leur hauteur ; pour les instruments, il peut y avoir usage de sourdines, de *pizzicati* (façon de pincer les cordes d'un instrument à cordes pourtant frottées), de frappés sur les cordes avec le bois de l'archet, etc. Dans la musique contemporaine, ces effets abondent ; il n'est pas rare qu'un instrument ou une voix soit dévié de son utilisation traditionnelle, et il devient passionnant de détecter ces transformations afin d'en déceler leur origine. On ne s'étonnera pas de découvrir des timbres insolites : par exemple, au rang des instruments, les Ondes Martenot, le glockenspiel, le célesta, mais aussi l'usage de coups de fouet, de machines à écrire, de coups de revolver, etc. !

Solistes

Nous avons parlé au chapitre de la psycho-acoustique du phénomène d'émergence (*cf.* p. 91). Le soliste, se détachant de la masse sonore de l'orchestre, en est la plus parfaite illustration. Les concertos sont conçus pour magnifier ce dialogue entre soliste(s) et orchestre. On ne confondra pas le terme de *soliste* avec celui de *solo* : jouer en solo (pluriel : soli), c'est jouer sa partition seul, sans accompagnement. En musique de jazz ce terme a une autre connotation : le saxophoniste se lève pour improviser un *solo*, soutenu par exemple par la batterie et le piano.

Orchestration

Elle désigne le choix volontaire effectué par le compositeur d'une certaine palette de timbres parmi tous ceux disponibles. L'orchestration permet souvent de déduire l'époque de composition. En effet, l'orchestration a connu toute une évolution depuis les « Petits violons du roi », sous Louis XIV, orchestre composé exclusivement de cordes, en passant par la valorisation des bois (la clarinette sera la dernière à être dotée d'un répertoire de soliste, plus spécialement avec Mozart et son *Concerto pour clarinette*), puis le renfort des cuivres et percussions au romantisme jusqu'à leur suprématie chez certains auteurs contemporains comme Messiaen. Orchestrer une partition écrite à l'origine pour piano, c'est la réécrire en distribuant des rôles aux divers instruments de l'orchestre (par exemple *Ma Mère l'Oye* de Ravel existe en version piano, piano quatre mains, orchestre symphonique). Une oreille non exercée ne peut percevoir le détail de cette orchestration ni le nombre d'instrumentistes ; elle décèle le plus fréquemment la constitution globale de l'orchestre.

Instrumentation

En musique de chambre, on peut choisir d'écrire pour un quintette avec piano, ou pour un octuor de cuivres, etc. Ce qui les différencie, c'est leur instrumentation. Elle concerne un plus petit groupe d'instruments que précédemment, mais elle désigne aussi, par exemple, en plein milieu d'une symphonie de G. Mahler, la « couleur locale » de l'instant. L'oreille en distingue mieux les différents partenaires que dans l'orchestration. Mentionnons la spécificité de l'orgue qui dispose de tout un ensemble de *registres* (terme qui dans ce cas précis désigne les timbres) : choisir un ensemble de registres, revient à « instrumenter » la partition, mais cela s'appelle pour l'organiste la ***registration***.

Forme

Silences

Respirations rapides du chanteur en fin de phrase au sens littéraire du terme, « respirations » du violon avant le coup d'archet attaquant une nouvelle phrase, « blanc » du soliste, alors que l'orchestre continue, silence prolongé et total (ou presque, car le public en profite pour laisser partir les toux inopportunes jusque-là réprimées, quand ce ne sont pas des applaudissements indésirables car incongrus à de tels moments) entre deux mouvements... tels sont les divers visages de ces silences. Il est essentiel de les repérer car ce sont eux qui peuvent aider à fragmenter l'œuvre en diverses phrases, phases et mouvements dont l'articulation mutuelle détermine la forme.

Phrases

Au même titre qu'une phrase littéraire, c'est une entité musicale qui a un début, un milieu et une désinence obéissant à des règles de composition et d'esthétique musicale très précises. Elles sont le plus souvent encadrées par de brefs silences (faisant office de ponctuation aussi diversifiée qu'en littérature). Certaines commentent des idées, font digression ou office de passerelle entre plusieurs idées. Mais d'autres sont les piliers de l'œuvre qui se génère et se structure à partir d'elles. Ce sont les *thèmes* sur lesquels nous reviendrons dans une prochaine rubrique.

Parties

Ce sont les «paragraphes» et les «chapitres» du texte musical. N'écouter qu'un extrait musical (situation la plus fréquemment rencontrée), c'est malheureusement être privé d'un bon nombre de parties dont l'architecture a un sens inhérent à une forme, une époque, un style, une école, un compositeur, etc. Cela reviendrait à ne jeter qu'un coup d'œil sur les chapelles latérales et le triforium d'une cathédrale !

Répétition

Une fois que le compositeur a conçu une idée musicale, un thème, il va être soumis à la loi du «pareil / pas pareil». Toute l'histoire de l'évolution de l'écriture musicale repose sur l'histoire des options prises sur ce choix. Répéter le thème, répéter une partie (sans même la réécrire ; il suffit d'indiquer *da capo* sur la partition ou d'adopter un symbole équivalent), répéter en fin de mouvement le début de ce mouvement par souci de symétrie, c'est choisir la voie du «pareil». Loi incontournable des XVIe, XVIIe, et XVIIIe siècles, elle sera remise profondément en cause au romantisme[20]. Dans son traité de composition, V. d'Indy «déconseillera» même d'appauvrir l'écriture musicale par la pratique d'un tel procédé. Cherchant à y échapper, des compositeurs comme C. Franck en utiliseront cependant une forme dérivée, tel le thème cyclique qui tourne comme une idée obsessionnelle au fil de tous les mouvements d'une même œuvre.

Variation

C'est un dérivatif sous forme de «presque pareil» de la répétition. On redit le thème, il revient mais sous un éclairage, un costume, un maquillage, voire un masque différent. Chacun des éléments mentionnés dans ce tableau peut être varié, et on peut combiner entre eux ces modes de transformation. Le *thème et variations* constitue même une *forme* musicale à part entière, à laquelle se sont essayé pratiquement tous les compositeurs, tant elle sollicite de subtilités d'écriture pour que chaque variation conserve sa filiation au thème, mais s'en dégage par sa personnalité.

Développement

C'est l'amorce d'une redite. Cela «commence pareil», mais se poursuit par un commentaire musical, au même titre qu'un développement littéraire. C'est un «passage proustien» qui, contrairement à la variation, peut se permettre des digressions. Le repérer est capital lorsqu'on choisit de ne faire entendre qu'un extrait d'une œuvre musicale à des enfants ; en effet, en raison de sa structure même, le développement, qui n'apporte pas de nouveauté à une oreille non exercée, risque de devenir un moment crucial de perte d'attention.

---

20. On nous pardonnera ces raccourcis que des spécialistes pourraient qualifier de «caricaturaux» ; c'est le danger de tout repère. Nous invitons donc le lecteur à lire ces données comme des poteaux indicateurs, puis à prendre le temps de regarder le paysage avoisinant toujours changeant !

Juxtaposition

C'est le « pas pareil » intégral ! À un thème musical va succéder un autre, le plus souvent de caractère opposé. Mais une juxtaposition brusque, à l'époque classique et romantique, n'existe pratiquement pas, bien qu'elle se présente ainsi à l'oreille, comme une succession d'idées. Un pont relie souvent ces deux idées ; mais on le mémorise rarement. Par contre, en musique contemporaine, ce procédé domine souvent l'écriture, sorte de « collage à la Braque »[21], qui force l'écoute à « zapper » d'un domaine sonore à un autre.

Forme

Selon le nombre de thèmes pour lequel on opte, et selon l'agencement interne au mouvement et à l'œuvre entière du « pareil / pas pareil », une forme est perceptible, véritable structure architecturale de l'ensemble. Toute forme musicale se symbolise par des lettres. Si l'on désigne par « A » le premier thème, par « B » le second thème, le premier thème suivi de sa *répétition* se notera « AA », une première *variation* de A se notera « A1 » (ou A'), une deuxième A2 (etc.), le *développement* de A se notera « *a* », la *juxtaposition* des deux thèmes s'écrira enfin « AB ». C'est ainsi qu'une forme spécifique peut se réduire à un ensemble de « formules ». Dans les chansons de variété, la forme la plus utilisée est la forme refrain / couplet qui se traduit par l'alternance d'un même refrain A avec des couplets diversifiés. S'agissant du texte qui change à chaque couplet, on a une forme « rondeau » (forme littéraire héritée du XIVe siècle) : A B A C A D A E A, etc. qui prend le nom de forme « rondo » s'agissant de la musique. Mais précisons que l'alternance musique du refrain et musique du couplet devrait se noter, dans le cas de chansons, A B A B, et que si le nombre de syllabes des paroles influence l'écriture mélodique en obligeant à des variations, la forme devrait se noter : A B A B1 A B2, etc. Une chanson comme *l'Aigle Noir* de Barbara n'a pas de refrain, mais à chaque couplet, on trouve, outre des petites variations mélodiques dues au changement du nombre de syllabes, un changement de hauteur de la mélodie. Cela s'apparente à la forme thème et variations : A A1 A2 A3 A4, etc.

Mélodie

Continue

La mélodie d'une musique est dans le langage populaire l'« air » de celle-ci. Mais l'« air » désignant une forme musicale, on retiendra le terme « mélodie » et « mélodique » pour commenter l'aspect linéaire de la musique. Une mélodie est continue, lorsqu'elle est ponctuée de très peu de silences (par exemple la chanson de M. Legrand *Comme une pierre que l'on jette...*, qui a fait un temps la musique de publicité de la carte *American Express*, a une mélodie continue).

---

21. Nous ne pouvons résister à la tentation du jeu de mots, en émettant l'hypothèse que ce « collage à la Braque » peut « braquer » (!) ceux qui préfèrent s'adonner aux « charmes » de la répétition.

Discontinue

Une mélodie est discontinue lorsque le discours musical est entrecoupé de silences expressifs. Un exemple que tout le monde connaît bien en serait le début de la cinquième symphonie de Beethoven.

Intervalles conjoints

Une mélodie est une suite d'agencements d'intervalles. Ceux-ci peuvent être plus ou moins distanciés dans l'échelle de hauteur, donc plus ou moins faciles d'exécution. Des intervalles conjoints sont très rapprochés ; les chants grégoriens, les chants yiddishs, par exemple, en sont pétris. On reverra au chapitre Voix (*cf.* p. 30) l'importance qu'on doit leur attacher dans le choix d'un chant adapté aux possibilités vocales des enfants selon les cycles.

Intervalles disjoints

À l'opposé des intervalles conjoints, ils sont très distants et risquent de poser des problèmes de registre et / ou de justesse. Des adolescents de collège, en pleine mue, à qui l'on fait chanter « *Nobody knows* » peuvent « décrocher » sur les deux premières notes. En effet, celles-ci forment un intervalle disjoint de sixte. On peut donner pour autre exemple un passage de *L'Homme Heureux* de W. Sheller : « on pourrait se faire *sans qu'ça* gêne de la place pour deux », où l'intervalle disjoint atteint cette fois-ci l'octave descendante ! S'agissant de l'histoire de l'évolution de l'écriture musicale, on pourrait se risquer à dire que les progrès de facture instrumentale liés aux progrès techniques des virtuoses ont favorisé la prolifération et l'étendue progressives des intervalles disjoints.

Chromatisme

Succession de demi-tons créant tension et climat d'incertitude tonale, c'est une notion que l'on a généralement peur de ne pas savoir repérer. Il suffit de prendre pour référence l'air très popularisé de Carmen : « *L'Amour est un oiseau volage* » pour garder en mémoire une image mentale de ce à quoi ressemble un chromatisme. Toutes les syllabes, à l'exception de « *un-oi* » qui répètent la note de « *est* », s'étagent sur une série conjointe de demi-tons descendants.

Ambitus

C'est la distance qui sépare la note la plus haute de la mélodie de la note la plus grave. On remarquera d'autre part que l'évolution de l'écriture musicale est marquée par un élargissement général de cet ambitus ; il suffit, même sans savoir lire la musique, de comparer une partition pour clavecin de Couperin avec une pièce pour piano de Liszt ; chez ce dernier, on notera la surabondance de lignes supplémentaires qui ornent de part et d'autre la portée. Exception faite pour les partitions écrites pour les voix de castrat qui couvraient jusqu'à trois octaves et demie.

Registre

Nous avons déjà développé par ailleurs ce que ce terme recouvre, s'agissant de la voix. Mais la notion de registre intéresse aussi les instruments. Que l'on songe à la clarinette ; ses registres dans le grave, le médium et dans l'aigu sont tellement différenciés qu'ils portent même un nom spécifique (*chalumeau* pour le grave, *clairon* pou le médium). Ce peut être un indice intéressant à relever pour la distinguer du hautbois. Rappelons également que ce terme désigne aussi les « jeux » de l'orgue qui font intervenir deux plans : le timbre et la hauteur (on parle par exemple d'un jeu de « bourdon de 32 pieds »).

Style

Certains thèmes ont une tournure mélodique particulière qui va déterminer le style général de l'œuvre. Certains se rattachent à des époques, des pays, des genres, des circonstances bien précises. Il n'existe aucun terme musicologique pour les qualifier, mais on s'appliquera, lorsque leurs caractéristiques seront flagrantes, à les souligner. Ainsi, on pourra parler d'une mélodie écrite dans le « style » blues, grégorien, populaire, yiddish, opérette, moyenâgeux, rap, wagnérien, etc., autant de termes qui, par le jeu du « pareil / pas pareil », renvoient à des œuvres déjà entendues et qui vont servir de point de comparaison éventuelle.

Mélismes

C'est un ensemble de petites notes décoratives qui, sur une même syllabe, viennent enjoliver la ligne mélodique. Pour donner un exemple de mélisme, on songera à la chanson de G. Vigneault : « J'ai fait de la peine à ma mie » qui se chante « j'ai-ai fait de la peine à ma-a-mie ». « ai » et « a » sont des ébauches de mélisme (en fait des notes dites « de passage »). Les mélismes se retrouvent chez certains auteurs de chansons contemporaines comme M. Berger et V. Sanson. On les rencontre beaucoup plus fréquemment à l'époque baroque, ou encore dans les chants grégoriens. Par contre, la musique espagnole en est très friande, même dans ses chants populaires dont les mélismes viennent appuyer de façon très particulière les fins de phrases.

Vocalises

De dimension bien supérieure à celle du mélisme, les vocalises constituent un long commentaire mélodique d'une syllabe, à tel point que, musique se suffisant à elles-mêmes, elles éclipsent le sens du texte sur lequel elles prennent appui. Un exemple connu de tous en est un des airs de la *Reine de la Nuit* (extrait de la *Flûte Enchantée* de Mozart... et pas seulement musique de publicité pour le riz « Taureau Ailé » !).

Syllabisme

C'est un procédé de respect de la prosodie qui s'oppose aux enjolivements décrits précédemment. Une musique syllabique attribue une note par syllabe au texte ; c'est le procédé habituel employé par chanteurs (Brassens) et arrangeurs. Glück se fit le défenseur de cet usage à travers ses opéras dont les airs faisaient place au sens du texte.

Thèmes

Sous ce vocable se dissimulent les éléments fédérateurs d'une œuvre, les mélodies qui engendrent tout un mouvement ; en bref, l'« air » qui trotte en mémoire, et s'il ne le fait... doit apprendre à y prendre place ! Un thème suffit à générer tout un mouvement ; le *travail thématique* consistera à le répéter, le varier, le développer (*cf.* plus haut). Jusque vers les années 1750, la musique était *monothématique*, c'est-à-dire construite, en chacun de ses mouvements, autour d'une seule idée musicale. À partir de cette date, une prolifération d'œuvres *bithématiques* (construites sur deux thèmes) verra le jour simultanément dans plusieurs pays d'Europe, sans qu'on ait pu encore lui attribuer une paternité. Avec le romantisme, ces deux thèmes s'opposeront par leur caractère mélodique et rythmique, pour devenir sous la plume des musicologues et compositeurs eux-mêmes : « thème féminin » et « thème masculin ». Le XXe siècle, avec l'avènement de la musique sérielle, remettra en question la conception même de thème et de travail thématique. Lui sera substituée, pendant un temps, la *série*, série de notes obéissant à d'autres règles que nous ne pouvons aborder dans les limites de cet ouvrage.

Tempo, Mesure, Rythme

Tempo

Un enfant de dix-huit mois qui se balance ***régulièrement*** à l'audition d'une musique est en fait en train de matérialiser le tempo. L'adulte plus discret (et encore !) le ponctue par le bout du pied ; le chef d'orchestre l'indique par un mouvement de baguette avant l'œuvre, et en symbolise le maintien ou les fluctuations tout au long de l'exécution. Travailler (hélas !) au métronome, c'est avoir recours à un indicateur extérieur sonore et / ou visuel de cette vitesse de la pulsation qui bat au cœur de toute musique (ou presque, car la musique contemporaine peut parfaitement faire l'ellipse de ce paramètre, comme c'était déjà le cas du plain-chant basé sur les impulsions : « arsis » et « thésis »).

Le tempo peut être vif, lent ou modéré, et comporte d'infimes graduations intermédiaires qui feront la spécificité de telle interprétation d'un chef d'orchestre par rapport à tel autre.

Rythmes

À ne surtout pas confondre avec ce qui précède, sa caractéristique essentielle en est ***l'irrégularité***. Prenez un chant que vous connaissez bien ; dépouillez-le de ses paroles et vous serez en train d'en chanter la *mélodie*. Dépouillez-le des notes de la mélodie ; il en reste la « carcasse », le rythme que vous pouvez frapper dans vos mains. Les rapports mathématiques qui relient les rythmes et valeurs de notes entre eux font l'objet du solfège. On peut par contre se constituer tout un catalogue de rythmes à partir de chansons, et prendre exemple sur Messiaen qui, insatisfait de la pauvreté du système rythmique occidental, écrivit un «traité du rythme» qui fait appel aux chants des oiseaux, aux deçî-tâlas hindous, etc.

Cellules

Fragmentations d'une phrase rythmique, elles frappent l'oreille, car elles vont être reprises, redites, exploitées à plusieurs reprises dans l'œuvre. Généralement courtes et typées, elles se mémorisent au même titre que le thème mélodique.

Ostinato

Répétition «obstinée» voire «obsessionnelle» d'une cellule rythmique et / ou mélodique, il ne s'impose pas toujours de façon évidente à la perception. Dans une œuvre comme le célèbre Boléro de Ravel, il se perpétue d'un bout à l'autre de l'œuvre à travers la présence harcelante de la caisse claire. Mais dans des œuvres comme *O Solitude* de Purcell, c'est la basse continue qui ponctue imperturbablement de ses dix notes une ligne mélodique tellement expansive qu'elle accapare toute l'attention.

Mesure

C'est un regroupement mathématiquement «mesuré» de rythmes sous-tendus par un nombre égal de pulsations. Sur une partition, ces mesures sont visibles, car elles sont séparées les unes des autres par des *barres* de mesure perpendiculaires à la portée. Mais ces «barres», si visibles, ne s'entendent pas... notion très difficile à intégrer par les jeunes instrumentistes qui ont tendance à «hacher» le discours musical à la lecture de ces symboles. Par contre, l'observation d'un chef d'orchestre permet de visualiser les mesures matérialisées par ses gestes. Danser sur une musique apporte aussi une connaissance corporelle des différentes mesures à la base de certaines danses; le premier temps d'une mesure est généralement celui où on porte le pied par terre avec le plus d'élan! Mais apprendre à les chiffrer relève d'un apprentissage systématique du solfège qui n'a pas sa place à l'école élémentaire.

Temps forts

Les repérer permet de déduire la mesure que nous venons d'évoquer, mais aussi de scander avec assurance la pulsation. Il est évident qu'à partir d'eux, on peut en déduire quels sont les temps faibles, les contre-temps, qui devront être vécus avant d'être explicités (et encore...) au cycle 3.

Mesure binaire

Sans rentrer dans des considérations solfégistes, précisons tout de même que les mesures binaires sont des mesures où les *temps* sont *binaires*, c'est-à-dire divisibles par deux. Si l'on frappe régulièrement le tempo sur un instrument, on peut confier à un autre instrument le rôle de chercher et jouer les subdivisions courant d'un temps à l'autre. En comptant le nombre de coups frappés, on pourra en déduire si la division est égale à «2» ou à un multiple de 2.

Mesure ternaire

Si la division du temps donne «3» frappés, ou un multiple de 3, alors les *temps* sont *ternaires* et la mesure est dite ternaire. Mais ATTENTION ! : l'exemple le plus fréquent de mesure ternaire est celui de la mesure à 6 / 8 : dans chaque mesure, il y a 2 TEMPS composés chacun de 3 SUBDIVISIONS. C'est le cas de *Cadet Rousselle*; les temps forts tombent sur «*ca*» et «*selle*»; «*ca-det-rou*» sont les trois subdivisions qui confèrent à la mesure sa métrique ternaire.

Ralentis

Comme leur nom l'indique ce sont des ralentissements du tempo. Les repérer fournit plusieurs indications; en effet, les fins de phrase en fin de mouvement étant le plus généralement ralenties, cela peut contribuer à définir la structure d'une œuvre.

Variations de tempo

À moins qu'elles ne soient le fait d'une faute de goût inhérente à l'interprète, ces fluctuations de tempo au *cours d'un même mouvement* caractérisent la musique romantique. Mais les variations de tempo *d'un mouvement à l'autre*, héritées de la Suite avec son alternance de danses rapides et lentes, sont les indices de ces changements de mouvements, et permettent de se situer dans la structure de l'ensemble de l'œuvre.

Harmonie

«Impressions»

C'est, nous l'avons très souvent souligné, le piège du commentaire d'œuvres. Mais on ne peut contourner cette question; elles se révèlent à l'auditeur, même si elles ne peuvent être objet d'analyse (... musicale, cela «s'entend»!). On réfléchira cependant à l'incidence de l'écriture harmonique sur elles. Analyser cette écriture relève de tout un apprentissage spécifique, enseigné en conservatoire, et abordé seulement, en contexte scolaire, dans les classes préparant au bac à option musique. On peut par contre explorer ici différents aspects par lesquels elle se manifeste, mais en se méfiant du sens péjoratif et restrictif que certains termes peuvent revêtir. Une *impression* d'un accompagnement «carré, posé, etc.» est souvent le fait d'une écriture verticale (à base d'agrégats de sons, d'accords); «serein, clair» celui d'une écriture consonante. À l'opposé, les qualificatifs «sinueux, enchevêtré, etc.» peuvent s'appliquer à l'emploi d'une écriture contrapuntique; «tendu, angoissant» à une écriture dissonante.

Consonante

Qualifie une succession d'accords consonants, généralement accords de trois sons formant tierces entre eux à l'état fondamental. Une pièce de Lully, comme celle, assez connue du public, qui ouvre le film *Tous les matins du monde* en est une illustration.

Dissonante

Qualifie une succession d'accords dissonants qui semblent tarder à trouver leur résolution. Un concert de klaxons un soir d'embouteillage en est le plus simple exemple.

Aspect vertical

Dans ce contexte, l'écoute de grappes de sons simultanés, c'est-à-dire *d'accords*, culmine (*cf.* le début de l'« Alleluia » du *Messie* de Haendel, connu de tous).

Aspect horizontal

Une œuvre chorale peut nous faire sentir la différence entre écriture verticale et écriture horizontale. En effet, un aspect vertical permet de comprendre toutes les paroles qui sont prononcées de façon simultanée. Au contraire, en écriture horizontale, les paroles sont le plus souvent inintelligibles, les lignes mélodiques s'entrecroisant de façon décalée dans un *contrepoint* plus ou moins serré. Si l'on écoute « *Mignonne allons voir si la rose...* » mis en musique par Costeley, on reconnaît les paroles du début, puis le sens ne revient que plusieurs mesures plus loin où une écriture verticale met en relief les « *las, las, voyez comme en peu d'espace* ».

Mode Majeur

Il est très difficile à une oreille profane de faire la distinction entre mode majeur et mode mineur. Un exemple peut cependant permettre de mieux appréhender cette notion. Les trois premières notes de « *à la claire fontaine* » installent déjà un mode majeur, grâce à l'intervalle « *la-clai* » qui est une tierce majeure.

Mode mineur

À l'opposé, les trois premières notes de « *C'était Anne de Bretagne* » introduisent le mode mineur avec la tierce mineure comprise entre « *tait* » et « *Anne* ». Citons un chant de maternelle, écrit en mode mineur et connu de tous : « *Jean Petit qui danse* ».

Mode (autre)

La suprématie presque dictatoriale de trois siècles de modes majeurs et mineurs en Occident ne doit pas faire oublier tous les autres modes qui sous-tendent d'autres sortes de musique : anciens modes du plain-chant, « modes à transposition limitée » selon la terminologie de Messiaen (la gamme par tons chère à Debussy en fait partie), échelles pentatoniques, etc.

Nuances

Nuances contrastées

Les nuances sont à la musique ce qu'ajoutent des dégradés de bleu à un paysage de montagnes. Ces différents plans sonores peuvent s'étalonner à l'aide de deux critères principaux : la nuance «*forte*» (se prononce «forté» = «forte» en français) et la nuance «*piano*» qui pose des problèmes de traduction. En effet, traduire «piano[22]» par «doux», c'est risquer une confusion entre trois critères : la vitesse (si je me tords la cheville, je vais marcher «doucement»); le volume (si j'ai peur de réveiller un bébé, je vais parler «doucement», c'est-à-dire sans faire de bruit); le style (il m'a regardé si «doucement», c'est-à-dire si tendrement). On conviendra que nous n'avons aucun terme adéquat qui puisse signifier «pas fort». À partir de ces deux nuances, en abrégé «f» et «p», peuvent s'élaborer toute une gamme de nuances : f, ff, fff, ffff pour une augmentation d'intensité; p, pp, ppp, pppp pour une déperdition d'intensité. Entre les deux, l'intensité moyenne se quantifiera «*mf*» soit «mezzo forte».

Nuances fluctuantes

Mais au lieu de progresser par plans contrastés, on peut augmenter ou diminuer progressivement le volume sonore; ce qui donnera respectivement «crescendo» ou «cresc» ou <, et «decrescendo» ou «decresc» ou >.

Appuis

Seules quelques notes isolées de la mélodie, mais généralement au début de celle-ci, sur des temps forts, après un départ en anacrouse, peuvent recevoir un renforcement d'intensité à des fins expressives. Ces notes dites «lourées» (par analogie avec le jeu de musette appelé *loure*) sont indiquées par un signe – situé au-dessus ou en-dessous de la note (♩ ou ♩).

«À-coups»

Ces accentuations ressenties comme des «à-coups» se notent < (♩ ou ♩).

S'entraîner à l'épreuve d'analyse musicale au concours

Cette partie de l'épreuve a pris plusieurs visages au cours des années précédentes et risque de se présenter sous d'autres formes au cours des années à venir. Mais il n'en demeure pas moins que le principe de ce concours, après avoir « testé» les compétences vocales et expressives des candidats, est de mettre en lumière leurs compétences d'écoute à deux niveaux : leur réaction d'auditeur et leur réaction de pédagogue censé pouvoir s'approprier un document sonore pour le faire vivre à des enfants.

---

22. Rappelons que l'instrument nommé «piano» s'appelait à l'origine «pianoforte», car, contrairement à l'orgue, au clavecin et à l'épinette, son clavier réagissait à la pression exercée sur lui, permettant ainsi l'exécution de nuances.

Modalités de l'épreuve et critères d'évaluation

Cette épreuve, désignée sous le terme de « second volet » dans les textes officiels[23], *a pour objet l'analyse « des approches didactiques et des démarches pédagogiques correspondantes ».*

> Le candidat doit faire preuve qu'au-delà de la maîtrise des compétences et des connaissances nécessaires pour enseigner à des élèves d'école primaire dans la discipline ou le domaine considéré, il a réfléchi aux problèmes spécifiques que pose aux enfants l'apprentissage de notions et d'éléments de méthode propres à cette discipline ou à ce domaine.
>
> Dans la mesure où la formation professionnelle initiale n'est pas achevée, il est souhaitable d'éviter à la fois les questions trop ouvertes susceptibles d'entraîner des exposés de caractère très général et les analyses fines de progressions ou de séquences pédagogiques.
>
> Le candidat sera placé en situation de réagir à des documents. Guidé par des questions progressives, il devra être capable de situer le niveau d'enseignement correspondant aux documents proposés par référence aux instructions et programmes officiels, de faire une analyse critique de ces documents et de les situer dans le cadre d'une progression.
>
> Plusieurs types de documents peuvent être envisagés : outils pour le maître (extrait de guides ou de manuels, documents audiovisuels), extraits d'œuvres musicales, jeux sonores, etc.
>
> En rapport au domaine artistique et aux finalités disciplinaires telles qu'elles sont définies dans les instructions officielles, et à partir d'une ou plusieurs questions posées par le jury, le candidat devra montrer ses capacités à :
>
> – déterminer les objectifs visés au travers de ces documents ;
>
> – repérer et analyser les différents types de contenus sous-jacents (scientifique, artistique, culturel, etc.) ;
>
> – apprécier le type d'activités de l'élève : écoute, modalités d'expression musicale, et donner un avis critique sur la démarche pédagogique proposée ;
>
> – juger de l'intérêt, du moment et des conditions d'utilisation du ou des documents ;
>
> – apprécier l'aptitude du candidat[24] à introduire dans son commentaire des modes d'expression variés susceptibles de l'illustrer : chants, gestes, frappés rythmiques, évolutions etc. ;
>
> – proposer des éléments d'évaluation ;
>
> – envisager des prolongements pédagogiques.
>
> Le jury peut consacrer une dizaine de minutes à l'interrogation d'un candidat qui aura disposé d'une demi-heure de préparation pour étudier les documents.»

Que doit-on comprendre de ce texte ?

– Il faut tout de suite préciser ici la diversité des types de documents qui peuvent être présentés au candidat, mais que pour des raisons de cohérence, de visée pédagogique, d'organisation matérielle, les centres d'exa-

---

23. Nous rappelons que l'intégralité du texte régissant le concours se situe en Annexes (p. 233) à la fin de cet ouvrage.
24. On notera que cette phrase, dans sa formulation, semble plutôt être une recommandation rédigée à l'intention des jurys.

men proposent le plus souvent deux types de documents : cassette audio (= copie d'un extrait d'œuvre) ou document vidéo (= visionnement d'un extrait de séquence d'éducation musicale tourné dans une classe quelconque). Certains centres se limitent même à un seul de ces deux types (dans le but louable tout de même d'harmoniser les critères de notation). Mais on peut très bien imaginer un dispositif « fidèle » aux propositions du texte, et qui présente au candidat un choix beaucoup plus diversifié allant d'un extrait de texte à un jeu sonore, en passant par la mise à disposition d'un instrumentarium, d'objets sonores, d'un extrait de documentaire sur la musique, etc.

– Même si l'on attend quelque chose du candidat « au-delà de la maîtrise » de ses connaissances et de ses compétences, il doit néanmoins posséder un minimum de bagage en la matière.

– « Réfléchir » aux problèmes spécifiques que pose l'éducation musicale à l'école primaire, c'est pouvoir discerner dans toute démarche ce qui relève des compétences spécifiques d'un côté et des compétences transversales de l'autre (*cf.* p. 119 et chapitres pédagogie p. 56, 125 et 174).

– Il est bien question aussi d'« apprentissages », et commenter la façon dont les enfants « ont bien vécu » une situation où jeux, plaisir, climat ont une large incidence, parce que l'on est « séduit » par de telles séquences, c'est négliger gravement une dimension fondamentale du moment de musique qui est autre chose qu'un moment de détente !

– Le texte met heureusement bien l'accent sur l'incomplétude de la formation initiale en fin de première année, et cette considération devrait rassurer le candidat quant à la prestation qu'on attend de lui (ce deuxième paragraphe peut d'ailleurs se lire comme une invitation à la modération du questionnement pour le jury).

– Il faut éviter « les questions ouvertes », en faisant par exemple un résumé de tout notre chapitre sur l'écoute sous prétexte qu'il s'agit là d'analyse d'une situation d'écoute.

– Il faut également éviter « les analyses fines » de situations pédagogiques qui feraient l'ellipse du contenu musical.

– « Réagir » à des documents, selon la terminologie que nous adoptions déjà en tête de ce chapitre, c'est faire preuve d'une perception à deux niveaux : le contenu musical de l'œuvre et son exploitation pédagogique (donnée, s'il s'agit d'un document vidéo ; à élaborer s'il s'agit d'un document audio).

– Le candidat sera guidé par un questionnement : le plus souvent écrit et donné lors de ses trente minutes de « mise en loge », il lui permet, avant même la première écoute ou le premier visionnement, de focaliser son approche selon les critères demandés.

– « Situer le niveau d'enseignement », ce n'est pas parler de « l'enfant » en général, de « la musique » en général ; la « référence aux textes officiels »[25] s'impose.

25. Nous rappelons que le lecteur trouvera dans cet ouvrage, outre les textes officiels référencés en Annexes (*cf.* p. 233) , des sous-chapitres intitulés **Pédagogie d'une séquence** (*cf.* p. 56, 125 et 174) traitant de façon détaillée de la spécificité de chaque cycle.

– La notion de « progression » (*cf.* p. 73, 146, 186), trop souvent occultée par les candidats s'agissant de commentaire d'une situation de pédagogie musicale, constitue pourtant un volet clairement mentionné de l'épreuve.

– Le candidat devra faire preuve d'une certaine maîtrise de la terminologie afférente à l'analyse pédagogique et l'utiliser à bon escient (*cf.* dans ce chapitre, la rubrique traitant de la méthodologie de l'épreuve).

– ... Mais il lui est offert aussi la possibilité d'illustrer corporellement, vocalement, ou instrumentalement son commentaire.

Quels sont, en détail, les critères d'évaluation habituellement retenus ?

Ce second volet de l'épreuve est noté sur **huit points**.

Chaque centre d'examen va établir un barème de répartition de ces points ; mais la logique suggère que la moitié de l'évaluation portera sur des critères de connaissance musicale, et l'autre moitié sur l'appropriation pédagogique.

Connaissances musicales

Il va s'agir là de faire preuve d'un certain acquis s'agissant des éléments identifiables de la musique, mais aussi d'une certaine qualité d'accueil de cette musique le plus souvent ignorée du candidat, et qu'il serait souhaitable qu'il confronte avec ce qu'il connaît déjà... retrouvant là ce balancier du « pareil / pas pareil » que nous avons à maintes reprises évoqué. Mais il devra montrer aussi qu'il sait cheminer depuis l'« impression » que cette musique provoque en lui, jusqu'à l' « expression » de celle-ci à un public, en l'occurrence le jury. Il pourra s'aider pour cela du tableau d'audition (*cf.* p. 102) ; mais il devra veiller à ce que son commentaire ne se réduise pas à une fiche signalétique. Cependant, il utilisera un vocabulaire précis et approprié ; signalons que c'est ce qui fait le plus souvent défaut aux candidats qui affichent là une pauvreté de langage désolante. La lecture de quelques articles écrits par des critiques musicaux devrait leur ouvrir des perspectives en ce domaine où un jugement bien argumenté (c'est tout de même d'un oral qu'il s'agit !) sera le bienvenu !

Connaissances transversales

Indissociables selon nous de celles qui précèdent, elles viseront à recadrer la musique dans le faisceau des domaines avec lesquels elle interfère. Il paraît aberrant de commenter par exemple un chant, et une séquence d'apprentissage de celui-ci, sans évoquer la voix sous certaines de ses facettes. Dans le cas où une musique contemporaine serait proposée, ne pas pouvoir la relier à un courant littéraire, social et artistique témoigne d'une conception très restrictive d'une notion déterminante dans la percée de certains courants. Nous pourrions faire la même réflexion pour toute musique de toute période ; mais nous sommes là le plus souvent confrontés à des candidats qui essayent de « deviner » une époque, voire le nom d'un compositeur... Rappelons ici que l'on attend au contraire d'eux de développer un argumentaire personnalisé tenant compte de la défense de leurs hypothèses.

Appropriation pédagogique

Cohérence, conception d'une séquence reposant sur une progression pertinente, analyse de celle-ci, respect des instructions officielles, connaissance des compétences par cycles sont souhaitables... et attendues ; mais aussi originalité, présentation convaincue et convaincante pimentée d'un peu d'enthousiasme ne sont pas à exclure ! On s'efforcera de trouver un équilibre entre un commentaire trop détaillé d'un des aspects de la séquence, et l'ébauche des grandes lignes de ce que serait un idéal de la pédagogie de la musique sur l'espace de trois cycles ! On trouvera dans le chapitre suivant (consacré à la « méthodologie de l'épreuve ») un rappel des différents aspects que recèle ce terme d'appropriation pédagogique.

Savoir-faire musical

Qu'entend-on par cette expression qui fait frémir plus d'un qui se dépêchera de prévenir le jury d'une voix blanche : « Vous savez, moi en musique, je n'y connais rien ! ». Et bien sous cette rubrique, il ne s'agit pas de faire montre de connaissances musicologiques, mais de pouvoir relever certains aspects de l'œuvre entendue ; c'est-à-dire au minimum (mais ce minimum sera systématiquement demandé) de chanter un thème ou un élément mélodique retenu, de frapper le tempo (s'il existe), restituer un rythme ou une cellule rythmique, voire un ostinato. Il faudra donc s'entraîner à cette gymnastique auditive ; elle fera de toute façon partie ensuite du quotidien de la classe.

Méthodologie de l'épreuve

Pour faire l'analyse d'un extrait musical, qu'il soit l'unique objet de l'entretien sous forme d'un enregistrement audio, ou qu'il soit l'objet d'une séquence pédagogique, on se reportera au tableau d'audition (*cf.* p. 102). À partir des éléments analysés, le candidat s'appliquera à bâtir un commentaire vivant et original, où il s'efforcera de mettre en relief les caractéristiques essentielles de l'extrait entendu.

Pour faire l'analyse d'une situation pédagogique (que ce soit celle visionnée sur le document vidéo, ou celle imaginée à partir de l'audition du document audio), ainsi que pour aborder la phase d'exploitation pédagogique du document, le candidat devra penser à bien différencier : *étapes, déroulement, objectifs, démarche(s), progression, compétences, situation de communication, évaluation, bilan* (*cf.* p. 56, 125 et 174). Il devra par ailleurs examiner la cohérence de ce qui lui est proposé avec les Instructions officielles.

Pour ce faire, il ne devra pas oublier de traiter, en les différenciant bien clairement, les points suivants :

• *Étapes, déroulement* : découpage chronologique de la séquence en plus petites séquences qui peuvent être titrées.

• *Objectifs* ; même si ce n'est pas précisé, en différenciant bien et en les rattachant aux I.O. :

– objectifs généraux non spécifiques,
– objectif musique général,

– objectifs spécifiques,
– objectifs transversaux,
– objectifs disciplinaires.

• *Démarche(s)* : stratégie pédagogique du maître pour atteindre progressivement ses objectifs au fur et à mesure des différentes étapes (qui font aussi partie de son choix pédagogique).

• *Progression* : fil conducteur de la démarche, assurant un lien logique entre les étapes et les objectifs. Il est d'autre part judicieux d'émettre des hypothèses sur la place qu'occupe la séquence proposée, dans une progression qui s'échelonnerait sur plusieurs séquences.

• *Compétences* : il est impératif de se reporter aux chapitres traitant des compétences attendues en fin de cycle afin de pouvoir situer :
– les acquis préalables des enfants,
– les domaines de compétence exploités et développés au cours de la séquence proposée,
– les compétences atteintes en fin de séquence.

• *Situation de communication* : elle doit être analysée en tenant compte :
– des choix du maître :
  - pédagogie frontale ou non,
  - sollicitation ou non d'échanges transversaux,
  - type de questionnement utilisé,
  - forme des questions,
  - formulation des consignes,
  - suivi collectif et / ou individuel,
  - etc. ;
– des comportements des enfants : (en réaction aux choix du maître)
  - reformulation des consignes ou non,
  - réponses collectives ou individualisées,
  - échanges transversaux,
  - recherche d'indices,
  - confrontation et vérification des réponses,
  - questionnement entre eux ou vers le maître,
  - etc. ;
– des interactions, des temps réciproques de paroles, de la gestion du temps et de l'espace, etc.

• *Évaluation, bilan* : doit concerner tous les points précités, en se posant éventuellement les questions suivantes :
– Les objectifs sont-ils atteints ? et par qui ? par quel moyen le prouver ?
– Les enfants ont-ils des moyens d'évaluer par eux-mêmes ?
– Peut-on différencier les compétences mises en jeu ? selon quels critères ?
– La démarche est-elle adaptée aux objectifs ?
– Les étapes sont-elles adaptées à la démarche ?
– La situation de communication est-elle un frein ou un tremplin ?
– La progression est-elle compatible avec les objectifs et la démarche ?

3. En stage, en classe

« On n'écoute, en fait, que ce que l'on a de bonnes raisons d'écouter. »

F. DELALANDE, in *La Musique est un jeu d'enfant*.

Au pied du mur !

Que la classe fasse preuve d'écoute, que vous puissiez faire des activités d'écoute dans un climat favorable, que vous puissiez entendre par où l'écoute pêche, que vous puissiez être vous-mêmes à l'écoute... telle est la majeure partie de vos soucis à la veille de « prendre » une classe.

Autant, s'agissant de votre voix, vous aviez le sentiment qu'un entraînement spécifique allait vous préparer à être « en bonne forme vocale » dans votre classe, et à vous y maintenir, autant s'agissant de l'écoute, vous la percevez comme un phénomène « interactif » pour lequel les élèves tiendraient le rôle principal, le vôtre se résumant à vous « adapter ».

Il s'agira dans ce chapitre de se préparer à « penser l'écoute » avant de chercher à la convoquer, d'essayer de « lister » ce qui fait d'elle une compétence transversale et / ou une compétence spécifique dans le cadre d'une pédagogie de la musique. Dans un deuxième temps, nous proposerons des « jeux d'écoute » comme nous avons proposé précédemment des « jeux vocaux », afin que l'écoute entre dans le cadre des activités ludiques.

Et puissions-nous ne plus entendre de maître réclamer d'une voix peu amène : « J'attends le silence ! », dans une classe qui n'a aucun désir d'inviter cet intrus, sans que rien ait été tenté pour créer un climat d'accueil à « l'autre », qu'il soit individu ou message sonore !

Écoute : compétence transversale, compétence musicale

La liste qui suit a été établie lors d'une enquête sur l'écoute lancée dans le Val d'Oise à l'issue d'un Plan Départemental sur l'Écoute programmé pour une durée de trois ans (et qui s'est en fait prolongé au-delà). Son objectif était bien sûr *d'enquêter* sur les difficultés rencontrées sur le terrain, et de faire repartir la réflexion des formateurs pour peaufiner leur dispositif de remédiation. Mais surtout, en filigrane, s'exprimait là le désir d'amener les pédagogues à *s'interroger* sur les différentes facettes renvoyées par cette problématique de l'écoute. Ils devaient, après avoir lu ce tableau, nous signaler les compétences qu'ils aimeraient voir se développer, d'une part, et d'autre part celles qu'ils s'étonnaient de ne pas voir figurer.

Nous vous invitons donc à la même démarche dans la lecture de ce qui suit.

Compétences d'écoute transversales

– Être en attitude d'écoute avant même l'audition.
– Manifester corporellement et réagir physiquement.
– Rester attentif sans bouger.

– Pouvoir comparer (ou mettre en relation) avec d'autres documents déjà entendus.
– Pouvoir mémoriser des éléments.
– Pouvoir réinvestir des éléments.
– Pouvoir écouter sur un temps de plus en plus long.
– Pouvoir se concentrer sur un temps de plus en plus long.
– Pouvoir écouter plusieurs fois sans lassitude.
– Pouvoir écouter plusieurs fois en affinant l'écoute.
– Aller au-delà des réactions affectives.
– Pouvoir formuler ses impressions personnelles.
– Communiquer avec le groupe au sujet d'un document entendu collectivement.
– Accepter des modes de réceptivité différents (une certaine « tolérance » d'écoute).
– Apprécier même si l'on n'« accroche » pas.
– Pouvoir faire abstraction des supports visuels.
– Acquérir une écoute intérieure.
– Être capable de laisser un temps de silence après l'écoute.

Compétences d'écoute disciplinaires

– Identifier et nommer des timbres de voix et d'instruments.
– Identifier des langues étrangères dans une musique vocale.
– Comprendre les paroles dans une musique vocale.
– Acquérir et utiliser un vocabulaire spécifique.
– Repérer des effets spéciaux et pouvoir les reproduire.
– Identifier et nommer des formes musicales.
– Percevoir et repérer des nuances contrastées ou progressives.
– Qualifier des genres musicaux, des styles.
– Qualifier l'« atmosphère » dominante.
– Situer historiquement le document entendu.
– Reproduire des éléments isolés.
– Créer ou improviser à partir des éléments perçus.
– Analyser des aspects mélodiques.
– Mémoriser et pouvoir chanter des thèmes.
– Analyser des aspects harmoniques.
– Percevoir un tempo et pouvoir le reproduire.
– Percevoir un rythme ou une cellule rythmique et pouvoir le reproduire.
– Percevoir un ostinato et pouvoir le reproduire.
– Reconnaître et nommer la mesure.
– Aller au-delà des « impressions » laissées par une première écoute.
– Goûter et apprécier des musiques nouvelles ou inconnues.

– Avoir envie de réécouter seul cette musique en dehors de la classe.
– Avoir envie de réécouter seul d'autres musiques en dehors de la classe.

Exercer l'écoute des enfants

> *« Le développement de l'audition musicale doit être un affinement progressif de la perception du mouvement sonore depuis la perception globale et imprécise, jusqu'à la perception subtile des moindres inflexions du son. »*
>
> M. Martenot, in *Principes fondamentaux de l'éducation musicale.*

Nous proposerons dans ce chapitre un choix de jeux d'écoute, destinés à faire de l'enfant un écoutant actif.

Pour distinguer l'écoute *passive* de l'écoute *active*, Pierre Schaeffer nous a légué une formule qui, à elle seule, délimite la frontière entre « *entendre* » et « *écouter* » : « J'entends *ce qui domine* ; j'écoute *ce que je vise* ».

L'écoute passive ferait donc du sujet-auditeur le jouet de l'objet sonore allant jusqu'à être dominé par lui, comme soumis à son pouvoir ou son charme relevant de la magie ou du maléfice. Au contraire, dans l'écoute active, le sujet agit, visant, c'est-à-dire focalisant, « zoomant » sur l'objet convoité.

Sans l'apport de l'éducation musicale, l'écoute sauvage, celle des baladeurs et des médias relève du premier cas ; dominé par la surcharge d'information sonore, on « zappe » avec son écoute, d'un objet à l'autre, afin d'échapper au harcèlement sonore qui nous guette.

L'éducation musicale, quant à elle, se donne pour objectif de faire de l'enfant un auditeur actif et autonome, choisissant ses objets d'écoute. Il nous faut donc apprendre à cibler ce que l'on cherche à entendre et se rendre disponible à l'écoute.

Pour progresser dans l'écoute il faut construire des repères, *écouter attentivement, comparer, connaître ; c'est seulement ensuite que l'on peut* re-connaître.

L'exemple des oiseaux chanteurs est très révélateur ; après de nombreuses études, les ornithologues ont constaté que les jeunes oiseaux chanteurs qui n'avaient jamais entendu les autres se trouvaient dans l'incapacité de chanter eux-mêmes. Comme les oiseaux, les jeunes enfants doivent donc être entraînés à cette *fonction vitale* qui, malheureusement, a tendance à s'émousser, affaiblie par l'importance des médias et l'impact d'un environnement sonore sclérosant.

Jeux d'auto contrôle (pour améliorer la boucle locuteur/écoutant)

Intensité

a) Parler avec une voix très douce, en veillant à ce que le texte reste compréhensible.

b) Parler avec une voix bourdonnée, celle que l'on emploie lorsque qu'une personne dort à proximité.

c) Parler avec une voix chuchotée (attention, cette voix est très fatigante).

Durée

Ce jeu de maîtrise du débit est un travail essentiel pour l'échange locuteur-écoutant. Pour qu'il soit bien suivi il est conseillé de travailler avec un texte simple et connu (ex. : une comptine).

a) Dire le texte le plus lentement possible mais en veillant à la *hauteur de la voix* qui ne doit pas être altérée parce que le débit est plus lent.

b) Dire le texte le plus rapidement possible en s'assurant que la voix ne devient pas plus aiguë.

c) Le reprendre en parlé rythmé (style rap) en exagérant le rythme.

Pour développer la rapidité de compréhension

a) Écouter des enregistrements du groupe « Double six », de chanteurs de Rap, de spectacles de Smaïn, etc.

b) Chercher ensemble à reconstituer le texte (chacun ayant perçu des moments différents).

Jeux d'attention auditive à partir de chants (sur le « pareil » et le « pas pareil »)

Ce jeu peut être proposé à tous les niveaux de difficulté, dans tous les cycles, en portant sur les différents paramètres du son : *hauteur, durée, intensité, timbre.*

La progression consiste à faire reconnaître, en premier lieu, des différences importantes pour arriver à détecter ensuite des différences plus subtiles. À partir d'un chant, d'une comptine pour les petits, il est facile de reconnaître le « pareil » du « pas pareil » à trois niveaux : les paroles, la mélodie, le rythme, en retirant à chaque fois un des éléments : on « dépouille progressivement la chanson ». Les autres notions, timbres, intensité, plus difficiles d'accès, pourront cependant être approchées en s'inspirant des quelques jeux décrits ci-dessous.

EN CYCLE 1

• **Sur les paroles :** exemple : *C'est demain dimanche,* paroles différentes sur une même mélodie.

• **Sur la mélodie :** exemple : *O beau Guillaume, as-tu bien déjeuné ?* Les deux premières phrases sont semblables, les autres, différentes.

• **Sur le rythme** : exemple : *A la ronde des muets, sans rire et sans parler.* Chaque petite phrase est différente dans la mélodie, les paroles et le rythme. On sait exactement où vont les paroles si on ne chante que la mélodie ou si on frappe légèrement le rythme dans les mains.

Ce jeu ne peut être envisagé que lorsque les enfants connaissent très bien la chanson. Il n'est pas souhaitable d'accumuler les difficultés, ces activités devant rester ludiques.

Lorsque les enfants (et l'enseignant) ont bien assimilé ce jeu de reconnaissance, l'étape suivante consiste à repérer les différences de hauteurs entre plusieurs sons, de façon comparative. Exemple : le son qui commence une phrase est-il plus grave ou plus aigu que celui qui termine la phrase précédente ?

EN CYCLE 2

Progressivement, les enfants pourront trouver le nombre de sons dans une mélodie courte et chercher uniquement les *sons qui se ressemblent*. Exemple : *C'est le roi Dagobert*. On peut proposer aux élèves de trouver le nombre de sons entendus et de chanter les chiffres 1,2 3,4 5,6. Il est alors facile de trouver qu'il y a deux sons semblables qui se suivent et que la ligne mélodique descend régulièrement.

Les chansons traditionnelles (à condition qu'elles n'aient pas déjà disparu du patrimoine culturel des enfants !) conviennent bien à cette recherche. Dans *Au clair de la lune, Frère Jacques, C'est la mère Michel*, etc., cinq ou six sons sont simples à reconnaître.

EN CYCLE 3

L'âge des enfants permet d'aller plus loin dans la reconnaissance des hauteurs et de s'approcher de la technique de la dictée musicale en demandant aux enfants de chercher, là encore, le « pareil » et le « pas pareil » c'est-à-dire de trouver les sons qui sont semblables au premier ou au dernier son d'une phrase courte. Exemple : « Il y a longtemps que je t'aime », première phrase du refrain de *À la claire fontaine*. Cette mélodie compte 8 sons, 1 par syllabe. En s'appuyant sur le premier son, l'on cherche les semblables. (1, 2, 6, 8). On s'aperçoit que deux autres sons se ressemblent, le 3 et le 4, qu'ils sont plus aigus que le 1, et que le 7 est aussi à la même hauteur. Le son 5 se place naturellement entre le 4 et le 6. Rapidement le graphique de cette courte phrase peut être établi pour fixer visuellement la ligne mélodique, en gardant le son 1 comme base.

Tous les enseignants peuvent pratiquer ce type de jeu d'écoute. S'ils ne se sentent pas très à l'aise dans cette activité, ils regardent la partition du chant et choisissent l'extrait qui leur paraît le plus adapté à leurs capacités et à celles de leurs élèves. Ceux-ci aiment cette « écoute recherche » qui, pour être appréciée ne doit pas durer plus de dix minutes et se terminer par le chant de la mélodie étudiée. Il est indispensable de travailler à partir d'une chanson très connue.

On peut inclure dans cette démarche la recherche de la forme. Y a-t'il uniquement des couplets (forme strophique), un refrain est-il intercalé (forme rondeau) ? On pourra comparer pour finir la forme musicale avec celle de la poésie.

Jeux de discrimination auditive

Sur l'intensité

Pour permettre aux enfants d'aborder l'intensité du son et leur donner des moyens pour la visualiser, proposer de faire correspondre une série de symboles graphiques à une série de sons d'intensités différentes.

1) À partir de couleurs : demander aux enfants de les nuancer en correspondance avec l'écoute qui vient de leur être proposée ou du chant qu'ils ont interprété.

2) À partir de traits : faire des tracés plus ou moins épais selon les nuances de la chanson ou de l'œuvre entendue.

3) À partir de volumes : les disposer en ordre croissant ou décroissant (crescendo - decrescendo).

Pour que les enfants intègrent le sens des nuances, on peut également choisir des gestes, celui de rapprocher ou d'éloigner les mains, pour accompagner les variations d'intensité. **Attention !** : *éviter le mouvement en hauteur qui introduit la confusion dans leur esprit en mélangeant deux paramètres du son : hauteur et intensité.*

Pour cibler l'écoute horizontale (dans la continuité)

a) Demander aux enfants de mémoriser des phrases de plus en plus longues selon le cycle. Au Cycle 3 des thèmes d'œuvres plus importants pourront être retenus. Exemple : thème de la « *Moldau* ».

b) Reconnaître des timbres d'instruments dans des extraits de concerto assez longs.

c) Chercher le nom de deux instruments jouant séparément ; procéder progressivement en proposant au début des instruments de timbres opposés. Exemple : trompette, violon. Viendront ensuite des instruments dont les timbres sont proches. Exemple : clavecin-guitare ; flûte traversière-hautbois ; flûte traversière-flûte à bec ou clarinette-saxo, etc.

Pour cibler l'écoute verticale (dans la simultanéité)

a) Chercher le nom de deux instruments jouant ensemble (suivant la progression décrite plus haut).

b) Trouver le nombre d'instruments utilisés.

c) Entendre et nommer l'instrument qui joue la ligne mélodique.

d) Entendre et nommer l'instrument qui joue l'accompagnement.

e) Déceler un éventuel dialogue entre deux instruments, etc.

Sur les timbres
(pour ceux qui se sentent plus à l'aise avec les bruits quotidiens)

• Au Cycle 1, les petits, pour reconnaître des bruits, ont besoin du support visuel et oral. Si l'on veut pratiquer une séquence d'écoute, elle doit comporter plusieurs séances de préparation.

a) La présentation des producteurs de bruits : petits pots transparents aux contenus diversifiés, noisettes, lentilles ou haricots, petits objets métalliques (trombones), en veillant à ce que les sons produits soient vraiment différenciés.

b) Les faire écouter en laissant les enfants manipuler les pots, en nommant leur contenu (noisettes, trombones, etc.).

c) Lorsque les enfants ont entendu plusieurs fois les sons et qu'ils sont capables de les nommer, la séquence de re-connaissance peut être envisagée, un grand carton servant à dissimuler les pots. Une deuxième série de pots repères disposée devant le carton permet aux enfants de désigner plus facilement le son perçu.

Ce type de jeu préparé peut être réalisé avec des instruments fabriqués ou manufacturés, avec de petits ustensiles de cuisine, etc. l'étape ultérieure étant de les enregistrer et de les faire reconnaître aux enfants.

• Aux Cycles 2 et 3, *si les enfants ont eu l'oreille éduquée auparavant,* on peut envisager une connaissance et une re-connaissance plus rapide mais il faut proscrire des auditions directes demandant aux élèves de reconnaître un bruit ou un son qu'ils n'ont jamais entendu, ce qui les oblige à faire des rapprochements trop hasardeux ou à dire n'importe quoi !

Des disques compacts de bruits enregistrés, conçus pour illustrer des films, peuvent être la base d'une recherche de sonorités à réinvestir dans un scénario, à sélectionner pour sonoriser une bande dessinée ou, plus simplement, à classer selon des critères à définir. Sans avoir le même impact que l'enregistrement direct de bruits produits avec les élèves, ou prélevés dans leur environnement, ces disques ou cassettes sont de précieux outils pour la construction de paysages sonores. Très attractifs pour les enfants, ils peuvent s'agrémenter de recherches documentaires attrayantes visant à en préciser la situation géographique ou climatique.

Pédagogie d'une séquence d'écoute

Objectifs, compétences, démarches, activités, dans une séquence d'écoute

Nous suivrons ici, dans ce chapitre, la même méthodologie que celle adoptée dans la partie « pédagogie du chant » (cf. p. 56), à laquelle on se reportera.

Qu'il s'agisse de préparer une séquence d'écoute, ou d'en préparer une analyse dans le contexte du concours, on gardera à l'esprit les domaines très définis auxquels se rapportent les quatre termes « objectifs - compétences - activités - démarches », que nous citons à nouveau ici pour mémoire.

> Parler d'« **objectifs** », c'est porter un regard sur la séquence à venir « vue du maître » ; celui-ci ne peut prétendre engager des activités sans avoir inscrit celles-ci dans une dynamique qui s'impose des *visées* d'ordre pédagogique. Il forme alors le projet que ces activités reposent sur une conception projective et prospective, sans oublier le souci de favoriser les « compétences » de ses élèves.
>
> Parler de « **compétences** », c'est porter un regard sur la séquence à venir « vue des élèves » ; ceux-ci ne peuvent prétendre s'engager dans une activité dans le seul but

d'« exécuter une tâche » débouchant sur un résultat à évaluer. Ces tâches sont conçues pour solliciter, ou éveiller, ou susciter des *aptitudes* réinvestissables éventuellement dans d'autres domaines disciplinaires. Elles s'articulent à travers des « activités » proposées par l'enseignant.

Parler d'**« activités »,** c'est porter un regard sur la séquence à venir « vue du contenu » ; celui-ci ne peut prétendre reposer, surtout en musique, sur une transmission verbalisée d'un savoir. Il va donc falloir mettre en place des *situations actives* proposant des contenus diversifiés (sous-tendus par des objectifs à atteindre et des compétences à solliciter), mais dans un souci constant d'en assurer la cohérence par une « démarche » logique, rigoureuse et attrayante.

Parler de « **démarche** », c'est mettre en relation ces différents regards sur la séquence à venir, au cours de son déroulement. En effet, prévue par le maître lors de sa préparation de séquence, tenant compte aussi des facteurs de lieu, de temps, elle repose sur le choix d'une *stratégie pédagogique* optimale qui va permettre de concilier les objectifs du maître, les compétences des enfants et les types d'activités proposés. Mais cette stratégie n'est pas figée dans le cadre d'un journal de bord ; elle se doit d'être « interactive » et diversifiée.

On remarquera enfin que certains objectifs, certaines compétences sont communs aux différents domaines abordés en éducation musicale. C'est l'occasion de rappeler combien l'interaction de ces domaines doit demeurer un souci constant à visée de cohérence pédagogique.

AU LONG DES 3 CYCLES

Objectifs généraux d'un travail d'écoute, communs aux 3 cycles

– Donner le désir de connaître et l'envie d'apprendre.

– Favoriser l'écoute, l'attention, la concentration, la mémorisation auditive.

– Affiner la perception auditive, et affirmer sa place parmi les autres types de réceptivité.

– Faire de l'écoute, au même titre que la voix, une zone frontière entre le corps et le langage, un vecteur de perception et de réceptivité indispensable à la qualité d'échange d'impressions et d'expressions avec les autres.

– Se mettre à l'écoute de l'« étrange » et de l'« étranger » en soi et chez l'autre (ce qui représente la *mise en œuvre d'une démarche* visant à passer d'un état d'origine à un autre).

– Être à l'écoute des autres et de soi (ce qui pourrait s'apparenter à une *mise à disposition permanente* de l'état terminal mentionné ci-dessus).

– Exercer son ouïe, son sens critique, son goût, ses qualités d'imagination et d'interprétation.

– Découvrir la diversité de l'expression esthétique et créatrice à travers des auditions diversifiées.

– Construire des repères dans le temps et dans l'espace et donner accès au patrimoine culturel.

– Acquérir un « bagage » culturel de base et de référence.

– Acquérir une terminologie spécifique et appropriée pour qualifier des éléments et des paramètres musicaux (*cf.* tableau d'audition p. 102) ; constituer un lexique spécifique et le confronter à d'autres utilisations possibles.

– Développer des capacités et des comportements d'écoute.
– Faire acquérir aux enfants les compétences *transversales* mentionnées ci-dessous.

Compétences transversales d'écoute communes aux 3 cycles

– « Construire les concepts fondamentaux d'espace et de temps » (toute expression corporelle, dans un lieu, d'une musique se déroulant inévitablement dans le temps, en étant la traduction la plus proche de la lettre et de l'esprit).
– Acquérir des compétences méthodologiques telles que mémoire, méthode de travail, traitement de l'information.
– Découvrir, construire, structurer sa personnalité.
– Connaître, reconnaître, accepter, respecter, développer sa sensibilité.
– Connaître, reconnaître, accepter, respecter, développer ses ressources corporelles et sensitives de perception et de réceptivité.
– Affirmer son autonomie et son indépendance dans une confrontation constructive entre le « pareil » et le « pas pareil » (*cf.* p. 122).
– Recevoir une proposition collective d'écoute tout en gardant la conscience de la spécificité de son processus individuel de perception.
– Accepter des consignes, des codages et des contraintes liés à des moments collectifs d'écoute et participer à leur élaboration.
– Mettre des mots sur ce que l'on entend et ce que l'on ressent, et pouvoir les communiquer à un groupe.

Objectifs spécifiques d'un travail d'écoute communs aux 3 cycles

– Repérer, reconnaître, identifier, nommer des éléments constitutifs d'une musique.
– Réussir à faire abstraction des éléments prédominants, c'est-à-dire, paradoxalement, ne plus les entendre, afin de capter « l'arrière plan sonore » et pouvoir lui aussi le caractériser.
– Aller au-delà des impressions personnelles et des sentiments d'attirance ou de rejet.
– Accepter et comprendre des modes de réaction différents à l'écoute d'un même document afin de parvenir à ce que l'on pourrait appeler une certaine « tolérance » d'écoute.
– Élargir les références culturelles et esthétiques en sensibilisant les élèves à des genres, des époques et des styles de musique très diversifiés.
– Connaître et reconnaître quelques œuvres musicales.
– Faire acquérir aux enfants les compétences *spécifiques* mentionnées ci-dessous.

Compétences spécifiques d'écoute à mettre en place au long des 3 cycles

L'enfant doit être capable :
– d'être en attitude d'écoute avant même le début d'une audition ;
– de maintenir la qualité d'écoute sur un temps de plus en plus long, qui ne devra cependant pas excéder la capacité d'écoute des enfants (*cf.* p. 141) ;

– de laisser un temps de silence après l'écoute, pendant lequel peut même s'opérer une sorte de réécoute intérieure ;
– de focaliser l'écoute sur des éléments constitutifs de la musique (*cf.* tableau d'audition p. 102) en les isolant mentalement de leur contexte ;
– de jongler progressivement avec les différents paramètres musicaux, non dans un esprit de dissection anatomiste de l'entité musique, mais pour, tel un gourmet, en savourer les finesses ;
– d'écouter plusieurs fois un même document sonore sans éprouver de lassitude, mais au contraire avec une curiosité renouvelée permettant d'affiner l'écoute ;
– de faire progressivement abstraction des supports visuels ainsi que des images intérieures ;
– de laisser s'exprimer, mais aussi de contrôler, les réactions d'ordre corporel ;
– d'acquérir une écoute intérieure ;
– de comparer « terme à terme » et de mettre en relation différents documents sonores, en réinvestissant les stratégies d'écoute ainsi que la terminologie (*cf.* tableau d'audition p. 102) ;
– d'éveiller en lui une certaine forme de curiosité pour effectuer seul, en toute autonomie, la démarche qui le conduira à aller à la rencontre de nouvelles musiques ;
– de se faire le « Sherlock Holmes » de la musique, afin de s'immerger dans ses mystères et ses sortilèges avec une âme de découvreur d'un nouveau monde ;
– d'entrer « en détective » dans le monde du sonore, c'est-à-dire de s'interroger à partir de ce que l'on entend, d'élaborer des hypothèses, de chercher des indices, au lieu de laisser déferler en lui, *passivement*, un magma sonore qui ne prend pas sens, et n'a donc pas de vie en soi ;
– de s'approprier une démarche d'interaction entre écoute et production visant à enrichir les potentialités créatrices personnelles à partir de l'écoute et l'analyse critique de celles des autres.

Démarches générales régissant les pratiques d'écoute

– Prendre en compte les habitudes musicales des enfants, liées à leurs pratiques familiales d'écoute, à leurs diverses origines ethniques, et à leur sollicitation par les médias.
– Ne pas enfermer les activités d'écoute dans une pratique exclusive de l'audition de musiques enregistrées.
– Se tourner vers toutes les sources de production sonore, sans a priori :
  - « environnement sonore » (selon la formule en usage lorsqu'il est question de pédagogie musicale, mais à laquelle nous préférerions substituer le terme d'« environnement » afin de laisser découvrir qu'il est « sonore », « bruité », « parlant », « signifiant »... et peut-être « musical », si l'on veut bien s'appliquer à redéfinir le sens de cet adjectif !) ;
  - productions spontanées, productions élaborées, productions enregistrées de la classe faites à partir d'émissions vocales, de percussions corporelles, d'objets sonores, d'instruments manufacturés ;

- concerts de musiciens amateurs ou professionnels invités à l'école ou découverts dans des lieux officiels de concert, auditions d'élèves d'école de musique ou de conservatoire (formule d'écoute trop souvent oubliée et dont pourtant l'impact est saisissant tant les phénomènes d'identification jouent et provoquent un autre type d'attitude d'écoute) ;
- visionnement de concerts, opéras, documentaires, montages audio-visuels ;
- écoute de fragments d'œuvres musicales de toutes époques, de tous styles et de toutes origines.

CYCLE DES APPRENTISSAGES PREMIERS (CYCLE 1)

Objectifs généraux d'un travail d'écoute au Cycle 1

– Développer chez l'enfant sa sensibilité, sa réceptivité, son système de perception, son imagination, sa capacité de créer, ses facultés d'attention, de mémorisation et de concentration, son esprit critique et son aptitude à exprimer des goûts et des choix.

– Amener l'enfant à rencontrer les arts, à éprouver et à manifester des émotions.

– Enrichir l'imaginaire de l'enfant.

– Faire acquérir aux enfants les compétences *transversales* mentionnées ci-dessous.

Compétences transversales d'écoute exploitables au Cycle 1

L'enfant doit être capable :

– d'adapter son comportement dans une situation où il n'est pas seul en coopérant, établissant des relations de plus en plus nombreuses ;
– d'être sensible à des valeurs esthétiques et d'exprimer ses préférences ;
– d'apprendre à dire ses sentiments ;
– de découvrir que l'on peut exprimer et d'échanger des idées ;
– d'apprendre à aller le plus loin possible dans son expression ;
– d'amorcer le chemin qui va le conduire de l'« impression » à l'« expression », c'est-à-dire, dans un premier temps, de laisser répondre spontanément son corps à une sollicitation sonore, pour arriver ensuite à élaborer une verbalisation plus analytique de ce vécu sonore ;
– de prendre plaisir à inventer, de laisser libre cours à son imagination ;
– d'enrichir son imaginaire à travers des contacts nombreux et variés avec des œuvres d'art de toute époque, de tout style et de toute civilisation.

Objectifs spécifiques d'un travail d'écoute au Cycle 1

– Percevoir, découvrir, explorer l'environnement sonore quotidien au même titre que des expériences sonores « inhabituelles » ou des œuvres enregistrées.

– Classer des sons en fonction de leurs analogies ou de leurs différences.

– Percevoir, identifier, comparer, reproduire, mémoriser des bruits et les sons de l'univers familier.

– Affiner l'écoute en faisant percevoir des contrastes accentués puis minimes entre des sons dont on fera varier les quatre critères de différenciation : timbre, hauteur, durée, intensité.
– Faire acquérir aux enfants les compétences *spécifiques* mentionnées ci-dessous.

Compétences spécifiques d'écoute exploitables au Cycle 1

L'enfant doit être capable :

– d'être attentif au monde sonore, de discerner et de reconnaître quelques caractéristiques des sons (intensité, timbre, hauteur...) ;

– de percevoir une relation entre activités de production, de reproduction et d'écoute (*cf.* démarche) ;

– de se repérer dans l'espace et le temps par des jeux (chantés) et dansés ;

– de répondre corporellement spontanément, puis s'approprier un codage corporel, soulignant certaines composantes de la musique (rapidité, intensité, hauteurs,...), préalable indispensable à la mise en place ensuite d'une ébauche de codage graphique ;

– de commencer à acquérir un vocabulaire simple et précis pour désigner les différents paramètres musicaux et leurs qualificatifs[26] ;

– d'écouter jusqu'au bout un extrait musical avant de s'autoriser une verbalisation spontanée ou des réponses à des questions ayant servi de consignes d'écoute.

Activités d'écoute envisageables au Cycle 1

– Écoute du monde sonore, des bruits, des sons, des musiques de l'environnement familier, des « paysages sonores », en recherchant derrière le premier impact d'ordre visuel la présence et le message du sonore.
– Rechercher la source spatiale d'un son.

– Émettre des hypothèses sur le matériau et les gestes de production utilisés.

– Faire « comme » la musique avec son corps, des objets sonores, sa voix ou des instruments.

– Faire « autre chose » que la musique avec son corps, des objets sonores, sa voix ou des instruments.

– Marquer corporellement le tempo parce qu'on le ressent, et non par mimétisme (***N.B. :*** lorsque l'enfant entre à l'école maternelle, il a perdu cette scansion régulière du tempo qu'il produisait spontanément dès 9 mois, par un balancement avant-arrière ou haut-bas,[27] en écoutant de la musique ou des chansons... Il lui faudra attendre la grande section, avant d'en avoir réacquis la maîtrise !)

---

26. On ne pourra que conseiller à l'enseignant d'enrichir lui-même ce vocabulaire pour faire en sorte de ne pas enfermer la musique dans les seuls qualificatifs de « triste », « gai », « fort » et « doux » !
27. Certains parents s'effrayent à tort de ce balancement, voyant en lui un signe annonciateur caractéristique de l'autisme. Ils ont alors trop souvent le réflexe malheureux d'empêcher, voire interdire, ce mouvement, manifestation pourtant innée et naturelle chez l'enfant en bas âge de la perception du tempo.

Démarches spécifiques régissant les pratiques d'écoute au Cycle 1

– Parcourir des étapes progressives allant de la réponse corporelle spontanée (ayant lieu pendant l'audition) à une explicitation verbale élaborée (prenant place à l'issue de l'audition), en passant par des stades d'oralisation spontanée (reproductions parlées-chantées imitatives), de déplacements structurés dans l'espace, d'expériences de codage et décodage symboliques et graphiques.

– Alternance constante et interaction entre écoute, production et invention.

– Garder un souci constant du suivi, et du respect du tempo vécu, avec tout le corps (et pas seulement un frappé de mains) dans tous les domaines d'activités musicales.

CYCLE DES APPRENTISSAGES FONDAMENTAUX (CYCLE 2)

On s'attachera à poursuivre l'action de l'école maternelle (*cf.* Cycle 1) en veillant à ce que les objectifs du Cycle 1 aient été atteints et à ce que les compétences requises aient été acquises, dans un souci constant de respect de la progressivité des apprentissages. Cela veut dire en clair qu'on ne saurait se limiter aux seules énumérations que l'on trouvera ci-dessous.

Objectifs généraux d'un travail d'écoute au Cycle 2

– Engager l'enfant dans des activités artistiques impliquant des compétences de plus en plus affirmées.

– Amener l'enfant à une connaissance plus large du patrimoine artistique et culturel (régional, national, mondial).

– Faire acquérir aux enfants les compétences *transversales* mentionnées ci-dessous.

Compétences transversales d'écoute exploitables au Cycle 2

L'enfant doit être capable :

– de renforcer les comportements donnant accès à une mise en place de relations sociales nécessitant un aller-retour équilibré entre parole et écoute, tout en respectant les règles de fonctionnement du groupe ;

– de développer et de réinvestir les compétences acquises dans les classes précédentes ;

– de développer son sens esthétique et de manifester son besoin de créer, au-delà de la reproduction répétitive ;

– d'identifier divers aspects de son patrimoine et d'enrichir ses références artistiques ;

– de développer des moyens de perception et d'expression collective et individuelle ;

– de participer à une production collective soumise au contrôle de l'oreille, en dosant la part de son investissement personnel et celle du respect des règles collectives ;

– de maîtriser la qualité de son comportement d'écoute et de la place de l'écoute dans sa production ;
– de prendre conscience du fait que l'écoute d'un public modifie la dimension projective.

Objectifs spécifiques d'un travail d'écoute au Cycle 2

– Concilier l' « écoute-source-de-plaisir » avec l' « écoute-prétexte-aux-premiers-apprentissages ».
– Axer ces apprentissages sur une perception affinée des différents paramètres intervenant dans l'acte d'écouter.
– Initier les enfants, à travers des pratiques d'écoute diversifiées, aux spécificités attachées aux différentes musiques et productions sonores.
– Faire acquérir aux enfants les compétences *spécifiques* mentionnées ci-dessous.

Compétences spécifiques d'écoute exploitables au Cycle 2

L'enfant doit être capable :
– de contrôler par un travail de l'oreille la qualité et la justesse de sa production vocale, ou corporelle, ou instrumentale ;
– d'écouter un document sonore avec plus d'attention, une perception plus fine ;
– de repérer quelques éléments musicaux et de les mémoriser lors d'auditions musicales ;
– d'apprendre à écouter les autres dans des activités de création ;
– de prendre en compte les critères de différenciation des sons entre eux (timbre, hauteur, durée, intensité) ;
– de jongler avec le système de traduction et de symbolisation que représentent tous les jeux de codage et de décodage, pouvant conduire à l'élaboration de partitions simples prenant en compte la lecture horizontale (déroulement linéaire de la musique) et la lecture verticale (simultanéité des sons, approche des notions d'harmonie et de contrepoint) ;
– d'ébaucher une analyse des formes musicales en repérant des phrases (ou thèmes) identiques ou répétitifs, en opposition à des retours variés ou développés de ces mêmes phrases ;
– d'entendre intérieurement de courts extraits, après leur audition, et / ou avant une production instrumentale ;
– d'exercer son sens critique et de justifier ses jugements de valeur.

Activités d'écoute envisageables au Cycle 2

– Dans le cadre de l'interaction écoute-production, pratiques vocales et instrumentales, créations d'architectures sonores, sous le contrôle constant de l'oreille, effectuées :
  - soit à partir d'enregistrements des séquences permettant une critique « après-coup » conduisant à une reprise améliorée de la production ;

- soit à partir de confrontation entre des petits groupes mis tour à tour en situation de production et d'écoute des productions d'autrui ;
- soit en s'inscrivant dans une démarche interactive simultanée, les gestes de production répondant à la fois à l'anticipation de l'écoute, au désir immédiat de conformité à l'idée projetée, et à la critique de l'« après-coup » permettant de faire évoluer la suite de la production.

– Écoute de musiques diverses à relier à une approche plus culturelle menée au cours de séquences d'histoire, géographie, etc. (*cf.* p. 202) avec travail en atelier sur des documents .

– Traduction de réalisations sonores sous forme de codages corporels et graphiques, et inversement.

Démarches spécifiques régissant les pratiques d'écoute au Cycle 2

– Faire produire des suites ou des ensembles de sons selon un schéma d'organisation sonore repéré au cours d'une écoute.

– Faire transformer une production vocale ou instrumentale selon de nouveaux critères inspirés d'une audition étrangère à l'élaboration de cette production.

– Attacher beaucoup d'importance à l'interaction entre écoute et production surtout dans le domaine particulier de la langue maternelle, qui ne peut s'acquérir et se pratiquer sans un lien étroit entre lire - écrire - entendre - écouter - chanter - jouer avec.

– Continuer à solliciter le corps dans les pratiques d'écoute ; le tempo venant tout juste d'être acquis en fin de Cycle 1, il serait tout à fait préjudiciable d'en arrêter l'acquisition et le vécu.

CYCLE DES APPROFONDISSEMENTS (CYCLE 3)

On ne pourra prétendre mettre en œuvre des stratégies visant à atteindre les objectifs et les compétences détaillés ci-dessous, sans avoir au préalable vérifié que ce qui précède, concernant le Cycle 1 et le Cycle 2, a effectivement fait l'objet d'une pratique régulière. Nous rappelons que cela veut dire, en clair, qu'on ne saurait se limiter aux seules énumérations que l'on trouvera ci-dessous.

Objectifs généraux d'un travail d'écoute au Cycle 3

– Affirmer la place et l'impact des différentes disciplines.

– Affirmer la place de l'écoute comme étant celle de l'accueil de l'autre dans le respect de sa différence.

– Encourager les goûts et compétences des élèves manifestant déjà des dispositions particulières dans certaines disciplines, sans toutefois négliger les autres domaines.

– Veiller à ne pas laisser s'installer des positions systématiques, et non verbalisées, de rejet ou d'hostilité, qui risqueraient de compromettre l'abord de certaines disciplines au collège.

– Donner une formation culturelle au plein sens du terme, en raison de l'accueil d'enfants de toute origine et de tout milieu social.

– Mettre en cohérence les informations et les imprégnations multiples que l'élève reçoit dans l'école et hors de l'école, surtout dans ce domaine de l'écoute où il marche, court, se déplace, et s'endort avec son baladeur.
– Développer une mémoire auditive immédiate et différée, sachant qu'un travail de cette sorte bien mené permet aux élèves de prendre conscience du mécanisme de sa propre mémoire afin de savoir par la suite l'utiliser dans tous les domaines.
– Faire acquérir aux enfants les compétences *transversales* mentionnées ci-dessous.

Compétences transversales d'écoute exploitables au Cycle 3

L'enfant doit être capable :

– d'élargir son horizon à d'autres civilisations, à d'autres cultures, en prenant conscience de sa dimension de citoyen ;
– de s'exprimer, d'affirmer ses choix et ses goûts esthétiques, de les expliciter et les faire partager ;
– d'écouter l'autre affirmer, expliciter ses choix et ses goûts esthétiques en acceptant d'opérer une tentative de partage, même si ses « premières impressions » ne résonnent pas en lui au même diapason ;
– d'émettre un avis critique sur ses productions et celles des autres, en les confrontant et les comparant avec méthode, justifications, argumentations et ébauche d'analyse ;
– de se montrer désireux d'acquérir des repères culturels ;
– de développer et de réinvestir les compétences d'écoute explorées dans les classes précédentes ;
– d'adapter ses compétences aux bouleversements psychiques éventuels dont il est l'objet (et le sujet !) à l'approche de la puberté ;
– de développer sa créativité.

Objectifs spécifiques d'un travail d'écoute au Cycle 3

– Affiner la perception auditive dans toutes ses composantes, et soigner l'acquisition d'une terminologie précise et appropriée à rendre compte d'une écoute analytique évoluée.
– Développer une mémoire auditive immédiate et différée, sachant qu'un travail de cette sorte bien mené permet aux élèves de se constituer « à vie » un bagage musical qui fera œuvre de référence.

Compétences spécifiques d'écoute exploitables au Cycle 3

L'enfant doit être capable :

– de participer avec aisance à une danse collective, en vivant sa structure (allure, phrases, style) au fur et à mesure de son déroulement temporel, et non plus par reproduction d'un schéma élaboré indépendamment de lui ;
– de percevoir, d'analyser, de mémoriser l'organisation d'éléments sonores dans leur succession et leur simultanéité, en « zappant » mentalement d'un plan sonore à un autre ;

– de maîtriser les critères d'analyse du son (timbre, hauteur, durée, intensité) et ceux d'une musique (orchestration, instrumentation, registres, tessitures, grain, densité, caractéristiques mélodiques et harmoniques, tempo, rythme, mesure, nuances, style, genre, forme,... (*cf.* tableau d'audition p. 102);

– de faire appel à des codages de plus en plus précis (pouvant aller jusqu'à la fabrication et l'observation de partitions plus élaborées qu'au Cycle 2), pour aider la mémoire à se structurer;

– de réinvestir des acquis pour les mettre en œuvre dans des productions personnelles ou collectives;

– de reconnaître quelques œuvres musicales (ou des extraits) en situant les plus typées dans leur époque, leur pays, leur style, leur forme;

– de pouvoir écouter jusqu'au bout, avec une attention et une curiosité soutenues, toute musique, même si celle-ci ne correspond pas à ses penchants esthétiques;

– de mettre en œuvre la boucle rétroactive d'écoute-production, afin de parvenir à une interprétation optimale au fur et à mesure de sa production vocale ou instrumentale;

– d'interpréter dans un groupe en étant à l'écoute de soi, des autres, de soi par rapport aux autres et par rapport au public, afin d'être à même d'élaborer une image mentale de la globalité de ce qui se donne à entendre en un point de l'espace extérieur à celui où l'on se trouve;

– de diriger un groupe, c'est-à-dire de trouver les gestes susceptibles de faire émerger une production sonore conforme à l'image intérieure que l'on s'en forge.

Activités d'écoute envisageables au Cycle 3

Toutes!

Démarches spécifiques régissant les pratiques d'écoute au Cycle 3

– Contrairement au Cycle 1, la verbalisation sera plus facilement un préalable à une mise en œuvre corporelle.

– On s'attachera à discerner ceux parmi les enfants à qui cette sollicitation corporelle pose problème, et ceci pour deux causes les plus probables : d'une part quelques inhibitions liées à la pré-adolescence, et / ou d'autre part un manque de sollicitation regrettable (mais trop souvent observable, hélas!) au Cycle 2.

– On veillera à ce que les élèves soient conscients des mécanismes de régulation de leur boucle audio-phonatoire, afin de ne pas choisir le mutisme comme remède aux difficultés que leur pose la mue.

– On attachera beaucoup d'importance à l'interaction entre écoute et production surtout dans le domaine particulier des langues étrangères, qui ne peuvent s'acquérir sans un lien étroit entre dire - entendre - écouter - chanter - jouer avec, à travers des jeux vocaux adaptés, véritable jogging de l'appareil auditif avant d'être celui de l'appareil phonatoire.

Préparation de séquence d'écoute, progression, évaluation

Préparer la séquence d'écoute chez soi

Choix du document sonore

Après avoir pris en considération ce qui précède, il va falloir tenir compte :

– de la *longueur* du document; si elle est inadaptée aux capacités d'écoute de la classe (ce qui est le plus fréquent si l'on évalue à une moyenne de trois minutes le maintien optimal de cette écoute efficace), il ne faut pas hésiter à faire un montage sur cassette de l'extrait choisi, quitte à le reproduire plusieurs fois à la suite, de même que les très courts extraits mettant en valeur des éléments précis que l'on se propose de faire repérer aux élèves (ce qui évite les manipulations hasardeuses des magnétophones, surtout lorsque ceux-ci ne sont pas dotés d'un compteur de repérage);

– du *style* du document; va-t-il être déclencheur d'un type de réactions prévisibles ou d'un type stéréotypé d'exploitations pédagogiques, ou bien n'est-il qu'un prétexte, un support à un travail d'écoute?

– du thème ou du *projet* actuellement à l'étude en classe; le document sonore va-t-il être lié à une situation vécue, et / ou s'inscrit-il dans une progression indépendante qui vise des acquisitions d'ordre musical ?

Mais qu'il soit bien clair qu'il n'y a aucun «tabou d'écoute» et que tout document est écoutable, à condition que la charge émotive qu'il véhicule ne perturbe pas les enfants. Si tel est le cas (par exemple *La Reine Verte* de Pierre Henry, difficilement écoutable sereinement), la parole doit très vite intervenir pour donner sens et éviter une démultiplication de l'angoisse. Quitte à choquer les fidèles des rayons «pour enfants» des disquaires, nous osons même affirmer que ces musiques dites «pour enfants» sont celles qui s'opposent le plus à une véritable pédagogie de l'écoute. En effet, ces musiques reposent le plus souvent sur un argument littéraire, voire une histoire s'insinuant au milieu des passages musicaux qui ne prennent alors que valeur d'illustration, ou de traduction, et empêche l'enfant de donner sens à ce qu'il entend, tout en l'enfermant dans des clichés d'écoute![28]

Nous recommandons aux débutants dans ce métier de l'enseignement d'alterner des choix portant sur leur discothèque personnelle, et sur celle de leur ville.

Choisir une musique que l'on «connaît» (?!) bien pour l'avoir entendue (à défaut de l'avoir écoutée?) souvent, c'est avoir l'assurance que l'on saura en repérer les passages clefs, et que l'on désirera y faire «goûter» les enfants; mais c'est aussi risquer de ne pas savoir gérer des réactions contraires à celles que l'on éprouve personnellement.

Choisir une musique que l'on découvre presque en même temps que les enfants, c'est partager une situation d'«écoute-découverte» avec eux, où le

---

28. Citons le cas de cet étudiant de licence à Nanterre, qui, dans un partiel de musique portant sur l'analyse des composantes musicales du *Concerto pour la Main Gauche* de Ravel, citait parmi les instruments le «grand-père basson», réminiscence de Pierre et le Loup!

maître perd (enfin ?!) le statut de « celui qui sait » pour partager un moment très riche d'échange d'hypothèses ou de perceptions diversifiées.

Qu'on nous permette de comparer la pédagogie de l'écoute à la gastronomie, tant il est question dans les deux domaines de partage et d'éducation du goût.

Que faites-vous lorsque vous recevez des amis avec lesquels vous avez envie de partager un repas : « votre » recette dont vous êtes spécialiste, au risque de ne savoir l'apprécier (ou la déprécier) qu'en comparaison avec les autres circonstances de sa réalisation, ou bien est-ce pour vous l'occasion de tester un nouveau plat que vous allez être amené(e) à goûter pour lui-même au même titre que les autres convives ?

Méfions-nous des menus de type « steak-frites » ou « Mac Do », qui proposent aux enfants, sur le plan auditif, des musiques devenues plat de résistance traditionnel répétitif comme *Les 4 saisons* de Vivaldi ou *Dans les steppes de l'Asie centrale*. Évitons même la nourriture en petits pots (contes musicaux, histoires en musique). Elles sont aussi « exquises » que les plats exotiques... mais les règles diététiques de la pédagogie de l'écoute exigent des apports équilibrés dans tous les domaines de l'audition, tout en maintenant le plaisir de se laisser surprendre par de nouvelles saveurs.

Entraînement à l'exploitation verbale ou corporelle

On renverra le lecteur au chapitre (*cf.* p. 102) qui traite du tableau d'audition. Celui-ci lui fournira les éléments d'analyse verbale muti-directionnelle, de même que les différentes pistes de commentaires. Il suffit d'avoir écouté deux, trois musiques en suivant cette sorte de grille d'observation auditive, pour acquérir des réflexes d'auto-questionnement liés aux exigences d'une exploitation verbale et analytique d'un document sonore. On veillera par contre à moduler le niveau d'exigence de ces commentaires en fonction du cycle auquel on propose le document.

Toute autre est la préparation à une exploitation corporelle du document. Vous ne pourrez la faire vivre à des enfants que si vous-même vous êtes impliqué(e) au préalable, tout simplement « en bougeant ». Mais attention ! vous n'allez pas vous instituer animateur d'une « soirée disco » ! Combien de fois n'avons-nous été malheureusement confrontées à des classes réduites à des caricatures d'adultes, gesticulant et se déhanchant en toute ignorance du rythme ! Impliquer le corps, cela veut dire « faire comme » la musique. À la dimension d'expression corporelle, doit s'adjoindre la traduction des notions de tempo, de rythme et de mesure.

Préparer le climat de la classe

Ce que nous avons dit des préludes indispensables à la mise en place d'un chant s'applique aussi à la préparation d'une séquence d'écoute. Il va s'agir de trouver des stratégies qui fassent en sorte que les enfants soient en attitude d'écoute avant même que le moment réservé à l'écoute ne démarre.

Comment obtenir cette « attitude d'écoute » *sans la demander*, mais en la *créant* ?

Déjà en s'interdisant définitivement d'imiter les 80 % d'enseignants qui « jouent à l'enseignant » en perpétuant les répliques célèbres suivantes : « j'attends le silence ! » suivi de « j'ai demandé le silence ! », si ce n'est pas « on ne commencera pas tant que vous ne vous taisez pas ! » suivi d'une amorce de chantage du type « si vous ne vous taisez pas, on ne pourra pas... », etc. ; répliques sans effet autre qu'un accroissement non négligeable du nombre de décibels forçant l'enseignant à tester à son insu les résistances de ses plis vocaux. La tension monte de part et d'autre, le bruit aussi, le temps passe, le climat se dégrade, et si en désespoir de cause on « envoie » tout de même le disque ou la cassette, ce sera malheureusement à forte puissance, histoire de « couvrir » le bruit ambiant... objectif non conforme aux textes officiels !

Il ne s'agit donc pas d'attendre le silence, mais de créer un *climat d'attente* propice à l'accueil de ce qui va se donner à entendre. Si l'écoute est bien cette « hospitalité intérieure » (*cf.* p. 93), on ne peut accueillir l'autre en soi qu'en faisant de la place ; place qui crée un vide et un « manque » momentanés et où peut s'installer le désir d'écouter... avant d'écouter. On est là loin d'une « pédagogie de l'entonnoir » par lequel l'enseignant déverserait de façon intrusive et agressante du silence, du « quelque chose à entendre », et bien sûr du savoir !

Concrètement, que faire ?

– De la place sur la table, de la place dans la classe, un autre aménagement des lieux, une autre attitude corporelle (qui d'entre nous écoute de la musique chez soi « à table » sur une chaise ?). Essayez par exemple de rompre la structure traditionnelle de la classe en installant les élèves non pas face au centre ou au tableau, mais face aux murs encadrant la salle ; vivez et faites-leur vivre ne serait-ce qu'une fois cette disposition a priori étrange. Vous risquerez de constater une recentration individuelle de chaque élève qui, perdant ses repères spatiaux et relationnels avec le reste du groupe, est amené à trouver et établir une autre structuration de cet espace nouvellement redéfini.

– Se méfier de ce que les yeux rencontrent durant l'audition : le même décor humain et matériel que d'habitude ? ou autre chose prévue en fonction du travail ultérieur ? Une feuille blanche, support des images et projections intérieures ? Un tableau avec des questions ? Une feuille de consignes ? Des paupières closes ?

– Réfléchir à la place que l'on occupe en tant qu'enseignant par rapport à la source sonore et à la disposition des enfants. Le réflexe malheureux consiste le plus souvent à se poster à côté de la source sonore pour des commodités de manipulation de l'appareil. Imaginons un instant la gêne que procurerait au cinéma la présence continuelle et agissante du projectionniste aux côtés de l'écran. Or c'est un rituel qui se perpétue dans les classes, alors que la meilleure place est *au milieu* des enfants, en écoutant *avec* eux, quitte à ce qu'un enfant ait la mission très simple d'appuyer sur la touche d'arrêt (ce qui renforce l'intérêt de la préparation d'une cassette contenant le découpage prévu), ou à négocier l'achat d'un appareil télécommandé sur les prochains crédits de l'école !

« Jogging » de l'appareil auditif

La pratique d'une mise en condition corporelle et des jeux vocaux préludant à la séquence d'apprentissage d'un chant semble enfin se généraliser. Qu'en est-il d'une préparation corporelle à l'acte d'écouter ? À quand un manuel de jogging de l'appareil auditif à l'usage des apprentis-écoutant ? Sommes-nous condamnés, en raison de l'absence de paupières sur nos oreilles, à gérer nos limites d'écoute par une mise en veille psychique, faisant que « nous débranchons » de l'acte d'écouter, sans d'ailleurs que cela soit perceptible de l'extérieur (donc méfions-nous d'une certaine bonne conscience illusoire d'enseignant face à une classe apparemment attentive).

Tous les exercices corporels que nous avons préconisés pour la mise en condition vocale s'avèrent aussi efficaces lorsqu'il s'agit de préparer le corps entier à se faire réceptacle aux ondes sonores. En effet, le retour à soi qu'ils opèrent facilite la relaxation des muscles, la régulation du souffle, le reflux de l'agitation mentale. On veillera à porter d'avantage attention à la nuque et aux muscles du trapèze ; leur tension très souvent vérifiable, provenant d'une mauvaise posture pour écrire et du transport de cartables surchargés, prédispose à freiner la bonne transmission des vibrations au niveau de l'enclume et de l'étrier.

Lorsque l'usage de tapis individuels de gymnastique le permet, on pourra recommander deux postures héritées du yoga, et destinées entre autres à « décongestionner » cette zone cruciale.

La première consiste à poser les genoux et le haut du crâne (emplacement de l'ex-fontanelle) sur le sol, en faisant rouler la tête jusqu'à ce que la nuque se maintienne à la verticale ; dans cette position, on saisira les chevilles avec les deux mains ; on relève donc les pieds ; l'équilibre se fait naturellement par les contacts au sol, à savoir les genoux et le haut du crâne. Il suffit de laisser faire le souffle et la pesanteur ; après maintien quelques instants de cette posture, on éprouve en se redressant une impression de dégagement des sinus (d'autant plus appréciable durant la saison des rhumes répétitifs qui court d'octobre à mai !), doublé d'une sensation d'acuité auditive accrue.

La seconde est une variante de la posture dite « de la charrue ». Allongé au sol, bien décambré, menton rentré pour allonger la nuque, on saisit les coudes, un dans chaque main en élevant les avant-bras à la verticale ; ceux-ci forment une sorte de petit pont sur lequel on peut reposer les jambes relevées et repliées. Les variations de sensibilité auditive affinée se manifestent durant le maintien de la posture elle-même.

« Les sons et les parfums tournent dans l'air... de la classe. » Pourquoi ne pas tenter d'utiliser le mouvement d'import-export de la respiration comme support à une perméabilité aux effluves sonores[29], et comme symbole de ce

29. Des étudiants de 1re année en stage dans une classe de petite section où l'écoute était quotidiennement pratiquée s'étonnaient auprès de l'institutrice titulaire de la qualité d'écoute de sa classe. Les enfants, témoins de cette réflexion, s'immiscèrent dans la conversation en déclarant : « nous, on respire la musique ».

30. Il suffit de diriger l'air entrant vers la luette pour que se manifeste un très léger son filé très apaisant.

double mouvement intrusif et projectif que représente l'acte d'écouter. Et tout d'abord, s'écouter respirer, en sonorisant l'inspir[30] (et non l'expir comme cela est naturellement plus fréquent), est une façon de s'exclure des bruits parasites extérieurs gênants et de se préparer à focaliser sur tel ou tel aspect de la musique à venir.

Présentation du document sonore aux élèves

Après toute la préparation corporelle et mentale qui précède, une présentation verbale semble déplacée... et elle l'est ! C'est le plus souvent pour se rassurer et différer ce moment de plongée dans le bain sonore que l'enseignant multiplie à tort les consignes du style « et maintenant on va écouter, et puis après je vous poserai des questions, et puis après... ; on ne va pas faire de bruit car sinon... ; tout le monde est prêt ?... » Et à force de le demander plus personne n'est prêt !

Que diriez-vous d'un long conciliabule à travers la porte close, dans l'attente que vous décidiez d'ouvrir pour accueillir vos amis ; pour vérifier quoi ? vos peurs, vos appréhensions ?

Dès la première séquence d'écoute en classe, laissez la musique surprendre vos élèves, les atteindre, et soyez *au milieu* d'eux à vivre cet instant *avec* eux. Vous aurez pris soin d'avoir auparavant branché un micro sur un magnétophone, pour qu'il soit éventuellement un témoin de référence de la façon dont « ça va se passer ». Ce sera alors le moment de leur faire trouver si besoin est des « règles d'écoute » sur le mode des « règles de vie », ou plus chaleureusement dit, d'instaurer un rituel de convivialité par égard pour l'autre – document ou individualité – qui se « donne » à entendre. Pourquoi alors se contenter de « prêter *une* oreille » quand déjà la nature nous a dotés de *deux* oreilles stéréophoniques et complémentaires, et que la notion de « prêt » sous-entend un retour en sa possession ! Puissions-nous « donner de l'oreille » comme on « donne de la voix »... !

Mais ce rituel ne doit pas laisser entendre que les séances d'écoute vont s'enfermer dans la répétition d'un même schéma. Là encore, il faudra faire preuve d'imagination et de volonté de créer la surprise, en introduisant des éléments inhabituels en cohérence avec les exploitations pédagogiques que vous aurez programmées. Pour varier le mode d'approche de ces séances d'écoute, on pourra utiliser des feuilles de consignes écrites ou graphiques, des documents visuels, des grilles d'écoute, du matériel sonore pour accompagner les musiques, etc.

« Écoute »... et « réécoute » du document sonore

Cette première écoute ayant eu lieu, c'est maintenant que peut commencer un véritable travail d'écoute, celui-ci se déroulant au fur et à mesure des différentes réécoutes dont il est indispensable de gérer les étapes.

Le véritable travail d'écoute est indissociable de la ré-audition des documents sonores.

Vous venez de « faire entendre » une musique ; il va s'agir maintenant de la « faire écouter ».

Les enfants viennent de vivre une « première audition » d'un document sonore ; ils ne l'ont pas encore « écouté ».

En dehors de l'école, on peut vivre la musique en « touriste », c'est-à-dire se contenter d'un survol panoramique. On peut avoir « vu » le Mont-Blanc en vidéo, au cinéma, sur les photos de romans, ou mieux depuis un hélicoptère... On ne pourra prétendre le connaître que collé aux aspérités de la glace et de la pierre...

Faire de « l'éducation musicale » à l'école, et pratiquer des activités d'écoute, et / ou l'écoute dans les activités, c'est donner aux enfants les outils qui vont leur permettre d'entreprendre ces ascensions qu'ils pourront par la suite vivre en solitaire.

Gérer la fragmentation du document

Nous rappellerons ici l'importance à accorder à la confection du document sonore constitué des extraits et des fragments d'extraits sélectionnés.

Il faudra veiller à laisser des *plages de silence* suffisantes entre eux pour en permettre une meilleure identification (certains appareils sont dotés d'un système de « repérage des blancs » presque aussi indispensable pour un enseignant que la commande à distance).

D'autre part, on ne devrait pas s'autoriser à « couper » des fragments sans tenir compte des fins de phrase. Si celles-ci ne sont pas repérables, il est alors recommandé de « *shunter* » l'enregistrement, c'est-à-dire de baisser l'intensité juste avant l'arrêt du document.

Il serait enfin judicieux de faire suivre ces extraits d'autres passages « semblables », c'est-à-dire comportant des éléments identiques et d'autres différents, permettant des points de comparaison et constituant d'éventuelles réponses vivantes aux questionnements qui ne manqueront pas de surgir.

Gérer le temps d'écoute et le nombre de réécoutes

Si l'on envisage de réduire l'extrait à un fragment d'une durée approximative de trois minutes, trois réécoutes semblent le maximum de répétition du même fragment que l'on puisse imposer aux élèves. Cela mène à douze minutes environ d'écoute proprement dite[31], pendant lesquelles la curiosité peut se maintenir sans faire place à la lassitude.

On gardera toujours à l'esprit que cette répétition est vécue très différemment selon l'âge des enfants.

---

31. On renverra le lecteur aux ouvrages de pédagogie générale qui traitent de cette gestion du temps; que l'on souligne ici cependant la disproportion trop souvent rencontrée dans les séquences d'écoute entre les temps de parole de l'enseignant (en 1re position), celui des enfants (en 2e position) et celui réservé au document (bon dernier du palmarès). On peut souhaiter qu'une véritable pédagogie de l'écoute, cohérente, amène au renversement intégral de ce palmarès !

Un enfant entre 2 et 6 ans prend plaisir à réécouter de lui-même plusieurs fois la même musique ou la même chanson ; les parents le savent bien qui s'ingénient à renouveler le répertoire de leur progéniture, tant l'audition répétée du même extrait devient vite intolérable pour le reste de la famille !

Un enfant entre 8 et 14 ans recherchera par contre toujours à écouter des nouveautés qui détrôneront rapidement les anciennes et éphémères fixations.

Il appartiendra donc à l'enseignant de tenir compte de ces facteurs ayant des résonances très profondes dans la structuration de l'individualité, pour que ces temps de réécoute soient « en phase » avec ce que l'enfant peut en tirer comme bénéfice.

Gérer les consignes

Nous rappelons qu'une *première écoute* peut se passer d'être précédée d'une consigne spécifique.

Après cette première écoute, si l'on a le courage de se taire et de ne pas poser de questions, les enfants vont spontanément occuper ce « blanc » par des remarques ou commentaires qui vont permettre d'orienter la suite de cette exploration du document.

Si tel n'est pas le cas, la question très simple « qu'avez-vous entendu ? » va permettre cet échange, car personne n'aura entendu la même chose ! Cette question, dans sa formulation a priori simpliste, amène cependant les enfants à parler *de* l'objet sonore, et non pas *sur* lui, et encore moins sur « ce à quoi ça les fait penser ».

Il est encore trop fréquent d'entendre dans les classes, dès l'extinction des derniers accords, l'enseignant prendre la parole (et rompre le charme du retour au silence) en demandant à la cantonade : « alors, ça vous fait penser à quoi ? », question après laquelle s'engouffre le flot des associations que les enfants, comme les adultes, n'auront pas manqué de faire ; il n'y aurait qu'un musicothérapeuthe de formation analytique qui pourrait gérer ce type de réponses où, en fait, chacun parle de soi en tant que sujet, et non pas de la musique en tant qu'objet (et sujet).

Ce premier échange au cours duquel l'enseignant ne se prononcera pas sur la justesse des réponses, va permettre d'accumuler un ensemble d'indices permettant d'interpeller la musique sur son identité.

La seconde écoute va donc servir à s'interroger sur ce que l'ensemble de la classe a entendu, chacun devant se poser la question « vrai ? » ou « faux ? ». L'enseignant prévient alors ses élèves qu'à l'issue de la seconde audition ils auront à garder ou éliminer certains indices collectés jusque-là.

Il faudra parfois une *troisième écoute* pour se mettre d'accord ; des points demeureront litigieux, car l'oreille aussi entraînée à être sélective soit elle ne peut « reconnaître » ce qu'elle ne « connaît » pas. C'est pour cela que les extraits supplémentaires enregistrés à la suite de la cassette seront d'un grand secours pour donner des points de comparaison ou d'association faisant rebondir les hypothèses et les discussions. Ce n'est vraiment qu'en toute dernière extrémité que l'enseignant aura éventuellement à « trancher » pour nommer exactement tel ou tel élément.

Mais il est indispensable que ces temps d'échange soient suivis d'une *dernière audition* où, alors, une correspondance terme à terme s'établit entre ce qui est perçu et son identité véritable.

Gérer les réponses corporelles des enfants

Ce qui vient d'être dit concerne essentiellement un travail de verbalisation autour d'une séquence d'écoute. Mais si l'enseignant est attentif aux comportements de ses élèves durant l'audition, il pourra observer toute une échelle de gestes plus ou moins volontaires qui traduisent déjà certains des aspects de la musique.

Ce peut être :

– des balancements ou des frappements de mains ou pieds pour marquer le tempo ;

– des gestes saccadés de tête, de mâchoire, de mains ou de pieds reproduisant ou accompagnant des cellules rythmiques (rarement produites de façon simultanée, mais après un certain temps de latence dans les classes de maternelle) ;

– des enfants qui se « rapetissent » ou se « déploient » en hauteur au gré des nuances ;

– des changements de rythme respiratoire ou des battements de cils traduisant les mouvements émotifs ;

– mais aussi des enfants figés, bouche ouverte qui semblent absorber ce produit sonore, s'en imprégner ; d'autres encore, le regard absent, semblent partis « à mille mille de toute terre habitée ».

Surtout dans les petites classes, ces réponses en disent bien plus que ce que les enfants sont capables d'en formuler. À l'enseignant de savoir décrypter et prendre en compte ce langage, tout en ayant le souci de donner aux enfants les termes adéquats qui vont lui permettre de s'exprimer. On risquerait sinon de faire de cet acte d'écouter un acte magique ; certes se laisser envahir par ses sortilèges fait partie d'un certain plaisir de l'écoute... Mais il ne peut être de la responsabilité d'un adulte qui, lui, peut faire un choix conscient de ce type d'envoûtement, de laisser un enfant être submergé, « possédé », par un déclencheur d'émotions qu'on lui impose de l'extérieur.

Au-delà de l'observation de ces gestes spontanés, et à partir d'elle, on veillera à mettre en place des activités corporelles liées à l'écoute et la réécoute. On demandera alors aux enfants de refaire volontairement leurs gestes qui seront repris par le groupe et améliorés ou précisés par le maître ; mais alors il serait souhaitable que le maître ait acquis la notion de « phrase musicale » pour que le changement de geste corresponde au passage de l'une à l'autre.

Ces deux types d'activités, émission spontanée de gestes et reproduction volontaire de ceux-ci, permettent d'être à l'écoute de ce que *dit* le corps, mais aussi de le faire *parler*.

Gérer les réponses verbales des enfants

Ce sont toutes des «bonnes réponses»; il n'y a pas de «fausses réponses» puisque l'enfant dit la vérité, sa vérité, de ce qu'il a perçu.

Vous n'êtes pas convaincu(e)?

Prenons l'exemple d'une pièce pour mandoline et hautbois que vous feriez entendre à des enfants de C.P. Quels instruments «reconnaissent-ils»? Pour la mandoline, ils vous diront guitare, clavecin (c'est effectivement «pareil», car ce sont des cordes pincées), violon (c'est «pareil» car appartenant à la famille des cordes et de tessiture voisine); pour le hautbois ils vous diront au mieux «clarinette» (le plus proche voisin) ou flûte («pareil» car appartenant à la famille des bois), trombone ou trompette («pareil» car appartenant à la famille des vents), etc.

À vous alors de vous mettre à l'écoute de leurs réponses dans ce qu'elles traduisent d'une association forcément pertinente. Ce sera à partir de ce jeu de «pareil - pas pareil» que l'on pourra amener l'enfant à faire la différence entre l'*identique* et le *semblable*, notions indispensables en musique comme dans les autres domaines à la mise en place de la structuration de l'individu.

À vous aussi de l'amener dans une deuxième étape (décrite plus haut) à identifier les «bons indices» qui vont l'amener à une connaissance, voire une appropriation, du document entendu.

Quant aux verbalisations des manifestations de rejet, de résistance, ou d'adhésion passionnée, elles doivent avoir un temps spécifique pour s'exprimer, indépendamment de l'activité d'écoute elle-même. On rencontre cette même problématique lors d'une activité de français : il y a le temps de déchiffrage, de lecture, d'analyse grammaticale, de commentaires, d'échanges d'opinions, et aucun de ces moments n'interfère avec un autre.

Gérer les modes d'écoute

On veillera, dans la démarche adoptée à mettre en place des modalités différenciées de «réceptivité» mettant en jeu les perceptions d'ordre auditif, visuel, corporel, tactile, cérébrale, afin que dans aucun des cycles, l'une ne soit plus favorisée que l'autre. Cela permettra à des enfants de sensibilité différente de trouver là un moyen privilégié de s'exprimer en retour; mais aussi ils auront l'opportunité de découvrir en eux un potentiel parfois insoupçonné.

D'autre part, on passera d'un type d'activité d'écoute à un autre pour concerner tous les registres de réceptivité, depuis l'écoute analytique jusqu'à l'écoute «tripesque», «épidermique», en passant par la prise en compte de l'aspect acoustique, psychologique que revêt tout phénomène auditif.

Gérer écoute «horizontale» et écoute «verticale»

Il s'agira là d'amener les enfants à entendre de façon «horizontale», c'est-à-dire dans la *continuité*, et de façon «verticale», c'est-à-dire dans la *simultanéité*, avec une attention constante et soutenue.

Il s'avère très difficile de mener de front ces deux types d'écoute qu'on abordera dans un premier temps alternativement, le fait de se focaliser sur l'un excluant automatiquement l'écoute de l'autre. Seuls des enfants de fin de Cycle 3, très entraînés, peuvent effectuer cette lecture auditive à deux entrées. Ils le manifesteront par exemple, lors d'une écoute d'un standard de jazz, en faisant remarquer :

– la rapidité d'exécution d'un saxophone, la présence d'un glissando, le retour d'un thème qu'ils seront capables de fredonner (lecture horizontale) ;

– la présence d'un trio d'accompagnement basse - batterie - piano, et des couleurs blues, sans dissonances (lecture verticale).

Gérer l'interaction écoute-production

Cette gestion peut s'élaborer dans plusieurs directions dont nous donnerons ici quelques aspects, en essayant de graduer les difficultés, depuis des activités proches de la « reproduction » jusqu'à des propositions plus créatives. On pourra donc :

– rechanter le thème à chacun de ses retours, ou après la fin de l'audition ;

– accompagner du corps, ou par battements de pieds, le tempo ;

– accentuer par des frappés de mains le rythme ou des cellules rythmiques ;

– reproduire de mémoire des cellules rythmiques prédominantes à l'issue de l'audition ;

– ébaucher une sorte de chorégraphie mettant en relief la forme musicale ;

– faire des jeux rythmiques et des jeux chantés, où on alternera des passages « faisant comme » la musique entendue, et d'autres « faisant autre chose » que la musique entendue ;

– faire un montage de l'œuvre précédemment écoutée en insérant des « blancs » sur la bande magnétique durant lesquels les enfants vont s'essayer à improviser « dans le style de... » ;

– appliquer à un chant connu de la classe des modifications s'appuyant sur les caractéristiques du document écouté (par exemple : changer les nuances en exagérant des contrastes, installer un ostinato rythmique d'accompagnement, changer les tempi, introduire un refrain, etc.) ;

– enregistrer des propositions de création conduites par des petits groupes d'enfants, peut-être tout à fait indépendantes de ce qui a été écouté ; les faire entendre au reste de la classe, y appliquer les critères d'analyses mises en œuvre lors des auditions précédentes, dans le but de faire évoluer la suite de la création, etc.

ATTENTION !

– Ne programmez pas votre séance d'écoute de 16 h 15 à 16 h 30 comme passe-temps. Les enfants doivent progressivement prendre conscience que vous n'êtes pas en train de leur offrir un loisir, mais une activité à part entière. Interrogez-vous sur votre démarche pédagogique le jour où immanquablement vous entendrez les enfants dire : « on n'a rien fait aujourd'hui : on a écouté de la musique ». Bien sûr cette réflexion repose sur toute une tradition déplorable de la place du « faire » à l'école et de ce que nous appellerions « la pédagogie de l'escargot », non pas pour accuser la lenteur d'acquisition, mais pour dénoncer cette bonne conscience de la « trace » que tout enseignant et tout parent recherche au long du chemin que se fraye l'élève à l'école.

Écouter est une activité et une façon d'être qui mobilisent du temps, de l'énergie, de l'intelligence. Ce manque d'écoute est le plus grand grief dont s'accusent mutuellement ceux qui se côtoient en famille, à l'école, en société. Et si cela s'apprenait ?

– Ne privilégiez pas les temps de paroles et commentaires ; laissez la place à la musique !

– Ne parlez jamais, et n'acceptez jamais que les enfants parlent *pendant* le déroulement de l'audition.

– Modérez le réglage de la puissance de votre chaîne. Les enfants seront plus attentifs à une musique qui sera en deçà d'un certain seuil d'intensité. N'avez-vous jamais souffert au cinéma d'un réglage abusivement sonore de la bande son ?

– Laissez un temps de silence, une fois les dernières notes éteintes. Beaucoup d'interprètes vous diraient qu'ils mesurent l'impact du concert à la qualité et la durée du silence qui précède le crépitement des applaudissements.

– Ayez toujours présente à l'esprit une certaine analogie entre l'écoute et la lecture ; toutes deux déclenchent des facteurs de libre association (*cf.* p. 91), qui deviennent paradoxalement des obstacles au maintien de l'attention, surtout lorsqu'il s'agit d'audition d'un document qui continue à défiler dans le temps.

– Pensez aussi que la manifestation de ce que nous avons appelé « prévisibilité » et « anticipation » de l'écoute (*cf.* p. 90) peut être elle aussi un obstacle à une écoute « objective » ; on entend en effet ce que l'*on s'attend à entendre,* éliminant tout ce qui est non-conforme à cette attente. Vous est-il arrivé de vous tromper de salle au cinéma ? Combien de temps avez-vous mis à réaliser votre erreur ? !

– N'oubliez pas que vous êtes là pour leur faire « connaître » des musiques, non pour les faire « reconnaître ».

Et si vous-même avez quelques craintes de ne pas tout « reconnaître » et identifier, pensez que le travail d'écoute se fera néanmoins aussi longtemps que vous appliquerez la règle du « pareil - pas pareil ».

Progression

Elle dépendra bien sûr du cycle dans lequel vous enseignez, et privilégiera le passage du corporel au verbal en Cycle 1, et son inverse, du verbal au corporel, en Cycle 3, en passant par la symbolisation écrite ou graphique.

Dans tous les cas, la recherche de l'effet de contraste et de surprise maintiendra l'intérêt pour l'activité, de même que l'alternance des temps d'écoute et de production.

Vous trouverez ci-dessous une lise de verbes qui traduisent tout ce que peut représenter l'acte d'écouter :

sentir, ressentir, éprouver, réagir (corporellement, émotivement, psychologiquement, intellectuellement), percevoir, entendre, comprendre, donner sens, associer à..., repérer, identifier, nommer, classer, confronter, comparer, différencier, discriminer, affiner, anticiper, qualifier, connaître, reconnaître, s'approprier, situer, imiter, reproduire, reconstituer, reconstruire, exploiter, répondre, prolonger, développer, transformer, varier, improviser, exprimer ses impressions, analyser, caractériser, goûter, apprécier, critiquer, traduire et/ou transcrire dans un autre mode d'expression, réinterpréter, réinvestir dans une création personnelle, prendre plaisir, avoir envie d'écouter seul cette musique en dehors de la classe, avoir envie d'écouter seul d'autres musiques en dehors de la classe, avoir envie de faire comme..., avoir envie de faire autrement que..., écouter pour « s'éclater » ou pour « planer », écouter pour... écouter et... se taire...

C'est autre chose que « répéter pour montrer que l'on a bien entendu » !

Évaluation

Il serait vain et illusoire de chercher à faire une évaluation immédiate de ce que les élèves ont pu engranger au long de ces écoutes. Il faut parfois des années pour s'apercevoir que le souvenir d'un document est là, définitivement installé dans la mémoire mémorisante, et qu'il sera rappelé à la conscience au détour d'une évocation sonore ou autre.

Cela n'empêche pas de mettre en place certains processus comme :

– l'installation d'une cassettothèque de la classe, constituée des documents sonores étudiés et écoutés, et par d'autres sources provenant de l'enseignant et / ou des élèves. Cette cassettothèque évolutive témoigne de la polarisation que revêt l'intérêt pris par les élèves. Il suffit de faire apporter en début d'année, par chaque élève, une cassette dont une face sera occupée par un extrait de son choix, répertorié, et l'autre libre afin d'y copier au fur et à mesure d'autres extraits. Ces allées et venues de la cassette entre l'école et la famille favorisent d'autre part une entrée de la musique à la maison lorsque celle-ci y est dénigrée (s'agissant de certains styles de documents !) ;

– la présence constante d'un micro branché sur un magnétophone, témoin et gardien des échanges, des productions, des jeux, des créations, afin que l'écoute ne fonctionne pas uniquement sur la mémorisation, mais sur la réécoute de ce qui s'est déroulé dans un temps déjà révolu ;

– un rappel des modalités de l'écoute dans les autres disciplines, surtout, à partir du CM1, en langues étrangères qui requièrent des compétences semblables à celles exploitées en musique ;

– la mise en place d'un foisonnement de prolongements pédagogiques qui ne feront pas du moment d'écoute un événement isolé dans un emploi du temps surchargé, mais un moment de référence qu'on pourra revivre à travers d'autres domaines (*cf.* Musique et..., p. 201).

Mais ayez toujours présent à l'esprit le fait que l'écoute est le domaine d'activité le moins évaluable ; des attitudes d'écoute sont trompeuses, une absence de verbalisation n'est pas un « manque » d'écoute, et une verbalisation outrancière peut masquer les véritables impacts. Ne jugez surtout pas ce qui *s'intériorise* à la lumière de ce qui *s'extériorise ;* cette extériorisation a déjà subi toute l'alchimie du traitement de l'information par le cerveau, de la parole, et d'une projection de cette parole vers ceux qui sont censés « écouter », et non « interpréter ».

Plaidoyer pour un matériel de qualité

Au terme de ce chapitre, la question du matériel propice à l'écoute ne pouvait être éludée. C'est un sujet délicat, lorsque l'on connaît l'état de vétusté de certains appareils qui déforment à tel point le signal acoustique, qu'ils risquent de « fausser » l'écoute des enfants.

Qu'« entendons-nous » par matériel de qualité ?

Il s'agira ici de s'interroger sur le type d'appareils à utiliser, sur l'aménagement des « coins-écoute » en classe, et sur le type de documents audiovisuels que l'on peut mettre à disposition des élèves.

Pourquoi ?

Parce que :

– l'on se doit d'offrir aux enfants une bonne écoute des œuvres proposées ;

– un enregistrement effectué avec les élèves doit leur restituer convenablement et fidèlement ce qui a été enregistré ;

– les montages sur cassette doivent rester de bonne qualité, et « survivre » à de nombreuses manipulations ;

– les enfants garderont un souvenir auditif marquant de ce qu'ils auront entendu et vécu collectivement ;

– leurs créations doivent être valorisées, et restituées dans des conditions d'écoute favorisant l'analyse ;

– les enseignants sont souvent amenés à faire des commandes de matériel pour l'école ; or ils ne prennent pas toujours le temps d'examiner les possibilités offertes par les publicités ;

– les coins-écoute peuvent constituer des lieux d'atelier à part entière, où l'on peut travailler, échanger, découvrir, etc. (ce qui est autre chose que « se détendre » !) ;

– les médias diffusent tant d'émissions et de documentaires que l'on ne sait pas toujours saisir l'opportunité qu'elles offrent.

Pour qui ?

– Pour les maîtres, afin qu'ils ne soient plus obligés de se « démener » pour obtenir un matériel fatigué, des rallonges inadéquates, des cassettes audio distendues, des cassettes vidéo bloquées dans un magnétoscope dont on ne leur a jamais expliqué le fonctionnement.

– Pour tout l'établissement, qui pourra envisager un vrai travail autour de l'*écoute* sous toutes ses facettes ; il vaudrait mieux doter une salle polyvalente d'une bonne chaîne et d'une bonne tour vidéo, plutôt que de commander plusieurs mono- ou bicassettes de qualité moindre.

– Pour les enfants, afin qu'ils apprennent à avoir un degré d'exigence pour tout ce qui a trait à l'écoute, qu'ils sachent manipuler avec précaution le matériel, qu'ils deviennent autonomes et responsables aussi dans cette activité qui tient une place grandissante dans leur hobby.

Comment ?

– En consultant le conseiller pédagogique *délégué à l'audiovisuel,* afin qu'il établisse, pour les classes et / ou l'école, un plan d'achats d'appareils faciles à manipuler et à gérer.

– En demandant qu'un jour l'établissement soit doté d'une *salle d'écoute* isolée à défaut d'être insonorisée, dans laquelle les enfants et les maîtres puissent vraiment « laisser parler » l'écoute.

– À défaut, c'est-à-dire en réalité, en essayant de trouver, avec quelques collègues, une solution telle qu'un matériel performant, bien adapté aux activités envisagées, et dépouillé des sophistications et gadgets à usage domestique.

– En planifiant les achats constitutifs *du matériel idéal* indispensable à la bonne gestion d'une séquence d'écoute. Il pourrait être ainsi constitué : une chaîne comportant ampli, bicassette, lecteur de C.D. (on peut parfaitement se passer d'un tuner), baffles avec rallonges pour les disposer assez loin des enfants, et si possible assez haut, commande à distance, micro, baladeur pour le coin atelier avec prise-multiple pour casques (multiples).
Quelques perfectionnements s'avèrent très judicieux, et particulièrement adaptés aux exigences d'un travail efficace sur l'écoute : un magnétophone pouvant ralentir le tempo sans déformer la musique (pour les activités corporelles), un double-compteur permettant les repérages sur les deux cassettes, un « repérage de blanc » c'est-à-dire un « chercheur » automatique des plages séparant les divers morceaux d'une cassette, une avance et un retour rapide sur le lecteur de C.D., indépendant des plages, afin de pouvoir se déplacer à l'intérieur d'un même morceau (comme on le fait pour les cassettes).

– En suivant des stages pour apprendre à manipuler et exploiter bandes, appareils et sons à l'aide d'une petite table de mixage (d'un prix abordable), et proposer ensuite aux élèves d'élaborer une musique spécialement conçue pour cette recherche.

– En étant à l'affût de toutes les *nouveautés* dont la qualité de l'enseignement peut bénéficier.

– En n'achetant pas n'importe quel *micro* ; multidirectionnel, unidirectionnel, largeur de la bande passante, seuil de distorsion, impédance, etc., tels sont certains des critères qui doivent guider le choix.

– En veillant à la *maintenance* du matériel qui ne doit être entreposé ni sur les radiateurs, ni sous une plante verte, ni au-dessous du tableau dont il récupère toutes les poussières de craie qui peuvent ainsi avoir raison de lui en l'espace de trois mois, ni à côté du bocal à poisson ! Il y a toujours des pères compatissants qui mettent leurs talents de bricoleur à la disposition de la classe pour confectionner soit un tiroir coulissant, soit un meuble pivotant, soit l'aménagement d'une armoire, etc., qui rendront le plus grand service à la pédagogie de l'écoute.

– En entretenant très précautionneusement le bicassette, bien sûr en nettoyant régulièrement les têtes de lecture, mais aussi en le *démagnétisant*. Cet usage est trop peu répandu ; peu de publicité lui est faite. Et pourtant, on peut acheter à un prix modéré une cassette de démagnétisation d'utilisation rapide et simple qui conserve aux bandes leur performance.

– En étant vigilant aux *réglages*, c'est-à-dire en équilibrant graves et aigus, sans privilégier ces derniers comme on a trop coutume de le faire ; s'il y a un équalizeur, en prenant le temps de lire la notice qui en spécifie le fonctionnement ; en évitant un phénomène de saturation aux enregistrements ; en baissant l'intensité (fuyant en cela le modèle des salles de cinéma où le volume atteint la limite du supportable) ; en rééquilibrant la balance ; en adaptant les réglages au type de document écouté.

– En relisant ce qui a été dit plus haut de la nécessité d'installer un coin-écoute et une cassettothèque interne à la classe. Lorsque l'enseignant a acquis une bonne maîtrise de la gestion du travail en ateliers, il peut intégrer ce coin-écoute à tout travail en ateliers proposé aux enfants. Organisé comme une mini-discothèque où les enfants devront apprendre à être autonomes, il leur donne libre accès à la réécoute des documents étudiés en classe, mais aussi à tout un vivier de documents sonores « inédits » sans cesse renouvelés par maître et élèves.

– En s'équipant d'une télévision et d'un magnétoscope (un bon lecteur de cassettes vidéos peut suffire) auxquels on appliquera les mêmes conseils que ceux exposés plus haut... et que l'on n'utilisera pas que les jours de pluie, en guise de récréation !

Des documents audiovisuels

Plusieurs fois au cours de cet ouvrage, nous avons fait référence à eux. Le temps est venu de préciser ci-dessous quelques points soulevés par leur usage.

Savoir sélectionner des documents audio visuels

Il ne se passe pas une semaine sans qu'une chaîne de télévision au moins diffuse un concert, une émission, un documentaire, un enregistrement historique ou « hard » sur la musique, ou plutôt *les* musiques. Les amateurs peuvent monter toute une collection d'opéras enregistrés en public et commercialisés ; en l'espace de quelques années, ils détiennent même plusieurs versions d'un même opéra et se lancent alors dans les écoutes (et les regards) comparatives des diverses interprétations.

Que sélectionner pour la classe ?

Nous serions tentées de répondre : tout ! Lorsque l'on s'engage dans ce type de recherche, explorer, dans un premier temps, tout ce qui existe permet de repérer les orientations prises par les réalisateurs des émissions. Il suffit alors de sélectionner quelques minutes d'extraits intéressants, même s'ils ne s'intègrent pas toujours dans le projet de la classe. Viendra un moment où l'on sera à même de faire des regroupements et des recoupements de montages donnant plusieurs facettes d'une même problématique. Il faut avouer en ce domaine, que les objectifs de travail peuvent se dessiner *après* que l'on ait engrangé tout ce matériel. Mais on aura à cœur de diversifier les types de document proposés ; il y a ceux qui parlent des instruments (fabrication, rôle social, spécificité selon les époques et les pays), ceux qui parlent des instrumentistes (leur travail au quotidien, leur parcours, leur vision de la musique, leur place dans la vie sociale et musicale de l'orchestre), ceux qui parlent de la musique (enregistrements publics de concerts, mais aussi répétition de ceux-ci où il est passionnant d'écouter une phrase musicale évoluer sous les injonctions et les gestes conjugués du chef d'orchestre), ceux qui parlent des musiques du monde (et qui les relient aux rites, aux coutumes, aux danses, à la religion, etc.)

Quel est l'intérêt d'utiliser l'audiovisuel pour la musique ?

Il est multiple. En effet, avant de parvenir à cette écoute abstraite, ou une certaine forme d'écoute intérieure, le document audiovisuel offre à l'enfant la possibilité de voir vivre la musique par ceux mêmes qui en vivent. Connaître, reconnaître un instrument, ne se fera pas parce qu'un maître consciencieux aura montré quelques minutes, et de loin, une photo agrandie (et c'est déjà bien !) de cet instrument. Quoi de plus triste que ces photos de documentaires présentant un violon disposé verticalement à côté de son archet pendant misérablement de haut en bas ! Alors qu'en quelques minutes de visionnement d'un orchestre dans le feu de l'action, on pourra observer tout à loisir cet instrument, sa place dans l'orchestre, sa place par rapport au chef d'orchestre, sa tenue sur l'épaule de l'instrumentiste, la mobilité de l'archet, les usages diversifiés de celui-ci, les *pizzicati*, etc., et y associer le son, la plasticité de la ligne mélodique, le déploiement de son message affectif qui se lit aussi dans les battements de cils et les respirations de l'interprète. Curieux du « comment ça marche », les enfants pourront visionner dans les semaines suivantes un documentaire sur la lutherie. Les CDDP disposent actuellement d'excellents documents audio-visuels correspondant à ces orientations.

Savoir utiliser un document audio-visuel en classe

C'est le moment (encore !) de travailler par ateliers, en focalisant le travail et les discussions sur plusieurs facettes du document sonore. Lorsque les enfants sont en âge de lire, on pourra agrémenter ce travail d'un questionnaire et / ou de documents écrits. On veillera à élaborer une progression qui fasse appel aux démarches diversifiées que nous avons évoquées dans les chapitres précédents.

Mais on pensera aussi, le moment venu, à dissocier image et son. Comment ? Prenons l'exemple d'un orchestre en train d'exécuter une œuvre[32] ; on pourra dans un premier temps présenter le document en ôtant totalement le son pour avoir la possibilité d'identifier visuellement les instruments, de les nommer, de discuter au fur et à mesure que défile l'image, d'émettre des hypothèses sur le style de musique en observant gestes et expressions des protagonistes. Puis dans un deuxième temps, on donnera l'intégralité du

32. On attirera aussi l'attention des enfants sur le remarquable travail de prise de vue et de synchronisation de celle-ci avec la structure musicale de l'œuvre.

document à voir et à entendre. Dans un troisième temps, on ôtera l'image, et on pourra enfin s'essayer à reconnaître ces instruments en cherchant ses empreintes visuelles sur l'écran de la mémoire mémorisante.

Savoir se passer d'un document audio-visuel en classe

Utiliser ce que la télévision nous donne à voir et entendre d'une musique n'est pas pour l'enseignant céder aux us et coutumes de notre époque. Rééduquer le regard au même titre que l'écoute, faire de l'un et de l'autre des outils de connaissance au quotidien, en étudier les interactions, ont toujours fait partie des soucis pédagogiques de l'enseignant. Mais il y a un moment où l'on doit parvenir à une écoute qui puisse faire abstraction du support visuel. On veillera alors à présenter des documents audio qui soient de l'ordre du « pareil / pas pareil », avant de pouvoir s'immerger dans un univers de sons qui parle comme une histoire « sans parole » et sans image !

3 | Les instruments

«Un instrument, ça a pas de bouche pour parler et pour chanter; et pourtant i peut dire tout haut ce que tu pleures tout bas»

Mohamed, CE2.

1. Connaître et reconnaître les instruments

Leur spécificité

Depuis des temps très anciens les instruments de musique accompagnent la vie des hommes. Destinés à l'origine à suppléer la voix ou imiter les cris d'animaux, ils sont devenus les interprètes privilégiés des moments heureux ou douloureux, le support indispensable de la prière. Toutes les civilisations les ont adoptés, sélectionnant dans l'environnement immédiat les matériaux sonores les plus adaptés, les façonnant quelquefois avec une richesse extrême selon leur destination. Les instrumentistes participent, pour une large part, à leur évolution, cherchant à intégrer les nouveautés techniques afin d'obtenir une plus grande vélocité doublée d'une sonorité toujours plus recherchée.

Ce sont généralement des transformateurs d'énergie mécanique en énergie vibratoire aérienne. Selon E. Leipp ils ont toujours deux parties distinctes : un système « excitateur » qui peut prendre des formes variées, et un système « amplificateur », le corps sonore. L'énergie est utilisée différemment selon les types d'instruments. Pour le violon, elle est transformée en vibrations continues par l'archet ; dans le pavillon de la trompette, le système amplificateur localise les variations de la pression aérienne.

Certains d'entre eux présentent la particularité de ne pas faire entendre la note qu'on leur donne à jouer ; ce sont les **instruments transpositeurs**. Un instrument est appelé *transpositeur* lorsque, par exemple, le musicien lit et joue un DO, mais qu'en réalité la note émise est un SI♭ (pour la clarinette en SI♭), un FA (pour le cor en FA), etc. Ce qui revient à dire que le compositeur qui veut faire entendre un SI♭ à la clarinette en SI♭, doit écrire un DO sur la partition (et l'instrumentiste jouera le doigté du DO). Cette pratique d'écriture, à l'origine destinée à faciliter le jeu de quelques instruments aux doigtés complexes (clarinette, trompette et cor), tend à disparaître dans la musique contemporaine, allégeant ainsi les problèmes de déchiffrage et de lecture. Que l'on imagine les difficultés du chef d'orchestre néophyte confronté à une partition qui débuterait par un DO à l'unisson, pour tout l'orchestre, noté en fait SI♭ et LA pour les clarinettes, RÉ, MI♭ et FA pour les cors, SI♭, RÉ, MI♭ et FA pour les trompettes !

D'autre part, on observera la complexité d'émission des sons pour les cuivres ; le regard n'est le plus souvent attiré que par le jeu mobile des quatre doigts posés sur les pistons. Or, à une position de doigts, correspondent plusieurs positions de lèvres ; pincées en travers de l'embouchure, elles s'étirent, se plissent plus ou moins, en fonction de la pression de l'air, partenaire indissociable du doigté quant à la hauteur de la note émise.

La répartition, l'échelonnement et la densité des harmoniques (et de leur regroupement, les formants) confèrent des qualités spécifiques de timbre au son entendu. Les harmoniques inférieurs développent une impression de plénitude alors qu'une autre répartition peut donner une sensation de sons secs ou creux.

Il est prouvé par de multiples expériences, que la *qualité du son produit dépend plus du musicien* que de la matière, plus ou moins noble, de l'instrument. L'œuvre de Varèse, *Densité 21,5,* ne sonnera pas mieux sur la flûte en or de J.-P. Rampal, que sur une flûte traversière en platine (de densité 21,5) ou en argent.

Leur classification

Si l'on désire établir un classement pour tous les instruments existant sur la planète, il est indispensable d'adopter les termes choisis par les organologues. Les regroupements qu'ils opèrent tiennent compte des modes de production sonore spécifiques à certains instruments traditionnels orientaux et occidentaux n'ayant pas leur place dans notre classification habituelle, assez restrictive.

Nous avons donc choisi de nous conformer dans un premier temps à cette classification, dans laquelle les instruments confectionnés par les enfants trouvent facilement leur place, pour aborder ensuite, celle, beaucoup plus classique, de l'orchestre symphonique.

Classification globale

• **Cordophones** : instruments à une ou plusieurs cordes de longueur variable ou constante, de matières différentes, pouvant vibrer par pincement, frottement, percussion, action d'un courant d'air ou par vibrations sympathiques.

• **Aérophones** : instruments mettant en vibration une colonne d'air dans un tube de longueur et de grosseur variables. Cette colonne peut vibrer par un courant d'air insufflé par un orifice étroit, par une anche vibrante simple ou double, par les lèvres faisant fonction d'anches dans une embouchure plus ou moins large et profonde.

• **Membranophones** : instruments dont l'émission du son est obtenue en mettant en vibration une membrane de matières variées par percussion, friction, pincement, ou action de l'air.

• **Idiophones** : instruments dont le matériau qui constitue le corps peut être mis directement en vibration par percussion, entrechoquement, pincement, friction ou action de l'air.

Il faut noter, pour les instruments à percussion, le rôle déterminant de la forme et de la matière des percuteurs sur la production sonore. Appelés mailloches ou «battes», ces accessoires modulent l'intensité, le timbre, la hauteur et la durée selon l'œuvre interprétée. L'écoute est en rapport direct avec le geste de l'interprète qui modèle l'un en fonction de l'autre.

Classification par familles d'instruments

Cordes

Tendues et pincées dans leur utilisation la plus ancienne, elles se retrouvent dans toutes les civilisations. Quelquefois doublées pour une meilleure résonance, frottées par l'archet pour chanter, elles ont été progressivement dotées d'une table d'harmonie pour en magnifier la sonorité, le volume. Élégantes, précieuses parfois, elles ont acquis de par le monde leurs lettres de noblesse.

Elles se subdivisent en trois groupes :
– *Frottées* : violon, alto, violoncelle, contrebasse, viole de gambe...
– *Pincées* : harpe, guitare, luth, clavecin...
– *Percutées* : piano, cymbalum, koto...

Vent

Ils se répartissent en deux familles :

Bois

Instruments de la nature et de l'espace, les bois jouent les confidents de rêveries agrestes, de mélancolies romantiques mais aussi les entraîneurs joyeux de danses populaires. La flûte se distingue en s'habillant, selon les climats, de bambou, de bouleau, de buis, de palissandre, de maillechort, d'argent, d'or et même de platine. Ils se subdivisent en trois groupes :
– *Air insufflé* : flûte traversière, petite flûte ou piccolo... flûtes à bec...
– *Anche vibrante simple :* clarinette, clarinette basse, saxophone[1] (soprano, alto, ténor, basse)...
– *Anche vibrante double :* hautbois, cor anglais, basson, chalumeau, bombarde...

Cuivres

Les lèvres de l'instrumentiste servent d'anche vibrante sur l'embouchure.

Majesté et gloire se manifestent par l'ampleur et la puissance des cuivres depuis la plus haute antiquité; l'époque contemporaine, sans leur retirer ce caractère majestueux leur a ouvert (avec les pistons) un monde plus subtil, plus riche de possibilités et de sonorités.
– *pistons :* trompette, cor d'harmonie, tuba, cornet à pistons...
– *coulisses :* trombone.

Percussions

Pourtant très sommaires, les premières percussions n'en étaient pas moins un moyen de communication efficace. Légères ou tonitruantes, elles scandent le rythme de la vie depuis le début du monde pour devenir de nos jours indépendantes, offrant de somptueuses palettes de couleurs sonores.
– *peau :* timbales (pouvant jouer un son déterminé; utilisées par 2, 3 ou 4) caisse claire, grosse caisse, tambourin (son non déterminé)...
– *métal :* cymbales, triangle, célesta...
– *bois :* xylophone, castagnettes, fouet...

Instruments de l'orchestre symphonique

Les Cordes : violons, violons altos ou altos, violoncelles, contrebasses

Ces instruments sont tous composés d'une *caisse*, d'un *manche* au bout duquel la *crosse* reçoit les *chevilles* permettant de maintenir les *quatre cordes*

1. Jamais instrument ne fit autant scandale et ne déclencha autant de polémiques que le saxophone; ce rejet, lié à sa « bâtardise » manifestée à travers son corps de cuivre et son bec muni d'une anche simple sur le modèle de celui de la clarinette, sévit encore... puisque certains le rangent dans une famille « à part ».

enroulées. Sur le manche, une plaque de bois noir collée porte le nom de *touche* puisqu'elle permet à l'instrumentiste de toucher les cordes pour produire des sons différents. Celles-ci sont fixées à l'extrémité du manche par les chevilles et à l'autre extrémité de la caisse par un morceau de bois triangulaire, *le cordier*. Le *chevalet* placé sur la caisse, entre la touche et le cordier, permet de maintenir les cordes écartées entre elles à une certaine distance de la caisse pour assurer une bonne résonance.

À l'intérieur de la caisse, sous le chevalet est placé un petit morceau de bois «l'âme» qui assure la transmission des vibrations. L'archet, composé d'une baguette de bois souple et résistant et d'une mèche de crin sert à frotter les cordes pour les faire vibrer.

Tous les instruments à cordes frottées fonctionnent sur ce principe, même s'ils ont un plus grand nombre de cordes. Plus l'instrument est gros plus il «sonne» grave. Plus les cordes sont grosses, plus l'archet est épais et raccourci.

Les Vents

Ils se scindent en deux grandes catégories : Bois et Cuivres. Ces instruments sont composés d'une colonne d'air que l'on modifie en ouvrant ou fermant, directement avec les doigts ou à l'aide de *clés* les ouvertures pratiquées dans le tuyau (bois) ou en contrôlant l'importance de cette colonne avec des pistons ou une coulisse (cuivres).

Bois

Entrent dans cette catégorie les petits instruments à vent, qu'ils soient en bois ou en métal, qu'ils se jouent avec un *bec* ou une *anche*.

- **Flûte** de forme cylindrique : n'est en métal que depuis deux siècles. Elle est un des instruments les plus rapides et les plus aigus de l'orchestre. Son nom de flûte traversière vient de sa tenue par le musicien. Elle se verra dotée d'un système mécanique de clés, permettant l'ouverture et la fermeture simultanée de plusieurs trous par l'intermédiaire d'un seul doigt, grâce à T. Bœhm dans les années 1832. L'usage de la flûte à bec est réservé à la musique ancienne.
- **Piccolo** (ou petite flûte) : d'environ 33 cm de long, soit moins de la moitié de la taille de la *grande flûte*, elle joue à l'octave supérieure de celle-ci. Ses aigus surpassant tous ceux de l'orchestre, elle émerge au-dessus du magma sonore des tutti, et de ce fait, se rend parfaitement identifiable.
- **Clarinette** (bois) : instrument transpositeur souvent en ébène; plus cylindrique, elle se joue à l'aide d'un bec sur lequel on glisse une «anche» simple (morceau de roseau plat dont la partie qui touche les lèvres est extrêmement fine).
- **Clarinette Basse** : comme l'indique son nom, elle sonne à l'octave inférieure de la précédente. Elle a des allures de saxophone alto, avec son pavillon de métal recourbé et son bec coiffant un col de cygne prononcé.
- **Hautbois** (bois) : de forme et de perce conique; se joue avec l'aide d'une «anche double» (petit morceau de roseau ayant la forme d'une paille écrasée) introduit dans le corps de l'instrument pour le faire vibrer. C'est lui qui «donne le LA» sur lequel s'accorde l'orchestre. On lui préfère parfois pour les soli le *hautbois d'amour*, instrument transpositeur au timbre plus velouté.

• **Cor anglais** (bois) : un peu plus grand et plus grave que le hautbois, il possède aussi une « anche double ». Son originalité vient de son pavillon rebondi (en forme de poire). Dénommé par nos voisins britanniques « *french horn* », il n'a en fait rien d'anglais ! Ce nom lui viendrait d'une déformation du qualificatif « *anglé* » désignant un modèle coudé.

• **Basson :** plus long et plus grave que les autres, il ne peut être joué qu'en introduisant une « anche » double, plus large que celle du hautbois, à l'extrémité du bec de métal (appelé bocal) introduit dans le corps de l'instrument.

• **Contrebasson :** dernier de cette famille des quatre anches doubles, c'est l'instrument le plus grave de l'orchestre, jouant à l'octave inférieur du basson. Son tuyau déplié atteindrait les six mètres de long !

• **Saxophone :** né au XIXe siècle. Son corps de métal, son bec à « anche » simple, très proche de celui de la clarinette, en font un instrument original qui a éprouvé des difficultés à s'intégrer à l'orchestre symphonique. Les quatre types de saxophones les plus utilisés sont : le saxo soprano, le saxo alto, le saxo ténor, très appréciés en jazz, et le saxo basse.

Cuivres

• **Trompette :** le plus aigu de la famille des cuivres. Se joue en actionnant des pistons. Pour obtenir les notes aiguës, le musicien doit fournir un effort pulmonaire intense.

• **Cor :** un des plus anciens instruments au monde, il s'ébauche à travers la conque marine, ou l'olifant. Après avoir été simplement un grand tube enroulé (cor de chasse) ne donnant que les notes de l'accord parfait, le cor a été transformé au XIXe siècle en instrument moderne par l'adjonction de pistons lui permettant de jouer sur une échelle musicale beaucoup plus étendue.

• **Trombone :** d'abord appelé « Sacqueboute » (de « saquer » = tirer et « bouter » = pousser), il prend forme en France. Son système de coulisses, qui lui permet d'allonger et de raccourcir la colonne d'air, est spectaculaire mais demande à l'instrumentiste une extrême précision pour atteindre les sept positions ; celles-ci ne correspondent pas à la succession des sept notes de la gamme !

• **Tuba :** revendiquant la même paternité que le saxophone, car conçu aussi par A. Sax, il est spectaculaire par ses proportions. Il exige un grande quantité d'air. Dans l'orchestre depuis le XIXe siècle, il se joue avec trois, quatre ou six pistons. On le double parfois du plus grave de la famille : le *Contre tuba*.

Les Percussions

Cette famille regroupe des instruments utilisant trois types de production sonore : la peau, le métal, le bois.

Leur variété est infinie, nous n'en citerons ici que les plus usités.

Peau

Instruments à sons déterminés

• **Les Timbales** sont les seules dans cette catégorie ; la peau peut être tendue ou détendue par un système de vis placées autour de la calotte, commandées par une pédale permettant une grande souplesse d'emploi. Une seule timbale ne peut émettre que 3 ou 4 sons, ce qui explique qu'elles sont souvent groupées par deux, trois ou quatre selon les exigences de la partition. Leurs équivalents s'appellent « Toms » dans la batterie[2] de Jazz.

Instruments à sons indéterminés

- **Grosse caisse, Caisse claire, Tambourins, Tambours de basque**, etc.

Métal

Instruments à sons déterminés

- **Le Célesta** se joue sur un clavier frappant des lamelles de métal ; il est la version perfectionnée du Glokenspiel.
- **Le Glokenspiel**, de tessiture moins étendue, est frappé directement avec des percuteurs.
- **Le Carillon**, formé d'un portique auquel est suspendue une série de tubes métalliques de taille et de longueur variées, apparaît surtout dans les opéras.

Instruments à sons indéterminés

- **Cymbales** de diamètre variable, **Gongs**, **Triangle,** etc.

Bois

Instruments à sons déterminés

- **Le Xylophone :** utilisé à partir de la fin du XIXe siècle, il se compose de lames de bois de taille décroissante donnant des sons précis et assez secs.
- **Le Marimba :** sorte de xylophone muni de tuyaux servant de résonateurs placés sous les lames, produisant une sonorité très douce.
- **Le Bloc chinois :** groupe de cavités de volume différent[3] ; il a fait son entrée dans l'orchestre avec le XXe siècle.

Instruments à sons indéterminés

- **Castagnettes, Fouet,** etc.

Pour ceux qui nécessitent l'emploi d'une mailloche, les percuteurs sont déterminants dans la production du grain et de la qualité du son. Leur boule de frappe utilise de nombreux matériaux : laine, feutre, caoutchouc, plastique, bois, ballets de métal, etc.

Instruments de musique de chambre

Dans les formations dites de *musique de chambre* (*salon* au XVIIIe siècle), la composition des groupes est extrêmement variée, réunissant des instruments de la même famille comme le quatuor à cordes ou, au contraire, groupant divers instruments pour former un petit orchestre d'une dizaine de musiciens.

---

2. On se méfiera d'une certaine propension à utiliser indifféremment les termes de « percussion » et de « batterie ». La Batterie rassemble un certain choix de percussions destinées à la musique de jazz ou de variété ; elle se compose d'un certain nombre de toms, d'une grosse caisse à pédale, d'une caisse claire, et de plusieurs cymbales dont la Charleston.
3. Chacun de ses composants s'apparente à un woodblock dont les cavités de résonance auraient été améliorées.

Les ensembles les plus répandus sont :

- **Duos :** Piano-violon, piano-violoncelle, piano-flûte, etc.
- **Trios :** Violon-alto-violoncelle, piano-violon-violoncelle, trio d'anches : hautbois-clarinette-basson, etc.
- **Quatuor :** Quatuor à cordes, deux violons-alto-violoncelle, autres regroupements, piano-violon-alto-violoncelle, quatuor de trombones, etc.
- **Quintettes :** Quatuor à cordes + piano, quintette à vent de formation très libre avec des bois et / ou des cuivres, etc.

De nombreuses œuvres sont écrites pour sextuor, septuor, octuor, dont l'équilibre sonore varie en fonction de l'inspiration du compositeur.

SCHÉMA COMPARATIF DES TESSITURES DES DIFFÉRENTS INSTRUMENTS PRÉCITÉS

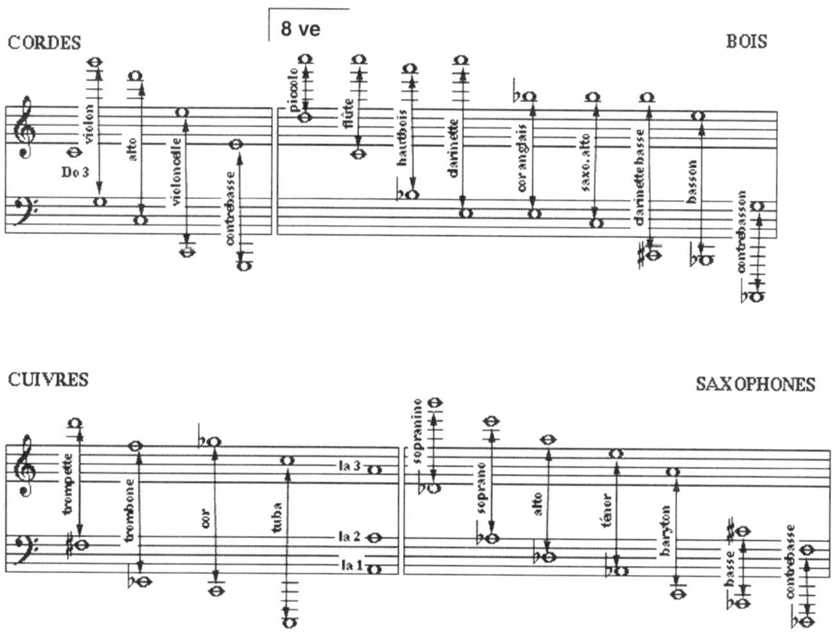

Autres instruments

Nous ne pourrions prétendre tous les citer, et on conseillera au lecteur de consulter les ouvrages (*cf.* Bibliographie, p. 219) qui en donnent le descriptif détaillé, l'histoire, etc., tandis qu'il écoutera des œuvres les mettant en valeur (*cf.* Discographie, p. 225).

Nous avons cependant choisi de dresser un tableau sommaire des instruments dont le nom fait partie désormais des mémoires populaires, par le biais de lectures ou d'enregistrements.

INSTRUMENTS	SYNONYMES	FAMILLE	ORIGINES	CARACTÉRISTIQUES
Accordéon		Aérophone	Populaire	Système d'anches libres ; plusieurs registres ; 2 côtés (mélodie accords)
Arc musical		Cordophone		Corde pincée ou frottée ; bouche ou calebasse comme résonateur
Arpeggione	Guitare à archet	Cordes	Vienne ; 1823	6 cordes, guitare à archet de la taille du violoncelle
Balai		Battes pour idiophone		Sorte de « balai » d'acier utilisé comme une batte
Balalaïka		Cordes pincées	Ukraine	3 cordes dont 2 identiques ; corps triangulaire
Bandonéon		Aérophone	Populaire	Système d'anches libres ; plus grand que le concertina
Banjo		Cordes pincées	Afrique, Amérique du Nord	4 à 9 cordes à accord variable ; long manche ; corps = tambourin
Bombarde		Aérophone ; bois	XVe	Ancêtre du hautbois ; 7 trous ; bec dépourvu d'anches
Bongos		Idiophone (peau)		Toujours par paire ; fût conique ; peau de chèvre
Bugle	Flicorne ; saxhorn	Aérophone ; cuivre	Autriche ; 1830	Passage du cor à clefs au cor avec pistons rotatifs
Cabaza		Idiophone	Afrique	Calebasse entourée de noyaux de fruits entrechoquant
Cencerros	Cloches d'alpage	Idiophone (métal)		
Cistre		Cordes pincées	XVIe	40 cordes (par 2) au 18° ; ancêtre de la mandoline ; piriforme
Clavecin		Cordes + clavier		Cordes pincées par plectre ; 2 claviers ; plusieurs séries de cordes (jeux)
Clavicorde		Cordes + clavier		Cordes frappées par tiges de métal ; mécanisme doté d'étouffoirs
Concertina		Aérophone	Populaire	Système d'anches libres ; petit accordéon sans clavier
Congas	Tumbas	Idiophone (peau)	Afrique ; puis Amérique	Sorte de timbales populaires ; souvent par trois
Cor de basset	Clarinette alto	Aérophone ; bois	XVIIIe	À l'époque tuyau recourbé ; actuellement ressemble à la clarinette basse
Cornemuse		Aérophone	Orient ; Europe au Moyen Âge	3 tuyaux type clarinette (1 mélodique, 2 bourdons) + réservoir d'air
Crécelle		Idiophone (bois)	Populaire ; carnaval	Frottement entre une roue dentée et une languette de bois

Cromorne		Aérophone ; bois	Moyen Âge	Famille de hautbois ; tuyau conique recourbé
Cymbalum		Cordophone	Hongrie	Cithare sur pied ; cordes frappées ; comporte une sourdine
Épinette		Cordes + clavier	Italie, Allemagne	Cordes pincées par plectre ; 1 clavier ; une seule série de cordes
Flageolet		Aérophone ; « bois » !	XVIIIe	Précurseur du piccolo
Fouet	Claquette	Idiophone (bois)		Deux planchettes reliées par une chainière
Galoubet	Flûtet	Aérophone ; « bois » !	XVIe, populaire	Se joue d'une main ; accompagné du tambourin
Guimbarde		Idiophone (métal)	Populaire ; ancien	La bouche sert de résonnateur à la languette pincée
Guiro		Idiophone (bois)		Calebasse rainurée, en forme de poisson, que l'on racle
Guitare hawaïenne		Cordes pincées	Hawaï	Petite guitare à 4 cordes permettant vibrato et glissando
Harmonica		Aérophone	Populaire	Système d'anches libres ; produit des sons différents sur l'inspir
Harmonium		Aérophone + clavier	XIXe	« Orgue en réduction », sans tuyaux ; système d'anches libres
Harpe éolienne		Cordophone	Antiquité	Cithare sur caisse longue et étroite ; le vent actionne les cordes
Koto		Cordophone	Japon	Cordes tendues au-dessus d'une table cintrée
Luth		Cordes pincées	Arabie ; Moyen Âge	6 rangs de cordes ; cordier frontal ; chevillier à angle droit
Mandoline		Cordes pincées	XVIIIe	Cordes groupées par paire ; piriforme
Mélodica		Aérophone	Populaire	Système d'anches libres ; sorte de flûte à clavier
Mirlitons	Tambours à air		Jouet ; carnaval	Exemple : peigne recouvert d'une membrane dans laquelle on souffle
Musette		Aérophone	France ; XVIIe	3 tuyaux type hautbois (1 mélodique, 2 bourdons) + réservoir d'air
Ocarina		Aérophone	Italie ; 1860	Flûte globulaire à bec, en terre
Ondes Martenot		Électronique	Martenot ; Paris ; 1928	Clavier ; ruban pour glissandi ; réglage de timbres, nuances, diffuseurs

INSTRUMENTS	SYNONYMES	FAMILLE	ORIGINES	CARACTÉRISTIQUES
Orgue		Aérophone + clavier	Antiquité	Tuyaux « à bouche » et à anche ; jeux et claviers multiples ; soufflerie Transmission mécanique, pneumatique ou électromagnétique
Piano	Abréviation de pianoforte	Cordes + clavier		Cordes frappées ; 1 clavier ; 2 pédales (1 prolonge le son, 1 l'estompe)
Pianoforte		Cordes + clavier	Florence, 1709	Cordes frappées ; 1 clavier ; 2 pédales (1 prolonge le son, 1 l'estompe)
Pochette		Cordes + archet	XVIe	3 cordes ; petit violon logeant dans la poche du maître à danser
Psaltérion		Cordophone	Moyen Âge	Cithare sur table avec touche ; cordes pincées
Rebec	Rubèle	Cordes + archet	Rabâb arabe	1er instrument à archet du Moyen Âge
Sarrusophone		Aérophone ; « bois » !		Grand hautbois ; tuyau métal ; se joue presque comme le saxophone
Scie musicale			Populaire ; cirque	Lame flexible que l'on joue avec un archet (+ vibrato de la cuisse)
Sistre		Idiophone	Égypte (culte d'Isis)	Petits disques de métal ou de bambou s'entrechoquant
Tam-tam		Idiophone (métal)	Extrême-Orient	Sorte de gong plat en métal à ne pas confondre avec les tom-tom
Tambour de basque	Tambourin à sonnailles	Idiophone		Réunit les qualités de la peau frappée et du métal secoué
Tempelblock	Bloc chinois	Idiophone (bois)	Sud-est asiatique	*cf.* bloc chinois
Théorbe	Archiluth	Cordes pincées	Padoue ; XVIe	8 cordes métalliques + 8 cordes de bourdon hors du manche
Toms-toms		Idiophone (peau)	Chine	Assortiment de petites timbales ; à ne pas confondre avec les tam-tam
Trompette d'Aïda		Aérophone ; cuivre	Pour Verdi ; 1871	Plus puissante que trompette soprano ; tuyau droit plus court
Trompette de jazz		Aérophone ; cuivre		Plus longue et plus mince que trompette en SI♭
Tympanon		Cordophone	Moyen Âge	Cithare sur table avec touche ; cordes frappées
Vibraphone		Idiophone (métal)		Métallophone enrichi d'un vibrato variable
Vièle	Vielle	Cordes + archet	XVe	5 à 7 cordes
Viola da braccio		Cordes + archet	XVIe	4 cordes ; ancêtre du violon ; tenue par le bras à hauteur d'épaule
Viole d'amour	Viola d'amore	Cordes + archet	XVIe	5 à 7 cordes en boyau ; 7 à 14 cordes sympathiques en métal
Viole de Gambe	Viola da gamba	Cordes + archet	XVIe	6 à 7 cordes ; 7 frettes sur la touche ; ancêtre du violoncelle ; sans pique
Virginal		Cordes + clavier	Angleterre, Pays-Bas	Cordes pincées par plectre ; 1 clavier, une seule série de cordes
Xylorimba		Idiophone (bois)		Intermédiaire entre xylophone et marimba

2. S'entraîner à l'épreuve instrumentale au concours

Le candidat dispose du choix entre l'épreuve instrumentale et l'épreuve vocale. Nous rappelons ici, que s'il choisit l'épreuve instrumentale, il n'est nullement dispensé de faire entendre sa voix. Cette constante est demeurée au gré des remaniements des textes émanant du Ministère, tant il est indispensable qu'un maître supposé polyvalent ne fasse pas l'impasse sur la formation et l'utilisation de sa voix chantée.

On veillera donc à se reporter au chapitre **S'entraîner à l'épreuve vocale au concours** » (*cf.* p. 37) pour se préparer à ce volet incontournable de l'épreuve.

Modalités de l'épreuve instrumentale et critères d'évaluation

> L'épreuve instrumentale « consiste en une interprétation instrumentale (...) d'une œuvre choisie par le candidat. La durée pourra varier de deux à cinq minutes.
>
> L'objectif de l'épreuve n'est pas de vérifier des compétences techniques de spécialiste, au sens de virtuosité. Le jury appréciera les aptitudes instrumentales (...) du candidat, la cohérence entre ses capacités techniques et l'œuvre choisie, enfin ses qualités d'expression musicale.
>
> L'interprétation pourra être réalisée avec ou sans accompagnement (enregistrement ou accompagnateur). » (B.O. 24 / 09 / 1994)[4]
>
> ***N.B.*** **:** pour l'œuvre exécutée instrumentalement, le texte ne mentionne pas d'obligation de mettre la partition à la disposition du jury.

Que doit-on comprendre de ce texte ?

– Il ne faut pas confondre « *exécution* » instrumentale et *interprétation* instrumentale. Quel que soit le nombre d'années passées à travailler un instrument, il faut avoir acquis assez de maîtrise des paramètres techniques requis par *l'exécution* pour oublier et faire oublier les éventuelles difficultés liées à la partition. Il s'agit maintenant de faire preuve de musicalité, d'engagement personnel, en recherchant un certain équilibre entre le respect du style d'une époque et *l'interprétation* que l'on peut se permettre.

– Il ne s'agit pas de présenter au dernier moment le « morceau en cours », ou *le* morceau que l'on avait appris il y a un certain nombre d'années, du temps où l'on travaillait l'instrument, mais le choix présidant à la sélection de ce morceau doit reposer sur des motivations sérieuses et un engagement de la sensibilité.

– Il faut respecter les temps minima et maxima fixés par les textes ; si le morceau retenu ne répond pas à ces critères, il faudra l'écarter. On veillera de même à minuter le morceau avec et sans les éventuelles reprises mentionnées par la partition, afin de moduler le temps d'exécution.

– Il faut savoir reconnaître les difficultés techniques inhérentes au morceau sélectionné, afin de ne pas s'engager dans une œuvre ridiculement trop « facile » ou trop « difficile » *par rapport à son propre niveau.*

4. L'intégralité du texte régissant le concours se situe en Annexes (p. 233) à la fin de cet ouvrage.

– Les candidats jouant des instruments autres que le piano devront penser à l'accompagnement et au type d'accompagnement qu'ils désirent. On appliquera au domaine de l'accompagnement pour l'épreuve instrumentale les mêmes conseils que pour l'épreuve vocale (*cf.* p. 42).

– Même si le texte ne mentionne pas la nécessité de fournir une partition au jury, il est judicieux de la présenter tout de même. Cela évitera que l'on vienne éventuellement lire votre partition par-dessus votre épaule.

Quels sont en détail les critères d'évaluation habituellement retenus ?

La musicalité et l'interprétation

Ces termes désignent une qualité d'investissement, d'engagement, de réappropriation du morceau, se traduisant par une mise en valeur de ses différents composants : contours mélodiques, fluidité du discours musical, changements d'éclairage provoqués par les modulations, dynamique et précision rythmique, respect des phrasés et du style, maintien du tempo sauf indications contraires (d'où l'utilité pour le jury de pouvoir consulter la partition), relief des nuances, mise en lumière des premiers plans et des arrières plans, intelligence de la forme musicale traduite par des espaces sonores différenciés, capacité à créer un climat.

Le jury est généralement bon public; c'est un moment privilégié pour lui pendant lequel il peut se repaître de musique et se reposer du discours analytico-musicolo-pédagogique qui enveloppe la deuxième épreuve ! Offrez-lui un concert ! Il le vit très souvent comme cela, retrouvant à regret sa grille d'évaluation après votre départ de la salle un instant transfigurée en un de ces lieux mythiques qui abritent les grands festivals.

Les aptitudes instrumentales

Elles se révèlent à travers votre degré de maîtrise des différents aspects techniques propres à votre instrument, et à la partition. Il ne vous est pas demandé de faire preuve de virtuosité et de battre ce jour là votre record de quadruples croches à la seconde ! On n'attend pas non plus de vous la perfection technique à laquelle les enregistrements nous ont habitués. Vous veillerez surtout à soigner tous les détails qui sont les garants d'une interprétation sans entrave.

Nous signalerons ci-dessous quelques-uns de ces détails qui font le plus souvent cruellement défaut :

– dosage des pédales pour les pianistes[5],

– gestion du souffle et de la colonne d'air pour les instrumentistes à vent (qui devront ainsi veiller à ne pas couper les phrases lorsqu'ils arrivent au bout de leur réserve d'air),

– gestion des coups d'archet pour les instrumentistes à cordes frottées,

– etc.

---

5. Et ne dites pas au jury : « je ne l'ai pas encore appris avec la pédale ! »

Dans tous les cas, prenez le temps d'accorder votre instrument, demandez que l'on vous autorise un essai de quelques notes pour entendre comment il répond dans l'acoustique de la salle. Et donnez-vous comme consigne, quelles que soient les éventuelles erreurs (qui risquent de ne même pas être pénalisées si l'ensemble demeure musical et cohérent), de ne surtout pas vous arrêter. Jouez... le jeu jusqu'à la double barre !

La cohérence entre les capacités techniques et l'œuvre choisie

Nous avons déjà mentionné plus haut l'importance de ce choix. Être *cohérent*, cela implique :

– être conscient de son propre niveau d'exécution, mais aussi connaître les effets inévitables que procure le trac tout aussi incontournable, sur son jeu ;
– ne pas juger en valeur absolue ce que vous risquez d'entendre derrière la porte où se déroule l'épreuve, pensant que la personne qui vous précède va vous faire de l'ombre car « elle a un tout autre niveau ».

Il n'y a aucun *niveau* imposé et le jury est tout à fait perspicace quant à votre éventuel niveau mesurable non seulement en nombre d'années de pratique, mais aussi en terme de maîtrise technique. À l'issue de votre prestation, il vous sera peut-être demandé depuis combien de temps vous jouez. Ne vous troublez pas ; il s'agit le plus souvent de vérifier ses propres intuitions. Et le simple bon sens vous confirmera que l'évaluation qui vous attend n'est pas proportionnelle à ce nombre d'années accumulées.

Quel morceau choisir ?

Là aussi le bon sens a sa place, de même que l'avis d'un professeur compétent. Mentionnons qu'il est d'ailleurs très rare d'observer des aberrations dans ce choix, contrairement à ce que nous avons évoqué au chapitre consacré à l'interprétation vocale.

Signalons cependant :

– qu'il n'y a aucun style ou époque imposé (ou écarté) ;
– qu'il n'y a aucun morceau à retenir sous l'unique conviction « qu'il risque de leur plaire » (le jury n'a aucun a priori) ;
– qu'il n'y a aucun niveau correspondant à une graduation officielle de conservatoire ou école de musique qui fasse référence ;
– qu'il vaut mieux présenter un morceau que l'on sait depuis quelques mois, pour lequel les réflexes gestuels occupent une place non négligeable ;
– qu'il faut absolument avoir trouvé ou créé des occasions de le donner en public ; une seule fois ne suffit pas... et il faut presque espérer que des expériences « désastreuses » de confrontation avec le trac aient déjà eu lieu. Une fois le traumatisme passé, on peut alors mesurer l'impact de cette circonstance sur la maîtrise ultérieure des passages défectueux.

Les clavecinistes et organistes devront se renseigner assez tôt auprès de leurs centres d'examen sur la possibilité qui leur est offerte ou non de jouer sur autre chose qu'un piano, ou un instrument électronique.

Ils devront réfléchir au risque le plus fréquemment rencontré de n'avoir qu'un piano à leur disposition, et choisir un morceau en conséquence (sans parties de pédalier pour les organistes)... Mais il semble alors absolument aberrant d'être jugé(e) sur les aptitudes techniques. Ce cas de candidat est rare, mais pose un sérieux cas de conscience aux organisateurs de concours.

Une autre difficulté concerne les percussionnistes. S'ils n'envisagent pas de se faire prêter un camion de déménagement ce jour là pour apporter leur matériel (cela se voit tous les ans...), ils pourront s'adresser (assez tôt) à leur centre d'examen pour faire l'inventaire de l'instrumentarium appartenant à l'établissement, et même éventuellement, s'exercer dessus.

Chanter ou jouer d'un instrument ?

Question difficile pour celui qui la pose, et pour celui qui est censé répondre... Précisons tout de suite qu'il n'y a pas de réponse « en théorie », et que chaque cas est à envisager dans sa spécificité.

Cependant, sans s'engager dans une taxinomie des candidats très étrangère à nos convictions pédagogiques, on pourrait envisager l'abord de cette question sous l'angle de ceux qui la posent.

– Ils se disent chanter tellement mal qu'ils préféreraient se remettre à la flûte abandonnée à son étui depuis leurs années de collège, ou au piano sur lequel ils ont fait deux mois de « Méthode Rose » lorsqu'ils avaient cinq ans...[6]

Ce choix par défaut porte préjudice à la qualité d'investissement requise par l'épreuve. Mieux vaut se reporter au chapitre qui porte sur la voix, et découvrir qu'il est peut-être imputable à une oreille non exercée de ne pas avoir décelé et exploité les qualités inhérentes à chaque voix.

– Ils se disent chanter aussi bien (ou aussi mal) qu'ils jouent, et hésitent à se déterminer, ne sachant ce qui les mettra le plus en valeur.

Aucun conseil extérieur ne peut être donné, et il appartiendra à chacun de porter son choix vers la situation où il se sent le plus à l'aise, le moins préoccupé des aspects techniques, et ce, même en présence d'un public devant lequel, rappelons-le, il aura pris soin de se produire.

3. En stage, en classe

Au pied du mur !

« Corps et affectivité sont donc étroitement liés dans toute signification musicale, chaque geste stylisé, chaque contour mélodique, chaque rupture harmonique s'inscrivant toujours au lieu de rencontre de l'un et de l'autre »

M. Imberty, in *Entendre la musique.*

Réflexions préalables

Prolongements du corps dont ils reçoivent l'impulsion motrice, réceptacles des décharges affectives, répercuteurs de vibrations tactiles et émotives, les instruments de musique répondent à cette exigence d'interaction entre

6. Dans les « perles » du concours qui ne se font hélas pas « rares », on assiste parfois, médusés, à des exécutions (capitales !) à une seule main d'un menuet destiné à des débutants

écoute et production. « Objets transitionnels » à la zone frontière entre geste et langage musical, ils permettent à l'enfant de jouer *de* la Musique, mais aussi de jouer *avec* elle.

Avant de traiter en détail des différents aspects pédagogiques indispensables à l'élaboration d'une séquence instrumentale, il nous est apparu nécessaire d'énoncer ci-dessous quelques généralités en guise de prélude à ces séances délicates à réaliser et à mener.

Lorsqu'un enseignant décide de faire découvrir les instruments à ses élèves, il est souhaitable qu'il pratique avec aisance les différents types d'instruments proposés aux enfants. Son aide sera requise pour guider les mains ou les doigts, solliciter la décontraction du poignet, montrer la position des doigts sur la flûte etc.

D'autre part, les différentes étapes de travail doivent être préparées avant le premier essai puis adaptées après chaque séance. Les rythmes et mélodies seront plus faciles à projeter sur l'instrument s'ils sont bien connus et complètement assimilés par les enfants. Mais il ne faut vaincre qu'une seule difficulté à la fois ! Le chant pour les mélodies, les mains, onomatopées ou claquement de langue pour les rythmes sont le vécu corporel préparatoire indispensable si l'on veut progresser sans heurt ou fatigue nerveuse inutile.

Peu d'établissements possèdent un nombre important d'instruments permettant à chaque enfant de s'exercer individuellement. Il faut souvent établir un roulement, au risque de laisser un groupe démuni ; celui-ci pourra, malgré tout, s'il connaît bien l'œuvre, être très efficace, en intervenant vocalement pour interpréter un bourdon ou un ostinato.

Pour se lancer dans cette aventure passionnante, il faut faire preuve de patience, être à « l'écoute » des enfants, accepter pendant quelques séances une cacophonie épuisante. Les enfants doivent avoir l'autorisation d'utiliser les instruments sans contraintes, d'en découvrir eux mêmes les possibilités, les originalités. Ce sont des séances éprouvantes, qu'il vaut mieux organiser loin des salles de travail, mais ce sont des séances riches d'enseignement si l'on sait observer les affects liés au contact émerveillé, brutal ou tendre de l'enfant avec ce nouvel objet sonore qu'il touche souvent pour la première fois.

Quels instruments pour quelle pédagogie ?

De la percussion

Le premier objectif de la pratique des percussions sera de réguler les frappes, d'obtenir un tempo, aussi précis que possible et conforme à celui proposé par l'animateur. Lorsque tous les enfants sont « ensemble », le nouveau jeu consistera à obtenir des frappes légères, puis à les contraster en proposant quatre frappes *forte* et quatre autres *piano*.

Il est parfois nécessaire de « donner un exemple » qui permettra à chacun d'assimiler la consigne avant de l'exécuter. Plus le nombre de frappes est élevé plus il est facile d'entrer dans le tempo. Il est très difficile d'obtenir une seule frappe *forte* et une *piano*. Certains enfants ont besoin d'un temps d'adaptation plus long que celui des autres pour entrer dans le rythme général. Il faut les encourager avec patience, confiance, et les aider. L'atmosphère de cette activité doit être détendue, constructive, structurante.

Cette approche de l'utilisation des instruments en groupe peut être pratiquée dès le Cycle 1, mais la première année du Cycle 2 semble particulièrement adaptée à ce type d'activité.

Pour aller plus loin, il sera proposé aux enfants d'établir ensemble une symbolisation simple des différents types d'instruments utilisés, posant ainsi les tout premiers jalons d'une partition. Dès lors, il est possible de faire jouer les groupes en alternance ou ensemble à l'aide des dessins présentés ou affichés. Les enfants réagissent en fonction des instruments qu'ils ont en mains.

Les symbolisations reproduites ou épinglées en ligne droite sur le tableau, suivies plus ou moins lentement par une règle au mouvement régulier, donnent aux enfants les premières notions de la musique dite « musique d'ensemble ». Selon les consignes énoncées, tout un large éventail de possibilités s'offre alors aux apprentis-exécutants. Si le nombre d'instruments n'est pas suffisant on peut faire intervenir des voix, ou d'autres éléments comme objets sonores ou percussions corporelles. Certaines productions de ce type peuvent être organisées autour d'un thème, d'une ambiance ou d'un conte créé par les enfants, etc.

Cette progression n'est qu'une proposition parmi d'autres. Elle demande une mise en place assez longue (plusieurs mois en général) mais dépend essentiellement de la démarche pédagogique du maître ou de l'animateur, de la fréquence des séances, ainsi que du temps qui leur est consacré.

La pratique des *instruments à lames*, que les lames soient en bois (xylophone, balafon) ou en métal (métallophone, vibraphone) exige une frappe précise, légère et rebondissante pour assurer une bonne vibration (le diapason permet un bon contact physique avec la réalité des vibrations que l'on peut interrompre en appliquant son doigt sur les branches). Lorsque les débutants doivent évoluer sur trois ou quatre notes, la suppression des lames inutiles leur laisse un clavier plus dégagé, facile à maîtriser.

Les diverses petites percussions sont à travailler, comme les lames *en étroite correspondance entre le geste et l'écoute*. Celle-ci doit améliorer progressivement le geste qui provoque en retour une écoute de plus en plus affinée.

Quant aux *membranophones*, l'attrait marqué des petits pour ces instruments en fait un outil pédagogique remarquable pour l'éducation de la motricité. L'exploration des sonorités du centre et du pourtour de la membrane (éventuellement du support), les différentes possibilités de frappe favorisent le travail de la main, l'agilité des doigts, l'éducation du toucher. Le développement de ces qualités a d'heureuses retombées sur l'apprentissage de l'écriture.

En complément des indispensables instruments manufacturés, une touche originale sera apportée par l'usage d'instruments rythmiques simples (sistres, grelots, tambourins, claquettes), ou mélodiques (cazous).

De la flûte

La sonorité de la flûte à bec distille une couleur légère et agréable dans un ensemble instrumental. Mais son apprentissage systématique demande toutefois un travail personnel régulier qu'il est difficile d'obtenir et d'entreprendre avant le Cycle 3.

Nous donnons, sur la page ci-après, une tablature permettant de faire correspondre les notes sur la portée, avec les doigtés de la flûte soprano dite « baroque ».

On ne pourra en risquer l'usage, avec prudence et parcimonie, dans le Cycle 1, qu'au service d'une production de sons aléatoires ou symboliques non liés à une recherche de hauteur déterminée. Il est en effet impossible à de si jeunes enfants de réguler leur souffle et d'en maîtriser la force autrement que pour produire un sifflement. Leurs acquis moteurs ne leur permettent pas encore d'écarter les doigts selon la distance séparant les trous, d'abaisser et de relever un ou plusieurs doigts indépendamment des autres, pas plus que de boucher l'intégralité des trous avec précision.

Il faudra attendre le plus souvent le CE1, mais plus sûrement le CE2, pour qu'une telle « dextérité » puisse voir le jour. Trois, voire quatre mois, seront souvent nécessaires à la mise en place des cinq notes facilement exécutables avec la main gauche[7]: SOL, LA, SI, DO, RÉ.

On pourra aussi continuer à en explorer les richesses indépendantes de la production de sons à hauteur déterminée. Pour cela, il suffira d'utiliser seulement la tête de la flûte. En obturant progressivement (ou plus ou moins rapidement) l'ouverture du tuyau avec la paume de la main, on produit des sons insolites qui viennent enrichir la « collection » des sons entreprise par la classe.

Par contre, l'âge des enfants du Cycle 3 favorise tout à fait ce type d'approche. L'enseignant ignorant tout de cet instrument pourra en aborder l'apprentissage en même temps que ses élèves. On trouve actuellement des play-back orchestraux, de facture très séduisante, permettant d'« habiller » une ligne mélodique très simple (constituée de très peu de notes tenues en valeur longue) avec une harmonie « jazzy » du plus bel effet.

---

7. L'enseignant devra s'imposer de montrer la tenue exacte de la flûte, de même que les doigtés, **en tournant le dos à la classe...** Combien d'enfants, trompés par leur mémoire gestuelle... mais surtout trompés par le « modèle en miroir » que donne l'enseignant face à la classe, doivent, au collège, rompre avec les « mauvaises habitudes » installées depuis plusieurs années.
On consultera par ailleurs la tablature (*cf.* p. 172) qui donne la correspondance entre notes et doigtés.

Tablature pour flûte soprano à doigté dit « baroque »

Do	Do♯	Ré	Ré♯	Mi	Fa	Fa♯	Sol	Sol♯	La	La♯	Si	Do	Do♯	Ré	Ré♯	Mi	Fa	Fa♯	Sol	Sol♯	La	La♯	Si	Do	Do♯	Ré
	Ré♭		Mi♭			Sol♭		La♭		Si♭			Ré♭		Mi♭			Sol♭		La♭		Si♭			Ré	
P.mg	P.mg	P.mg	P.mg	P.mg	P.mg	P.mg	P.mg	P.mg	P.mg	P.mg	P.mg	P.mg				1/2P.	1/2P.	1/2P.	1/2P.	1/2P.	1/2P.	1/2P.	1/2P.	1/2P.	1/2P.	1/2P.
I.mg	I.mg	I.mg	I.mg	I.mg	I.mg	I.mg	I.mg	I.mg	I mg	I.mg	I.mg		I.mg			I.mg	I.mg	I.mg	I.mg	I.mg	I.mg	I.mg	I.mg	I.mg	I.mg	I.mg
M.mg	M.mg	M.mg	M.mg	M.mg	M.mg	M.mg	M.mg	M.mg	M.mg			M.mg	M.mg	M.mg	M.mg	M.mg	M.mg	M.mg	M.mg	M.mg	M.mg	M.mg		M.mg		
A.mg	A.mg	A.mg	A.mg	A.mg	A.mg	A.mg	A.mg			A.mg					A.mg	A.mg	A.mg	A.mg	A.mg						A.mg	A.mg
I.md	I.md	I.md	I.md	I.md	I.md			I.md		I.md					I.md	I.md	I.md			I.md		I.md	I.md	I.md	I.md	I.md
M.md	M.md	M.md	M.md	M.md		M.md		M.md							M.md	M.md		M.md				M.md	M.md	M.md	M.md	
A.md	A.md	A.md	1/2A.		A.md	A.md		1/2A.							A.md		A.md					A.md				A.md
Au.	1/2Au				Au.																				Au.	

P.mg = pouce de main gauche
1/2P. = pouce de main gauche. Plier le pouce pour déboucher avec l'ongle une partie du trou. Chercher la meilleure inclinaison
I.mg = index de main gauche
M.mg = majeur de main gauche
A.mg = annulaire de main gauche
I.md = index de main droite
M.md = majeur de main droite
A.md = annulaire de main droite
1/2A. = annulaire de main droite bouche un seul des deux trous
Au. = auriculaire de main droite
1/2Au = auriculaire de main droite bouche un seul des deux trous

Un autre avantage de la flûte à bec, pour l'enseignant, est qu'elle donne fidèlement la note de départ du chant en apprentissage dans la classe. Elle devrait rester un instrument de référence constamment disponible ; d'autre part, son utilisation se révèle être plus facile que celle du diapason.

... Et n'oublions pas qu'elle est enseignée à haut niveau dans les conservatoires, au même titre que sa rivale, la flûte traversière. Des concertos pour flûte peuvent être indifféremment interprétés sur l'une ou l'autre, le bois précieux de certaines « flûtes baroques » ajoutant charme et raffinement à la suavité de certaines pages de musique qui sont entrées dans l'histoire.

De l'ouverture vers les autres instruments et les instrumentistes

La pratique des instruments provoque la curiosité auditive ainsi que le plaisir de la découverte sonore. Cette ouverture sur le monde des sons de tous ordres guide les enfants vers une connaissance renouvelée de l'éventail des possibilités des instruments traditionnels ou insolites. Elle conduit aussi à valoriser le travail quotidien du musicien visant à maîtriser la technique nécessaire à un jeu de qualité. Il est souhaitable que les enfants côtoient des professionnels susceptibles de leur présenter les attraits et les difficultés de leur métier. Rien n'est plus formateur qu'un contact direct avec la musique et les musiciens ; écouter un concert répond parfaitement à cette exigence. Certaines formations se déplacent dans les écoles et permettent aux enfants de regarder de près voire de manipuler les instruments, ce qui représente vraiment l'approche la plus directe et la plus riche qui soit.

Un temps fort d'une rencontre enfants et instruments peut aussi émerger de la visite d'une école de musique ou de l'invitation faite à cette école d'envoyer quelques-uns de ses élèves dans le groupe scolaire proche. Se donneront là à entendre d'autres enfants ayant choisi de consacrer leurs loisirs à l'étude de ces instruments que l'on ne croyait accessibles qu'au monde des adultes. C'est ainsi que naît le plus souvent le désir d'entreprendre à son tour l'apprentissage d'un instrument.

Il n'est pas toujours possible de réaliser ces situations ; une écoute attentive de documents sonores illustrée de reproductions ou de photos d'instruments, claires et assez grandes, permet de découvrir de nouvelles mélodies, de nouveaux rythmes, de nouveaux espaces sonores (jazz, bagads, orchestres africains ou orientaux, etc.).

Cette optique de recherche conduit naturellement à l'étude du milieu, de l'environnement, de la géographie de la région dont on écoute la musique (*cf.* chapitre **Musique et**, p. 203).

L'Amérique latine, dont la musique et les instruments sont simples et séduisants, peut servir d'étape pour un parcours curieux passant, entre autres, par l'Orient et ses musiques de bambous. Ou, si l'on préfère l'histoire, on remontera le temps à la rencontre des danses de la renaissance, du moyen-âge ou bien encore des suites du dix-septième siècle interprétées sur des instruments anciens. Tous les itinéraires sont enrichissants et faciles à parcourir avec des disques, des concerts éducatifs, des enregistrements, des concerts télévisés ou des visites dans quelques musées spécialisés.

Une écoute éduquée, attentive aux sonorités nouvelles, respectueuse des particularismes, reconnaissant et appréciant les différences, *est une écoute tolérante...* Les instruments peuvent en être « l'instrument » privilégié !

Pédagogie d'une séquence instrumentale

Objectifs, compétences, démarches, activités, dans une séquence instrumentale

Nous suivrons ici, dans ce chapitre, la même méthodologie que celle adoptée dans la partie « pédagogie du chant » (*cf.* p. 56) à laquelle on se reportera.

Cependant, on ne traitera ici que de l'aspect ***spécifique*** *des objectifs, compétences, activités et démarches, dans une séquence instrumentale*

Qu'il s'agisse de préparer une séquence instrumentale, ou d'en préparer une analyse dans le contexte du concours, on gardera à l'esprit les domaines très définis auxquels se rapportent les quatre termes « objectifs - compétences - activités – démarches », que nous citons à nouveau ici pour mémoire.

Parler d'**« objectifs »,** c'est porter un regard sur la séquence à venir « vue du maître» ; celui-ci ne peut prétendre engager des activités sans avoir inscrit celles-ci dans une dynamique qui s'impose des *visées* d'ordre pédagogique. Il forme alors le projet que ces activités reposent sur une conception projective et prospective, sans oublier le souci de favoriser les « compétences » de ses élèves.

Parler de **« compétences »,** c'est porter un regard sur la séquence à venir « vue des élèves» ; ceux-ci ne peuvent prétendre s'engager dans une activité dans le seul but d'« exécuter une tâche » débouchant sur un résultat à évaluer. Ces tâches sont conçues pour solliciter, ou éveiller, ou susciter des *aptitudes* réinvestissables éventuellement dans d'autres domaines disciplinaires. Elles s'articulent à travers des « activités » proposées par l'enseignant.

Parler d'**« activités »,** c'est porter un regard sur la séquence à venir « vue du contenu» ; celui-ci ne peut prétendre reposer, surtout en musique, sur une transmission verbalisée d'un savoir. Il va donc falloir mettre en place des *situations actives* proposant des contenus diversifiés (sous-tendus par des objectifs à atteindre et des compétences à solliciter), mais dans un souci constant d'en assurer la cohérence par une « démarche » logique, rigoureuse et attrayante.

Parler de **« démarche »,** c'est mettre en relation ces différents regards sur la séquence à venir, au cours de son déroulement. En effet, prévue par le maître lors de sa préparation de séquence, tenant compte aussi des facteurs de lieu, de temps, elle repose sur le choix d'une *stratégie pédagogique* optimale qui va permettre de concilier les objectifs du maître, les compétences des enfants, et les types d'activités proposés. Mais cette stratégie n'est pas figée dans le cadre d'un journal de bord ; elle se doit d'être « interactive » et diversifiée.

On remarquera enfin que certains objectifs, certaines compétences sont communs aux différents domaines abordés en éducation musicale. C'est l'occasion de rappeler combien l'interaction de ces domaines doit demeurer un souci constant à visée de cohérence pédagogique.

On notera cependant l'importance de **l'implication corporelle** présente au sein des activités instrumentales, et on se reportera utilement aux ouvrages consacrés à la didactique de l'éducation physique[8].

---

8. Signalons, entre autres, l'excellent ouvrage *L'Education physique; le guide de l'enseignant,* Coédition AEEPS, éditions Revue EPS, Paris, 1995.

AU LONG DES 3 CYCLES

Objectifs spécifiques d'un travail instrumental communs aux 3 cycles

– Développer la sensibilité, l'imagination, la capacité de créer, les facultés d'attention et de concentration, l'esprit critique de l'enfant.

– Répondre à la nécessité de mettre en œuvre des « démarches actives qui s'inscrivent dans une relation constante entre voir, entendre, faire, sentir, agir ».

– Mettre en place les objectifs généraux d'écoute dans une stratégie d'interaction entre écoute et production.

– « Prendre plaisir à construire, à inventer, à laisser libre cours à son imagination ».

– Explorer la variété des ressources gestuelles et la variété des corps et matériaux sonores, en liaison avec la richesse des sons obtenus.

– Développer un travail moteur spécifique favorisant le contrôle de l'attaque du son, de l'entretien ou de la variation de celui-ci dans la durée, et de son extinction brève ou progressive.

– Tenir compte des qualités acoustiques des objets sonores et de l'espace *d'où* et *où* ils parlent.

– Donner une place vivante au silence vécu comme composant à part entière d'une élaboration musicale.

– Faire acquérir aux enfants les compétences *spécifiques* mentionnées ci-dessous.

Compétences spécifiques instrumentales à mettre en place au long des 3 cycles

L'enfant doit être capable :

– de classer, regrouper, opposer les instruments selon certains critères :
  - matière (bois, métal, peau),
  - matière de la mailloche (bois, feutre, laine, coton, caoutchouc, etc.),
  - frappe de la main (doigts, bouts de doigts, ongles, paume à plat, paume en creux, etc.),
  - sons déterminés (à hauteur fixe tels que métallophones, xylophones, jeux de cloches, etc.) et sons indéterminés (ex. : claves, cymbales),
  - sons brefs (ex. : wood-blocks, claves), sons longs (ex. : triangle, sons graves du métallophone),
  - sons simples, à hauteur unique (ex. : grosse caisse) et sons complexes (ex. : gongs),
  - présence ou non de vibrations « parasites » vibrant en sympathie (ex. : tambourins à sonnailles, caisse claire),
  - présence ou non d'une caisse de résonance,
  - tessiture large (ex. : blocs chinois, métallophones) ou réduite voire réduite à une seule note (ex. : claves),
  - à visée mélodique et / ou harmonique (ex. : métallophones, timbales), ou à visée rythmique (ex. : maracas),
  - etc.

– de reproduire et d'inventer des formules rythmiques ;
– d'éviter d'installer son geste instrumental dans une répétition sclérosante ;
– de contrôler son geste instrumental afin que celui-ci devienne le véhicule de son intentionnalité ;
– d'« aller le plus loin possible dans son expression » ;
– d'exercer son ouïe, son sens critique, son goût, ses qualités d'imagination et d'interprétation ;
– de prendre en compte les deux facteurs d'*espace* (classe, préau, cour, conditions acoustiques, disposition des participants, place de l'éventuel auditoire) et de *temps* (alternance des temps d'exécution et des temps de silence avec ou sans les autres, durée des phrases musicales, longueur de la structure, morcellement ou non des cellules rythmiques, modulation ou non du tempo, périodicité des temps forts dans une approche de la notion de mesure) ;
– de concevoir l'objet sonore à la fois comme un miroir sonore de ce qu'il y a projeté, et comme un miroir diffractant le son dans l'espace et vers les autres ;
– de connaître, reconnaître, accepter, respecter, développer ses ressources gestuelles, corporelles et sensitives de production associées aux compétences d'écoute correspondantes ;
– d'accepter des consignes, des codages, et des contraintes liés à des moments collectifs de production, et de participer à leur élaboration.

Démarches spécifiques régissant les pratiques instrumentales dans les 3 cycles

– « Alternance constante et interaction entre écoute, production et invention ».
– Associer les activités instrumentales aux activités corporelles, activités d'écoute et activités de codage.
– Utiliser des corps sonores, des instruments fabriqués en classe, des instruments manufacturés.
– Rechercher, explorer, expérimenter les ressources sonores de tout objet.
– Rechercher, explorer, expérimenter les ressources de tout geste pouvant mettre en vibration un corps sonore.
– Construire, concevoir et organiser des séquences sonores à partir des sons obtenus.
– Concilier répétition / innovation, improvisation / création, succession / simultanéité, solistes / tutti.
– Donner à ces créations sonores valeur d'accompagnement et/ou d'illustration sonore, ou bien encore les hisser au rang de composition originale.
– Passer de l'« *exploration sauvage* », à la *recherche* de gestes associés aux sons (et réciproquement), puis à *l'organisation* de ces différentes trouvailles en cellules rythmiques et phrases musicales, pour enfin aboutir à la *création* et *l'interprétation* de séquences pensées selon le respect ou l'adaptation de certaines formes précises (*cf.* tableau d'audition, p. 102).
– Créer des situations où les enfants puissent être tour à tour, exécutant, interprète, créateur, preneur de son, chef de pupitre (dirigeant un petit

regroupement d'instrumentistes) ou chef d'orchestre, critique musical (pouvant formuler oralement ou par écrit ses critiques positives comme négatives).

L'essentiel des objectifs et compétences ayant été développé dans ce chapitre concernant les trois cycles, nous nous contenterons, dans les trois chapitres suivants, de citer les instructions officielles, après en avoir explicité certaines, et en les regroupant cependant dans les rubriques adéquates.

CYCLE DES APPRENTISSAGE PREMIERS (CYCLE 1)

Dès le Cycle 1, on veillera à mettre en place l'ensemble de ce qui précède, à travers des activités ludiques, concernant la classe et l'ensemble des classes de l'école. La constitution d'un orchestre enfantin, pouvant prendre place dans les préaux[9] aux côtés des premières chorales, favorise l'épanouissement de cette dimension fondamentale de l'éducation musicale présente au cœur de la vie de la classe.

Objectifs spécifiques d'un travail instrumental au Cycle 1

– Donner aux enfants des moyens de vivre des activités artistiques, dans une interaction constante entre le geste corporel et l'écoute.
– « Approcher des notions musicales simples (rythmes, nuances) ».
– Cf. *Objectifs spécifiques d'un travail instrumental communs aux 3 cycles.*
– Faire acquérir aux enfants les compétences *spécifiques* mentionnées ci-dessous.

Compétences spécifiques instrumentales exploitables au Cycle 1

L'enfant doit être capable :

– de traduire ses sentiments au moyen d'objets et de gestes associés ;
– de « s'exprimer, de développer son imagination créatrice » ;
– d'« écouter les autres, de ressentir ensemble des émotions » ;
– d'« affiner l'écoute » de ce qu'il produit et de ce que les autres produisent : « durée d'un bruit, d'un son, intensité, hauteur, mouvements sonores » ;
– de percevoir et de reproduire des formules rythmiques et mélodiques simples ;
– Cf. *Compétences spécifiques instrumentales à mettre en place au long des 3 cycles.*

Activités instrumentales envisageables au Cycle 1

– Imaginer, créer des objets sonores.
– « Exploration gestuelle d'objets sonores, d'instruments simples ».
– « Reproduire », sur les instruments, « des bruits et des sons de l'environnement familier ».

---

9. On sera très vigilant à ménager l'appareil auditif des jeunes enfants, particulièrement réceptif aux fréquences situées dans l'extrême grave et l'extrême aigu ; or celles-ci se trouvent amplifiées par les phénomènes d'écho et de résonance démultipliés par l'acoustique des préaux inhérente à leur architecture. Ce serait là l'occasion de constituer un atelier de « calfeutrage acoustique » du préau qui peut être entrepris à moindre frais à partir de la pose et décoration de boîtes à œufs.

– Allier percussions, comptines parlées, comptines chantées, chansons, expression corporelle, dans des activités de production et de reproduction impliquant la totalité des gestes corporels et vocaux.

Démarches spécifiques régissant les pratiques instrumentales au Cycle 1

– « Alternance constante et interaction entre écoute, production et invention ».

– Traduire les « réactions corporelles à des musiques variées » en gestes instrumentaux.

– Utiliser volontairement les deux mains et les deux bras dans la variété de gestes tels que taper, frapper, heurter, percuter, frotter, secouer, rebondir, gratter, entrechoquer, etc.

– Connaître, reconnaître, identifier, nommer ces différents gestes associés aux différents sons qui en résultent sur les différents instruments.

– « Démarches qui s'apparentent à celles du musicien », c'est-à-dire démarches visant à explorer, acquérir, s'approprier, nouveaux sons et nouveaux gestes associés, afin de les réinvestir en les restituant, les variant ou les développant au détour de re-créations, créations, improvisations individuelles ou collectives.

– Cf. *Démarches spécifiques régissant les pratiques instrumentales dans les 3 cycles.*

CYCLE DES APPRENTISSAGES FONDAMENTAUX (CYCLE 2)

On s'attachera à poursuivre l'action de l'école maternelle (*cf.* Cycle 1) en veillant à ce que les objectifs du Cycle 1 aient été atteints et à ce que les compétences requises aient été acquises, dans un souci constant de respect de la progressivité des apprentissages. Cela veut dire en clair qu'on ne saurait se limiter aux seules énumérations que l'on trouvera ci-dessous.

On se reportera utilement, entre autres, au Complément aux instructions officielles de 1985 *(cf. Annexes p. 244) particulièrement explicite et bien développé dans les chapitres concernant les pratiques instrumentales.*

Objectifs spécifiques d'un travail instrumental au Cycle 2

– Faire « participer les enfants à des activités instrumentales en recherchant une plus grande habileté gestuelle ».

– Cf. *Objectifs spécifiques d'un travail instrumental communs aux 3 cycles.*

– Faire acquérir aux enfants les compétences *spécifiques* mentionnées ci-dessous.

Compétences spécifiques instrumentales exploitables au Cycle 2

L'enfant doit être capable :

– d'« améliorer ses compétences gestuelles et corporelles » ;

– d'anticiper et de penser son geste instrumental ;

– de percevoir et de reproduire la pulsation, des rythmes divers, des variations de tempo et de nuances ;

– d'accompagner une musique en respectant les changements de mouvements (vif, lent...) ;

– de passer d'une réalisation sonore à une représentation graphique (recherche de codages correspondants, individuellement et/ou en groupe) et inversement ;
– Cf. *Compétences spécifiques instrumentales à mettre en place au long des 3 cycles.*

Activités instrumentales envisageables au Cycle 2

– « Développer des moyens d'expression collective et individuelle dans des activités de reproduction, d'interprétation et d'invention ».

– Faire reproduire et créer des sons faisant varier les différents paramètres : timbre, hauteur, durée, intensité.

– Organiser ces sons en courtes phrases musicales.

– Allier percussions, comptines parlées, poèmes, comptines chantées, chansons, expression corporelle, ébauches chorégraphiques, dans des activités de production et de reproduction impliquant la totalité des gestes corporels et vocaux dont on s'appliquera à élaborer des codages graphiques.

Démarches spécifiques régissant les pratiques instrumentales au Cycle 2

– Traduire des exercices corporels en gestes instrumentaux, « à partir de musiques et de rythmes divers ».
– Cf. *Démarches spécifiques régissant les pratiques instrumentales dans les 3 cycles.*

CYCLE DES APPROFONDISSEMENTS (CYCLE 3)

On ne pourra prétendre mettre en œuvre des stratégies visant à atteindre les objectifs et les compétences détaillés ci-dessous, sans avoir au préalable vérifié que ce qui précède, concernant le Cycle 1 et le Cycle 2, a effectivement fait l'objet d'une pratique régulière. Nous rappelons que cela veut dire, en clair, qu'on ne saurait se limiter aux seules énumérations que l'on trouvera ci-dessous.

On se reportera utilement, entre autres, au Complément aux instructions officielles de 1985 *(cf. Annexes p. 244, 248 et suiv.) particulièrement explicite et bien développé dans les chapitres concernant les pratiques instrumentales.*

Objectifs spécifiques d'un travail instrumental au Cycle 3

– Améliorer les productions, les faire évoluer, après écoute, comparaison et confrontation avec celles des autres, ou d'autres auteurs.
– « Développer l'imagination créatrice des enfants ».
– Affiner les gestes dans le jeu instrumental, en jouant sur les différentes étapes du son (attaque, entretien, désinence) et sur d'autres paramètres très présents dans la musique contemporaine (masse, grain, renforcement ou ellipse des harmoniques, etc.).
– Faire acquérir l'indépendance des gestes pour produire simultanément des effets sonores différents avec les deux bras.
– Cf. *Objectifs spécifiques d'un travail instrumental communs aux 3 cycles.*
– Faire acquérir aux enfants les compétences *spécifiques* mentionnées ci-dessous.

Compétences spécifiques instrumentales exploitables au Cycle 3

L'enfant doit être capable :

– d'émettre des avis sur ses productions et celles des autres ;

– de faire en sorte que ses gestes instrumentaux soient mus par une volonté d'ordre esthétique et structurel, au-delà des premières explorations dites « sauvages » ;

– de s'impliquer mentalement, psychiquement, intellectuellement, corporellement et émotivement dans une création sonore ;

– de réinvestir la connaissance acquise des formes musicales (*cf.* tableau d'audition p. 102) dans sa conception sonore ;

– de différencier les pulsations régulières des rythmes de base ;

– de mener un travail rythmique avec précision ;

– cf. *Compétences spécifiques instrumentales à mettre en place au long des 3 cycles.*

Activités instrumentales envisageables au Cycle 3

– Explorer des matériaux sonores actuels, étranges et étrangers, pour élargir la palette des sons et des gestes possibles.

– Mettre en place des jeux alternant des séquences collectives et des séquences individuelles.

– Créer des accompagnements de chansons, de séquences sonores, de documents visuels.

– Créer et enregistrer des séquences sonores originales.

– Allier percussions, comptines, poèmes et chansons en langue maternelle et en langues étrangères, manipulation de bandes magnétiques, expression corporelle, danse, dans des activités de production et de reproduction impliquant la totalité des gestes corporels et vocaux dont on s'appliquera à élaborer des codages graphiques proches des partitions.

– S'aider des percussions pour percevoir, sentir, ressentir, s'approprier les rythmes, inflexions et accents toniques propres aux langues étrangères.

Démarches spécifiques régissant les pratiques instrumentales au Cycle 3

– Vivre des démarches qui rejoignent celles du musicien.

– Passer du codage « artisanal » à l'utilisation et à la création de partitions plus élaborées.

– Cf. *Démarches spécifiques régissant les pratiques instrumentales dans les 3 cycles.*

Préparation de séquence instrumentale, progression, évaluation

Préparer la séquence instrumentale chez soi

Sortir la caisse d'instruments n'est pas sortir la caisse de jeux. « Jouer » d'un instrument (terminologie commune à toutes les langues ?) est-ce « jouer » ? Répondant à l'immense besoin d'activités ludiques que l'on rencontre chez les enfants, les activités instrumentales peuvent-elles se concevoir indépendamment d'une approche systématique des « règles du jeu » ?

Connaître ces règles, penser à la formulation qu'on va en donner aux enfants, concevoir des consignes courtes, claires et explicites, envisager l'organisation matérielle des lieux, s'interroger sur une liaison éventuelle entre chorale et orchestre enfantin, réfléchir à l'adéquation ou l'incompatibilité entre les gestes demandés et le degré de motricité fine qu'ils exigent... tel va donc être le temps nécessaire à l'élaboration de ce type de séquence, afin de pouvoir la conduire, le temps venu, en toute sérénité.

Mais cette démarche méthodologique, aussi indispensable soit-elle, ne peut s'envisager sans s'être auparavant soi-même confronté à une pratique instrumentale[10]. Il faut là partir en détective à la recherche de tous les possibles, gestes et sons associés, maintenir sa curiosité tout le temps en éveil, pour dans la vie quotidienne, faire de l'univers sonore qui nous imprègne, un creuset d'idées sans cesse renouvelées.

On aura également à cœur de se nourrir et de se ressourcer à l'écoute d'œuvres magnifiant le langage des percussions telles *Ionisation* de Varèse ou bien encore la *Turangalîla-Symphonie* de Messiaen.

On s'essayera aussi à « accompagner » des enregistrements à l'aide d'objets sonores, de percussions corporelles, en se rappelant que les premières batteries des jazzmen furent faites de bassines, de pioches et de dés à coudre raclant la surface rugueuse et striée des planches à laver !

Préparer les lieux pour la séquence instrumentale

Quel lieu peut-on « apprêter » pour une telle séquence ?

Les préaux présentent le double avantage de l'espace et de l'isolement par rapport aux salles de classe. Nous avons souligné par ailleurs les risques d'inflation de la résonance, ainsi que les moyens à mettre en œuvre pour y remédier (cf. p. 96, 177). Ces précautions étant prises, ils favoriseront les jeux collectifs et permettront des dispositions astucieuses et modulables des enfants avec leurs instruments.

La classe peut être aussi un lieu de découverte et d'expérimentation de nouveaux sons, de nouveaux objets sonores, sous forme d'ateliers de quatre à cinq enfants. Lors de la répartition des élèves en ateliers, on veillera à ce qu'ils puissent s'isoler des autres groupes, et on pensera à leur confier un magnétophone où ils pourront eux-mêmes enregistrer leurs « trouvailles ». Lorsqu'ils auront réalisé que jouer à faible intensité donne un meilleur enregistrement ne présentant aucune saturation, ils prendront l'habitude de veiller à maintenir une amplitude restreinte de leurs gestes.

Dans tous les cas, on attirera leur attention sur les qualités acoustiques du local, de l'espace, et on les impliquera dans l'aménagement approprié des lieux.

Quel moment réserver à cette séquence ?

Nous avons déjà émis quelques suggestions par ailleurs (cf. p. 96, 177). Nous évoquerons ici la possibilité de mettre à profit les temps de récréation. Beau-

10. Ne voit-on pas encore des adultes tenir un triangle par l'angle ouvert, empêchant ainsi la vibration de celui-ci ?

coup plus d'enfants qu'on n'ose se l'avouer n'apprécient pas ces temps où ils se sentent livrés à un espace trop grand, trop bruyant et trop remuant, en des saisons où le temps n'est guère engageant. Aérez donc largement le local, et proposez aux enfants volontaires de jouer des instruments sous la responsabilité de l'un d'entre eux (et pour des raisons de sécurité, non loin d'un collègue trop heureux d'échapper lui aussi à son « tour de cour » !).

Avec quel instrumentarium ?

Au-delà de l'instrumentarium de base dont il a été question plus haut, on regroupera tous les objets sonores collectés, ainsi que tous ceux fabriqués par les élèves, dans de grandes caisses accessibles au même titre que les instruments manufacturés. Signalons ici l'extrême richesse et ingéniosité de l'instrumentarium Grimus[11] ; les instruments, conçus en fonction de la taille et des potentiels moteurs des enfants, offrent des possibilités de création qui renouvellent les productions traditionnelles des orchestres enfantins. Le bambou des anklung, l'échelle pentatonique des balafons, les mailloches permettant une bonne prise aux petites mains ne sont que des détails judicieusement pensés de cet instrumentarium original. Dans un autre registre, l'orgue de cristal des « structures » Baschet[12] offre à l'enfant le plaisir tactile de la modulation du son par les doigts humides glissant sur le minéral. Quant aux structures métalliques, certaines servent d'amplificateur et de réverbérateur à la voix que l'on projette en leur centre.

À chacun de ces instruments on pourra adapter, avec un peu d'imagination, des systèmes de sourdine ou d'amplification, ou bien encore des objets vibrant par « sympathie » (coutume orientale fréquente dans la facture instrumentale).

On explorera aussi les ressources sonores des lieux afin d'enrichir le catalogue des sons à disposition des élèves. Radiateurs, papiers (froissés, déchirés, agités), ciseaux s'entrechoquant dans leurs pots, bassines d'eau, etc., trouvent une place, et non des moindres, dans cette panoplie d'apprentis-musiciens. Ces sons, une fois enregistrés sur des magnétophones à bandes (il en existe toujours qui finissent des jours solitaires au fond des armoires !), peuvent faire l'objet de manipulations en déformant leurs composantes acoustiques. On peut en effet faire des collages en découpant et inversant des parcelles de bande magnétique ; ou bien encore faire défiler manuellement la bande en faisant varier la vitesse de défilement, etc.

Si vous n'êtes pas convaincu(e) du résultat « esthétique » de ce travail, écoutez le *Concerto pour une porte et un soupir* de Pierre Henry, ou bien encore *Presque rien* de Ferrari.

Place sera faite aussi aux synthétiseurs, aux petits claviers qui inondent les étalages des magasins au moment de Noël et dont les enfants méconnaissent les possibilités.

---

11. Grimus, 113, avenue de la Résistance, 91330 Yerres.
12. Baschet, 17, rue des Fusillés, 91240 St-Michel-sur-Orge.

Préparer les enfants à la séquence instrumentale

Les séances de motricité devraient être pensées en cohérence avec les gestes qu'exige l'exécution instrumentale. Perfectionner la précision et la souplesse des geste, répertorier les gestes possibles et leurs infimes variantes, affiner l'amplitude et la direction de certains gestes de rebondissement, travailler la symétrie, le parallélisme ou l'indépendance d'autres gestes, entraîner autant une main que l'autre (surtout en maternelle où la différenciation n'est pas encore définitive, n'en déplaise à certaines familles et certains enseignants !), etc., telles sont les compétences à éveiller et exploiter lors de ces séances dont on mesurera la pertinence au détour de quelques enregistrements témoins échelonnés dans l'année.

On n'oubliera pas la recherche passionnante que nécessite l'adaptation aux différentes variétés de mailloches. Selon leur matière, bois, caoutchouc, laine, feutre, feutrine, plastique, coton, tissu, le même instrument qu'elles percutent va « parler » autrement. Le geste de l'exécutant devra répondre à ce qu'attend de lui la rencontre des deux ! Infime dosage, qui est loin de la conception réductionniste qui sévit encore au fond des consciences populaires[13].

« Jouer ensemble des instruments »

Pour faire quoi ?

– Accompagner, improviser, dialoguer, se répondre, faire déborder une phrase sur l'autre par un procédé de « tuilage », additionner sa partie à celle de l'autre en la plaçant en premier plan ou en arrière plan, se soustraire, c'est-à-dire progressivement se retirer d'une production collective, créer, s'enregistrer, reproduire, varier, faire évoluer une production.

– Instrumenter, orchestrer une production avec les enfants, adoptant là une des démarches cruciales du compositeur qui s'apparente à celle du peintre choisissant ses couleurs sur la palette.

Pour le faire comment ?

– Par travail individuel,

– Par travail de petits et grands groupes, qui ressemble au travail par pupitres que l'on pratique avec les chorales,

– Par travail du groupe au complet, mais alors en prenant soin d'enregistrer la production afin d'en renvoyer aux élèves une image globale qu'ils ne peuvent percevoir au sein du groupe, où la proximité de certains instruments masque l'émission des autres.

À travers quels jeux ?

Des ouvrages entiers étant consacrés à ce type d'activités, nous ne mentionnerons ci-dessous que certains d'entre eux que l'on ne voit pas assez pratiqués dans les classes, mais dont la portée est cependant très formatrice.

13. Dans le film documentaire *Djembefolah* présentant le parcours d'un joueur de djembe (percussion africaine), ainsi est rapportée la réaction des parents : « Quand ils ont vu que je "tapais" partout, ils m'ont dit : – Mon Fils, tu seras un joueur de Djembe ! »

• *Jeux de face à face sans se voir que l'on pourrait plutôt intituler : « de dos à dos ».*

Les enfants disposés en deux rangées se tournent le dos. On confie aux deux files le même éventail d'instruments, mais répartis différemment. Un meneur désigne par un geste silencieux un des instrumentistes qui doit alors faire entendre son instrument. La consigne pour l'autre groupe consiste à répondre sur *le même* instrument. Puis on alterne les rôles. Petit à petit, on complique l'exercice en faisant entendre deux sons, d'abord décalés, puis simultanés, puis trois, etc.

• *Jeux de mémorisation à court et long terme.*

Les enfants étant assis en cercle, le premier enfant désigné doit faire entendre une formule rythmique « A ». Puis un second en fait entendre une autre « B ». L'exercice consiste à jouer, lorsqu'on est à son tour désigné, l'une ou l'autre formule, mais en respectant l'alternance. Ces cellules rythmiques sonnent différemment selon le timbre des instruments ; c'est un facteur de trouble pour la mémoire auditive qui fonctionne le plus souvent en associant hauteur, timbre, rythme.

• *Jeux d'audition intérieure.*

Il s'agira par exemple de différer le jeu sur l'instrument en « entendant intérieurement » l'intégralité de la formule à répéter. Le temps de silence devra donc correspondre au temps de déroulement de la phrase musicale.

• *Jouer rythmiquement une chanson* ; inversement : trouver des paroles sur une formule rythmique.

Les enfants, sans suggestion venant d'un adulte, jouent souvent d'eux-mêmes à ce jeu de « devinettes ». L'un frappe le rythme d'une chanson ; l'autre doit en retrouver l'air. Ou bien encore à partir d'une formule répétitive, on construit à tour de rôle quelque chose qui s'apparente de loin à la comptine, et, de près, au rap !

Différentes facettes du travail instrumental

Il nous paraît fondamental d'insister sur l'aspect multidirectionnel du travail sur les percussions qui permet d'explorer toutes les pistes que nous avons déjà mentionnées dans le tableau d'audition.

Toutes les notions fédératrices de la musique sont en effet abordées :

• *Les timbres.*

Les percussions sont par essence la famille la plus prolifique de tous les membres de l'orchestre.

• *La mélodie.*

Les instruments à hauteur déterminée permettent la reproduction et la création de phrases mélodiques, de contre-chants ou de « deuxième voix » s'apparentant à un travail contrapuntique, la mise en place d'ostinato.

• *L'harmonie.*

Avec trois ou quatre lames d'un métallophone ou d'un xylophone basse, on peut ponctuer la production musicale des notes formant le fondement harmonique de la structure.

• *La forme.*

Sans aucune émission mélodique, on peut « monter » des canons rythmiques où chaque groupe doit « tenir » sa partie, mais en maintenant un décalage constant avec celle des autres (identique cependant à la sienne !). D'autre part, pratiquer le jeu avec les formules A et B que nous décrivions plus haut, c'est déjà s'approprier le concept de bithématisme, avec tous les traitements ultérieurs que l'on peut infliger à ces deux thèmes, et qui sont toute la base de l'architecture musicale de ces trois derniers siècles !

• *Les nuances.*

Trop souvent absentes des préoccupations des maîtres comme de leurs élèves, ce sont pourtant elles qui témoigneront d'une interprétation pensée, voulue, désirée. Sans elles, la séquence instrumentale devient vite répétition sclérosante de gestes avec lesquels nos ancêtres scandaient rituels et incantations !

• *Place du codage gestuel et/ou graphique.*

Nous insisterons ici une dernière fois sur l'importance de cette dimension, non pour faire du pré-solfège, mais pour que les enfants comprennent la nécessité d'une trace écrite qui devient porteuse de sens et de messages pour d'autres.

On pensera enfin à maintenir le tempo, en contrariant la tendance naturelle qui est de l'accélérer ; à soigner les attaques, les arrêts, les fins de phrase ; à alterner solistes, ripieno et tutti, à essayer de graduer ralentis et accélérés ; à associer l'acquisition d'une cellule rythmique à une chanson, à une musique dansée et à son code graphique

ATTENTION !

Vous vous trouverez confronté(e) aux difficultés suivantes :

– l'envie de tout arrêter tant le « bruit » est assourdissant et vous empêche de vous faire entendre. Il faudra avoir pensé, au préalable, à donner des consignes visuelles et/ou gestuelles pour vous faire comprendre ;

– l'hésitation à identifier un problème d'exécution ; sont-ce des difficultés d'oreille ou des difficultés motrices ou bien encore des difficultés de coordination qui freinent les uns et les autres ? Seule, l'occasion provoquée d'un suivi individuel des élèves concernés par cette question pourra vous éclairer.

– le manque d'expression et d'expressivité. Ayez toujours le souci de rechercher et faire trouver des subtilités sonores qui favoriseront musicalité, sensibilité, etc. ;

– une propension à oublier de laisser une place au silence comme élément vivant et signifiant du discours musical ;

– une certaine tendance, dans les premières séances, à privilégier la place du regard, de la matière, de l'identification verbale des instruments et de la mémorisation de leurs noms qui révèle presque de l'apprentissage d'une langue étrangère[14], au détriment de l'écoute de ces instruments tels qu'en eux-mêmes.

Progression

Pour résumer ce que nous avons déjà pu en dire au fil des pages qui précèdent, nous énoncerons ci-dessous dans l'ordre chronologique les différentes étapes à parcourir (et reparcourir!) pour faire progresser la qualité des séquences instrumentales et améliorer les compétences des élèves :

exploration, découverte, recherche, exercices systématiques et spécifiques, réinvestissement, créations aléatoires, créations structurées, créations codées, enregistrement, évaluation au service d'une évolution des productions antérieures, écriture, échanges interclasses et/ou inter-écoles

Ces voyages dans l'univers instrumental se feront au rythme propre des élèves; au maître de proposer des bivouacs, des bifurcations, des retours pour revisiter des contrées oubliées... Qu'il soit rassuré! Il aura pour boussole la volonté de combiner, alterner, superposer, varier les différentes facettes mentionnées plus haut, et le plaisir partagé de découvrir avec ses élèves les paysages insoupçonnés qui s'offrent au bout du chemin!

Évaluation

La progression ne pourra se faire globalement, et au fil des «répétitions» chacun des domaines s'améliorera avant que l'ensemble y gagne en musicalité.

Il ne faudra cependant pas vous étonner d'une déperdition inévitable de qualité lorsque vous demanderez aux enfants tout à la fois de chanter, jouer, écouter, bouger, prévoir le son, le déclencher, l'évaluer, le perfectionner, etc., et ceci de façon individuelle et collective. Ce n'est souvent qu'en fin d'année que «tout est en place» et peut alors affronter l'épreuve du public.

Plaidoyer pour un maître guitariste

Indépendamment de la finalité du concours, nous attirons l'attention des étudiants et enseignants, débutants comme chevronnés, sur la possibilité, l'intérêt et le plaisir qu'il y a à entreprendre l'apprentissage de la guitare.

Point n'est besoin, pour mener ce projet à terme de suivre des cours en conservatoire ou école de musique; on trouve maintenant dans le commerce tout un foisonnement de méthodes dites de «guitare d'accompagnement» qui, en quelques photos, quelques doigtés et quelques schémas, fournissent les premières bases essentielles pour accompagner des chants simples, sans qu'aucune connaissance de notes ni de rythmes soit requise.

D'autre part, des professeurs de musique de collège, lycée ou IUFM, ou des «anciens débutants» acquis à la cause de la guitare, sont toujours prêts à

14. Que l'on songe aux difficultés d'un enfant de trois ans qui se voit amené à devoir prononcer, mémoriser et identifier des «wood-blocks», des «anklungs», des «maracas», des «castagnettes», etc.!

constituer des groupes d'initiation, où, dès le premier cours, on découvre déjà le plaisir d'interpréter à plusieurs un chant de variété accompagné de trois, voire quatre accords[15]. En une dizaine de cours, on peut s'approprier les premières notions qui vont donner accès à l'éventualité de s'entraîner sans avoir recours à une aide extérieure.

Seule condition incontournable : un contrat rigoureux avec soi-même pour s'astreindre à vingt minutes journalières d'entraînement, car même si intellectuellement l'acquisition des principes de base se révèle être chose aisée, la mémoire gestuelle demande du temps pour se mettre en place, de même qu'un certaine agilité des doigts.

Pourquoi s'adonner à l'apprentissage de la guitare ?

Ceux parmi vous qui ont eu la chance de suivre des cours de musique en collège, au lycée, à l'université, ou encore en IUFM, ont connu ces « moments de grâce » où les aspérités de certaines voix se fondaient dans les harmonies émergeant du piano, où certaines interprétations sombrant dans la platitude étaient galvanisées, revivifiées par les effluves sonores d'un play-back.

Il suffit d'avoir vécu une seule fois l'expérience contraire, à savoir de chanter « à nu », sans accompagnement, pour mesurer soudain ce vide, ce manque créé par l'absence de cette pâte sonore : l'harmonie. Faire chanter une classe dans ce même contexte reviendrait à étudier des vitraux de Chagall sur une photographie en noir et blanc. Pour illustrer ce besoin devenu nécessité, que l'on mesure l'engouement récent pour le système des karaokés avec lesquels les amateurs de chants de variété peuvent être accompagnés, par technique interposée, d'un orchestre qui « crée l'ambiance ».

Mais que l'on se rappelle que les apprenants-instrumentistes utilisent depuis près de quarante ans ce substitut pour interpréter, face à leur chaîne, un concerto dont ils sont les solistes, dialoguant avec les baffles.

Mais il y a là une ambiguïté, dont certains se satisfont trop rapidement, à se faire accompagner d'un orchestre qui, en fait, a le premier rôle : on est réduit en effet à la seule possibilité qui s'offre : *suivre*, ce qui est censé par définition vous suivre ! « Qui croyait être accompagné, accompagne ! » Qu'en est-il alors de l'interprétation, des fluctuations de tempo, des nuances, des respirations ? Elles passent à l'arrière plan tant l'attention est accaparée par la nécessité de ne pas prendre d'avance ou de retard sur le play-back qui défile en toute indépendance.

15. Nous l'avons pratiqué nous-mêmes en IUFM. La demande était tellement forte (150 à 180 inscrits par an) qu'elle nous a contraintes à mener des ateliers par trimestres, ou par semestres, entrecoupés des périodes d'arrêt inévitables dues aux départs en stage. L'expérience nous permet donc d'affirmer et de confirmer que dès le premier cours les étudiants chantaient et accompagnaient *Il faudra leur dire* de Cabrel... Et au terme de leur formation sur deux ou trois mois, ils possédaient une quinzaine d'accords, six formules d'accompagnement pour la main droite, des outils pour transposer leurs connaissances aux exigences de nouvelles partitions, et tout un répertoire, recouvrant les trois cycles, à « tester » immédiatement dans les classes.

Apprendre le piano demande des années de pratique ; mais encore faut-il ne pas se leurrer, car apprendre à accompagner un chant au piano exige de surcroît toute une connaissance approfondie de l'harmonie et de l'écriture musicale.

Par contre, se familiariser avec quelques formules d'accompagnement à la guitare est possible pour qui n'a même jamais fait de musique mais désire tout simplement s'offrir et offrir aux enfants les charmes d'un soutien harmonique.

Apprendre à jouer de la guitare sans connaître le solfège

La tablature

Peut-être avez-vous déjà appris à jouer de la flûte en utilisant le « mode d'emploi » le plus souvent glissé dans la pochette. Vous aviez alors devant les yeux un schéma indiquant trois critères de différenciation des notes à effectuer : les doigtés, les trous à boucher ou à laisser libres, et un tableau de correspondance avec la position des notes sur la portée (*cf.* p. 172).

Pour la guitare, vous aurez aussi à vous repérer sur un schéma spécifique à l'instrument et que l'on nomme « **tablature** ».

Si vous achetez des paroliers, plutôt qu'un recueil de partitions que vous ne savez pas déchiffrer, vous constaterez que la plupart d'entre eux comportent des noms de notes, jalonnant le texte, assortis de signes qui risquent de vous paraître a priori cabalistiques (par exemple : DO # M, ou SI♭ 7). Ces indications désignent les accords qui sous-tendent l'harmonie. Il vous suffit de prendre une méthode de guitare, ou simplement un tableau de ces tablatures que l'on trouve chez tous les marchands de musique, pour retrouver ces mêmes signes identifiant en fait les accords à jouer avec la **main gauche.**

À chaque nom d'accord sur le papier correspond une position de main gauche sur le manche de la guitare sans qu'il soit besoin de passer par l'écriture solfégique.

Cette tablature figure en format réduit le dessin du manche de la guitare, avec :

– son nombre exact de *cordes* (six représentées de gauche à droite, mais attention, lorsque vous tenez l'instrument, elles sont disposées pour vous de haut en bas !) ;

– la représentation des premières *cases* délimitées par l'espace entre deux sillets (dessinés de haut en bas, mais attention, lorsque vous tenez l'instrument, elles sont disposées pour vous de la gauche vers la droite !) ;

– des cercles désignant la *place des doigts* selon deux normes : la bonne corde et la bonne case (ils sont symbolisés au milieu de la case, mais attention lorsque vous tenez l'instrument, vous veillerez à placer les doigts à la limite inférieure de chacune des cases, le plus proche possible du sillet, afin d'éviter les résonances métalliques) ;

– un chiffre inscrit à l'intérieur de ce cercle, indiquant quel *doigté* vous devez utiliser (attention pour les pianistes à ne pas confondre ces doigtés avec ceux en vigueur pour le piano ; en effet, en guitare, le « 1 » désigne l'index de main gauche et non le pouce).

Il suffit donc d'être bien latéralisé et de prendre l'habitude de cette sorte de transposition projective de l'espace de la feuille à celui du manche de la guitare, pour que «jouant» cet accord avec la main gauche, il n'y ait plus qu'à «jouer» la main droite en faisant glisser le pouce sur toutes les cordes de haut en bas.

La main gauche

Mais à partir de là commence le véritable travail pour la main gauche; trouver chaque accord nécessite, au tout début, du temps, de la patience et une certaine accoutumance. La véritable difficulté, sur laquelle les méthodes commercialisées sont peu loquaces, concerne **l'enchaînement** de ces accords soumis aux enchaînements harmoniques inhérents à la partition.

Pour faciliter les déplacements de poignet et les permutations des doigtés sur le manche, nous pouvons vous conseiller de vous conformer à la suite d'accords ci-dessous, en vous donnant le plan de travail suivant :

- 1re semaine : **mim ; MIM ; lam ; LAM** [16] (en remarquant que : MIM = mim + index; lam = MIM «descendu» d'une corde; LAM et lam avec l'usage de l'index pour le premier et de l'auriculaire pour l'autre).
- 2e semaine : **SI 7** (plus difficile car nécessite quatre doigts), à combiner avec mim / lam et MIM / LAM, mais en alternant un jour en mineur et l'autre en Majeur [17].
- 3e et 4e semaine : **Idem**, afin de réussir progressivement à exécuter ces enchaînements en aveugle, c'est-à-dire sans regarder le manche ni ses doigts (avec MIM LAM SI7 on peut accompagner le couplet de *Il faudra leur dire* de Cabrel, et avec mim lam SI7, *Armstrong* de Nougaro).
- 5e semaine : **DOM** (avec la formule ***mim ; DOM; SI7,*** on peut déjà accompagner *La chanson du hérisson* extraite d'«Émilie Jolie» de P. Chatel).
- 6e semaine : **SOL M ; RÉ M** (avec la formule ***DOM; lam ; REM ; SOL,*** on vient en fait d'acquérir une structure harmonique connue sous le nom d'«*anatole*», très utilisée, et que l'on trouve par exemple en accompagnement de *La canne de Jeanne* de G. Brassens).

16. Le «m» placé à la suite d'un nom de note signifie que l'accord ayant cette note pour fondamentale est «mineur»; «M», qu'il est «Majeur», «7», que c'est un accord de «septième», dénominations pour lesquelles des commentaires théoriques s'avèrent ici superflus.
17. Rien qu'avec ces six accords, on peut déjà accompagner près de quatre cents chants (surtout issus du répertoire populaire qui révèle moins de finesses harmoniques que les chants de variété contemporaine).

– 7e semaine : **MI7** (= MIM + un doigt) ; **LA7** (= LAM + un doigt) ; **SOL7** (dérivé de SOL, et que l'on peut exécuter facilement sans « barré »).

– 8e semaine : **ré m ; FA M** (premier accord avec « barré » effectué par toute la longueur de l'index sur la première case tandis que les autres doigts adoptent la position de MIM à une case de distance).

> ***N.B.* :** on trouve également l'usage de lettres pour désigner les accords ; A = LA ; B = SI ; C = DO ; D = RÉ ; E = MI ; F = FA ; G = SOL, sauf dans le système germanique où B = SI♭ et H = SI naturel.

Les dimensions de cet ouvrage ne nous autorisent pas à détailler d'avantage cette progression et les différentes combinaisons des accords entre eux. Pour qui souhaiterait cependant s'essayer à cette méthode tout en consultant un fascicule du commerce, nous donnons ici un certain nombre de conseils :

– travailler d'abord en repérant visuellement la position des doigts, puis s'attacher à mémoriser cette sorte d'« empreinte » sensitive de la main sur le manche de la guitare, enfin retrouver cet emplacement en aveugle ;

– dès qu'un nouvel accord est connu, le combiner de toutes les façons possibles[18] avec les accords appris précédemment, en créant des formules harmoniques ;

– toujours chanter en jouant, pour habituer l'oreille à saisir la rencontre entre l'harmonie et la mélodie, mais aussi parce que la linéarité du chant entraîné par sa propre allure force l'instrumentiste à anticiper les accords afin qu'ils ne se fassent pas attendre lorsque leur temps est venu ;

– bien mesurer le rôle du « barré », véritable multiplicateur d'accords, dans ce sens qu'il permet de reproduire à des hauteurs différentes tous les accords appris précédemment (en effet : mim + un barré sur la 1re case = fam ; mim + un barré sur la 2e case = fa#m ; mim + un barré sur la 3e case = sol m, etc.).

La main droite

Tout autre est l'apprentissage des formules d'accompagnement de la main droite qui va égrener les notes de l'arpège et / ou les regrouper en grappes d'accords.

On veillera à trouver une position confortable du bras sur l'éclisse pour que la main puisse mettre en vibration les cordes à la limite inférieure de la rosace. Le terme « pincer » les cordes est assez inapproprié puisqu'il s'agit plutôt de les déplacer latéralement sous le poids de la pesanteur pour le pouce, et en tirant vers soi pour les autres doigts. En jouant avec l'ongle, on obtient un son métallique proche de celui de la guitare folk ; on peut lui préférer le velouté et la rondeur que l'on fait naître avec la pulpe des coussinets.

Comme nous l'avons mentionné pour la main gauche, nous fournirons ici à titre indicatif une chronologie des formules facilement mémorisables, non

---

18. Si vous avez appris *n* accords, vous avez mathématiquement parlant *factoriel n* solutions de formules pour les combiner entre eux, 2 par 2, 3 par 3, 4 par 4, 5 par 5 (par exemple, si vous savez 5 accords, le nombre de combinaisons est de : $5 \times 4 \times 3 \times 2 \times 1 = 120$).

indiquées sur les paroliers, mais que l'on peut choisir d'oreille, avec un peu d'entraînement, en fonction de leur adéquation rythmique.

– 1re formule :
  - pouce (P) sur la 1re corde, index (I), majeur (M), annulaire (A) respectivement sous les 4e, 5e, 6e cordes,
  - on joue alternativement le pouce et les trois doigts faisant bloc, obtenant ainsi un balancement à deux temps.
– 2e formule :
  - c'est une variante de la première, le pouce jouant alternativement la 1re et la 2e cordes, tandis que les autres doigts gardent le même balancier.
– 3e formule :
  - même position des doigts sur les mêmes cordes, mais on va dissocier l'index des deux autres doigts qui continuent à faire bloc cela donne : P. / I. / M-A ensemble,
  - d'où une formule à trois temps si on joue P. / I. / M-A à deux ou quatre temps si on joue P. / I. / M-A / I, que l'on peut encore « swinguer » en changeant le rythme.
– 4e formule :
  - même position, mais cette fois, on va jouer aller-retour chaque doigt alternativement, cela donne : P. / I. / M. / A. / M. / I.,
  - d'où une formule très fluide et très volubile (pour peu qu'on en améliore la rapidité d'exécution) et qui convient parfaitement aux mesures ternaires (6/8) où l'on accentue une note sur 3 (à savoir sur le P. et le A.).

C'est au pouce qu'est dévolu le plus souvent le rôle de faire sonner la note fondamentale de l'accord. Autant, après avoir travaillé les formules de base qui précèdent, les autres doigts peuvent se promener sur toutes les cordes, autant il faut être très prudent quant à la corde qu'on attribue au pouce.

Par précaution, nous désignerons ci-dessous, pour les accords de main gauche abordés ci-dessus, le numéro de la corde qui, pour chaque position d'accord, donne la fondamentale :

– 1re corde pour les accords de : mim ; MIN ; MI7 ; SOL ; SOL7 ; FA.
– 2e corde pour les accords de : lam ; LAM; LA7 ; SI7 ; DO.
– 3e corde pour les accords de : rem ; REM.

Le travail de la main droite demande donc une très grande précision, l'acquisition d'un jeu délié, une grande indépendance des doigts et une participation importante de l'oreille, qui doit compenser l'absence de partition en remplissant là une mission de maître d'œuvre.

Apprendre à accompagner un chant, et les élèves

Nous avons déjà souligné plus haut le rôle fédérateur du chant qui « force » la main gauche à enchaîner les accords.

Accompagner un chant, c'est aussi entreprendre un véritable travail de coordination entre les gestes des deux mains, afin qu'à elles deux elles tissent la trame de la toile de fond sur laquelle vont saillir les notes de la mélodie.

On veillera également à repérer les syllabes précises sur lesquelles s'effectuent les changements d'harmonie (la plupart des paroliers les désignent en les soulignant).

Mais l'oreille s'habituant au fur et à mesure, il sera judicieux de s'entraîner à trouver soi-même les accords adéquats. On évitera ainsi deux des difficultés majeures que l'on rencontre dans les fascicules édités : les « renversements » d'accord, difficiles à effectuer pour un débutant, et les tonalités nécessitant l'usage fréquent des « barrés ». Il sera alors beaucoup plus astucieux d'installer, dès le premier accord du chant, des tonalités contournant cet écueil ; ce sont celles de **MI** où on utilisera très souvent la combinaison MI / LA / SI7, de **LA** (combinaison LA / DO / RÉ), de **SOL** (combinaison SOL / DO / RÉ), et **DO** (combinaison DO / FA / SOL OU SOL 7). Ce choix, dicté par la facilité d'exécution qu'il requiert, se fera aussi en fonction du respect de la tessiture des voix des enfants (*cf.* p. 13).

Les élèves seront sensibles à la présence de la guitare dans leur classe ; la vue même de l'étui déclenche l'attente et le suspens... quelques soient vos talents naissants. Faites leur entendre et toucher (vous maintiendrez une position d'accord à la main gauche, et ils seront autorisés à venir effleurer les cordes avec précaution). *Soyez vigilant et contrôlez l'intensité avec laquelle vous les accompagnez ; un accompagnement trop puissant risque de couvrir leurs voix, et par réaction les faire « crier.* » Faites précéder les chants d'une introduction instrumentale aussi simple soit elle ; elle créera ce fameux climat d'attente que nous avons évoqué précédemment, installera maître et élèves dans la tonalité assurant ainsi une meilleure garantie de la justesse vocale, et... de quelques frissons de bonheur musical...

4 Ultimes conseils avant le jour J de l'épreuve de Musique au concours

1. L'épreuve Vocale ou Instrumentale

Épreuve Vocale (*cf. p. 48*)

Cinq minutes de préparation, juste avant le passage devant le jury, ne suffiront pas à vous mettre « en voix ».

Nous rappelons ici que c'est tous les jours que vous devez vous entraîner.

Jogging Vocal

Il sera utile de relire les chapitres concernant la voix, afin de ne rien omettre des différents paramètres constituant les bonnes conditions d'une émission vocale optimale.

Il faudra donc veiller à ce qu'aucun des points énumérés ci-dessous n'échappe à la vigilance du candidat :

– corporellement : ancrage dans le sol, tenue de la colonne, décontraction, respirations contrôlées ;

– vocalement : jeux de voix parlée et chantée mettant en œuvre des variations de hauteur, d'intensité, de débit, d'articulation, de timbre, de place de voix, d'expression, de longueur de phrases, etc.

Pour cela, quels sont vos « outils » ?

– Revoyez, dans les chapitres précédents, les exercices proposés, sans omettre d'en respecter leur progression ;

– échangez entre vous des jeux vocaux, des comptines, des « tongue twisters », si vous avez l'occasion de côtoyer d'autres préparationnaires, ou des personnes faisant du théâtre, ou bien encore des étudiants ou enseignants de langues étrangères ;

– n'oubliez pas de vous confectionner une « trousse d'urgence » personnelle qui fera appel à des mots, des expressions, qui réveillent chez vous des sensations précisément localisées au niveau de votre appareil phonatoire, tels : « Eleono-o-o-ra », « Roberto mio » « La belle eau », « horrible » « Tiddely pom », etc.

Le jour de l'épreuve

Le temps de vous rendre de la salle de préparation à la salle où vous attend impatiemment (...) votre jury, pensez à vous détendre, à relâcher votre diaphragme, à desserrer les mâchoires, à mâcher des chamalos imaginaires, et à risquer de « vive-voix » quelques jeux de la « trousse d'urgence ».

Aimeriez-vous commencer par le chant, ou par le commentaire ?

Pensez-y d'avance, au cas ou un jury compatissant vous en laisse le choix (et ne dites surtout pas qu'ainsi, vous en serez « débarrassé(e) »...) ; pensez aussi que certains d'entre vous préféreront commencer par le commentaire, dans le but de retrouver de l'assurance et de tester leur voix parlée.

Devant le jury :

– précisez si vous souhaitez être accompagné(e) ou non, et rappelez le type d'accompagnement que vous souhaitez ;[1]

– si votre chant a été transposé, et que vous chantez *a cappella*, n'oubliez pas de demander que l'on vous joue la note de départ ;

– prenez le temps d'entendre intérieurement les premières notes à leur nouvelle hauteur avant de les chanter ;

– levez-vous, reculez-vous, prenez le temps de souffler, choisissez un point d'appui lointain pour votre regard, pensez avant tout à être expressif, à vous engager dans ce choix qui est le vôtre. Ce peut être un réel moment de plaisir musical partagé avec le jury. Vous avez tous travaillé ! Vous vous êtes tous particulièrement investis ! Vous aimez tous ces chants que vous avez scrupuleusement choisis en fonction de vos compétences vocales et de vos diverses personnalités... Alors, faites-le partager ! Il vous est donné là l'occasion de faire de la musique. Oubliez (et faites oublier) qu'une note chiffrée sur 8 suivra (le temps que le jury se remette de son émotion artistique !).

L'épreuve instrumentale

Lisez ce qui précède concernant la voix chantée, car il vous sera demandé, à la suite de votre exécution, de faire entendre votre voix.

Lors des épreuves du concours 1994, on demandait au candidat de chanter le thème ou le début de ce qu'il venait d'interpréter, transposé ; il ne s'agissait pas seulement de tester son oreille et son aisance solfègique, mais surtout d'évaluer ses compétences vocales.

Lors des épreuves du concours 1995, il lui a été demandé, au même titre que le candidat ayant choisi l'exécution vocale, de se soumettre à l'épreuve de mémorisation et reproduction rappelée au paragraphe suivant.

Les textes risquent encore de changer, mais dans tous les cas, nous pouvons nous risquer à affirmer que les instrumentistes demeureront soumis à une épreuve qui exigera d'eux de faire preuve de compétences vocales.

Certains candidats choisissent l'exécution instrumentale dans l'unique but de ne pas faire entendre leur voix chantée... L'épreuve de musique continue donc d'être l'unique occasion de dépister d'éventuelles difficultés vocales.

Prenez le temps de vous installer, d'accorder l'instrument, ou de le « chauffer ».

Précisez si vous souhaitez être accompagné ou non.

Si vous êtes pianiste, prenez le temps d'essayer le piano en y jouant quelques notes. Prévenez le jury quand vous êtes prêt(e) à jouer.

1. Ces précisions doivent correspondre à celles que vous aurez portées par écrit sur votre fiche d'inscription à l'oral. Toute modification risque de vous être refusée. Les organisateurs du concours se sont d'ailleurs le plus souvent référés à ces fiches pour constituer des jurys répondant aux vœux des candidats. Ainsi tel jury aura un de ses membres pianiste accompagnateur, tel autre un guitariste accompagnateur, tel autre disposera d'un magnétophone à cassettes prêt à recevoir le play-back enregistré que vous aurez apporté.

L'épreuve de mémorisation et reproduction d'une phrase musicale

On se reportera au chapitre 1 (*cf.* p. 48) qui donne des conseils quant à l'entraînement à cette épreuve.

Pour le jour de l'épreuve, on ne peut que conseiller au candidat de prendre le temps de chanter intérieurement le fragment mélodique, avant de le faire entendre au jury.

Qu'il n'hésite pas à profiter de l'éventuelle possibilité, que lui laisserait un centre d'examen, à tenter un deuxième essai, ou encore à formuler avec précision une analyse critique de sa production.

Que l'on se rappelle qu'à la période où nous écrivons, on ne peut prédire si ce type d'épreuve sera maintenu. Mais il est cependant certain qu'à la lumière des épreuves préexistantes, et au regard des compétences que l'on attend de la part d'un futur professeur d'école, il sera toujours demandé au candidat, sous une forme ou une autre, de prouver qu'il est capable de mémoriser, puis reproduire avec justesse rythmique et mélodique, une phrase musicale.

2. L'épreuve de commentaire d'un document

La préparation

Organisez votre brouillon après avoir lu les questions (si elles vous ont été données dès le premier visionnement) et, dans tous les cas, avant que le visionnement, ou l'audition, ou l'examen du document ne commence.

Pour faire l'analyse d'un extrait musical, qu'il soit l'unique objet de l'entretien sous forme d'un enregistrement audio ou qu'il soit l'objet d'une séquence pédagogique, on se reportera au tableau d'audition (*cf.* p. 101). À partir des éléments analysés, le candidat s'appliquera à bâtir un commentaire vivant et original, où il s'efforcera de mettre en relief les caractéristiques essentielles de l'extrait entendu.

Pour faire l'analyse d'une situation pédagogique, ainsi que pour aborder la phase d'exploitation pédagogique du document, pensez bien à différencier : *étapes, déroulement, objectifs, démarche(s), progression, compétences, situation de communication, évaluation, bilan.* (*cf.* p. 56, 125, 174) Examinez la cohérence de ce qui vous est proposé avec les Instructions officielles.

Le passage devant le jury

Si un questionnaire accompagne le document que vous avez eu à étudier, veillez dans votre exposé, à répondre selon l'ordre des questions, quitte à repréciser en cours de route, le numéro de la question à laquelle vous êtes en train de répondre

S'il s'agit d'une séquence enregistrée en classe, attention, dans vos réponses, à bien équilibrer les deux versants critiques de votre analyse avant de défendre votre propre conception d'une telle séquence.

Attention à bien cerner les questions du jury (éventuellement reformulez-les avant de répondre afin de bien percevoir les domaines de compétence auxquelles elles se rapportent).

Attention à ne pas lire vos notes, à soigner votre style, à faire preuve d'aisance, de conviction. Évitez le genre descriptif et faites preuve d'une faculté de distanciation et d'analyse des situations.

Rappelez-vous qu'il s'agit de défendre (de façon non agressive, autant que possible !) vos positions, et que les questions posées n'expriment pas forcément un désaccord d'opinion avec celle que vous avancez (au sein d'un même jury, tous les membres n'affichent pas les mêmes convictions pédagogiques).

5 | Musique et...

... Transdisciplinarité, pluridisciplinarité, projet... ces termes qui jalonnent l'histoire de la pédagogie, sous leur formulation différente et leur mise en œuvre différenciée, nous invitent cependant à reconsidérer les disciplines, les contenus, les activités, sous l'angle de leur interaction et de leurs domaines d'interférence et de complémentarité.

En ce qui concerne la musique et les passerelles qui la relient aux autres champs disciplinaires, la richesse d'investigations qu'elles suscitent fait craindre cependant de tomber dans l'écueil de l'« illustration musicale ». Nous avons choisi ci-dessous de proposer certains chemins de traverse parmi tous ceux, et ils sont nombreux (musique et langage, musique et littérature, musique et poésie, musique et architecture, musique et arts plastiques, musique et cinéma, musique et publicité, etc.), que l'on peut explorer.

1. Musique et Corps

Ensemble ils forment un véritable couple dont chaque partenaire sublime l'autre. Le corps, par le chant, la danse, projette l'interprétation du message musical afin que l'œil et l'oreille absorbent, transmettent et transmutent les vibrations intenses de l'émotion artistique. Magnifique symbiose que les anciens considéraient comme divine. Nous retrouvons le mythe d'Orphée à la voix enchanteresse dont la lyre prolongeait le corps, « était » le corps sensible communiquant avec toute la création. A l'opposé, soutenus par le rythme, des hommes en armes ont marché de longues heures sans défaillance, portés par la musique imposant sa cadence à leurs muscles. Témoins de la vie quotidienne, les chants de travail, présents dans tous les pays, ont aidé, et aident encore, l'effort soutenu, rythment les gestes ancestraux, donnant une aisance spatiale harmonieuse à notre corps. Selon ce que nous souhaitons : le dynamiser, l'exciter, l'épanouir, le calmer ou lui offrir la sérénité nous devons choisir avec discernement les sons que nous lui proposons. La musique qui accompagne les séquences d'expression corporelle doit être sélectionnée, puis étudiée pour libérer l'énergie, assouplir le mouvement, évacuer les stress journaliers. Mais elle devra aussi conduire l'enfant à vivre corporellement et à intégrer les différentes notions musicales. Participant avec son corps à l'élaboration de la structure d'une œuvre, en traduisant les différentes composantes (*cf.* tableau d'audition p. 102), il contribue ainsi à sa propre structuration dont il ajuste les registres (*cf.* Index : « corps »).

Un éventail très large d'enregistrements est à notre disposition dans ce domaine : œuvres spécialisées dans la relaxation, la méditation, avec emploi de sonorités modernes ou orientales ciblées pour créer une atmosphère très détendue; musiques de danses modernes dans lesquelles les basses martelées, particulièrement fortes, déclenchent un phénomène de désintellectualisation dangereux. La plus grande prudence s'impose dans l'utilisation pédagogique de ces musiques.

Il faut évoquer ici les pièges sonores que représentent les bandes enregistrées, diffusées dans certaines « grandes surfaces », conçues pour envelopper le public d'une ambiance sonorisée favorisant les achats nombreux.

À l'école maternelle la musique joue le rôle de vecteur dans la préhension de l'espace. C'est elle qui, par le canal des danses traditionnelles, conduit à prendre conscience de son schéma corporel, à se déplacer harmonieusement par rapport aux autres, à se mouvoir avec aisance au milieu du groupe, guidant les petits par les repères indispensables de l'écoute.

Cette harmonie du corps et de l'espace manque cruellement dans les activités des Cycles 2 et 3. Pourtant la musique peut en accompagner la connaissance, stimuler les progressions, atténuer les réactions violentes, canaliser les énergies. Elle est le régulateur souple des tensions, dispense à ceux qui la sollicitent de grands moments de bonheur. De nombreuses pédagogies proposent des pistes de travail qui ont le mérite de nous démontrer l'importance du corps, non pas en opposition avec l'intellect mais, au contraire, en complémentarité totale avec lui.

Elle peut nous conduire de la danse incantatoire du « Boléro » de Ravel, proche de la transe, au chant grégorien appelant à l'intériorité, laissant sur nos sens et notre psyché un impact considérable. Elle permet de réguler, de discipliner la motricité ; c'est pourquoi la pratique, même rudimentaire, de différents instruments, affine le geste en développant l'écoute, miroir du son, et fait entrer les enfants dans la magie du rythme.

2. Musique et Histoire

L'évolution des sociétés, le déroulement des événements historiques ont, pour les enfants, un côté abstrait. Les visites de musées, de lieux célèbres, les projections sont autant d'outils précieux pour favoriser l'ancrage de ces notions. Pourquoi ne pas marquer musicalement cette étude ? Ouvrir nos oreilles à la magnificence sonore d'un règne, pénétrer dans l'intimité d'une suite de luth ? Une chanson polyphonique pour évoquer la Renaissance, une œuvre de Lulli ou Delalande pour introduire le règne de Louis XIV, sont des messages forts participant des us et coutumes de l'époque envisagée. Nombreuses sont les œuvres écrites pour célébrer une victoire comme *la Guerre* de Janequin, véritable tableau musical de la bataille de Marignan. *Water Music* de Haendel doit son écriture et sa structure aux promenades royales de Georges 1er sur la Tamise. Le Paris des salons, avant la révolution, se divertit en jouant de la harpe et de la flûte traversière ; Mozart, en voyage dans cette ville, y a composé son superbe concerto pour flûte et harpe. On ne peut ignorer que la troisième symphonie de Beethoven appelée *Bonaparte* au début de sa composition fut rebaptisée *Héroïque* lorsque celui ci devint empereur. L'opéra *Boris Godounov*, œuvre majeure de Moussorgsky, relate un épisode dramatique de l'histoire russe où le peuple tient le rôle principal.

Pour mieux comprendre le Japon, il est bon de prêter une oreille attentive au shakuhachi, magnifique flûte de bambou dans la musique *Gagaku* (musique royale traditionnelle) publiée par la collection de l'Unesco.

Dans les œuvres contemporaines, *l'Histoire du soldat* de Stravinsky, écrite en Suisse pendant la guerre de 14-18, doit son petit nombre d'instruments aux difficultés du moment. On peut mentionner aussi l'histoire des chemins de fer avec *Pacific 231* (numéro d'une locomotive détentrice d'un record), d'Arthur Honegger.

Olivier Messiaen, prisonnier en Allemagne lors de la dernière guerre mondiale, nous a laissé dans son *Quatuor pour la fin du temps* le témoignage sonore de ses hallucinations visuelles, alors qu'il était terrassé par le froid et la faim.

Un événement dramatique de notre histoire proche a inspiré Penderecki, musicien polonais. *Thrène À la mémoire des victimes d'Hiroshima* n'est pas une musique descriptive comme *la Guerre* de Janequin mais le témoin sonore de l'horreur de la catastrophe. C'est une œuvre difficile dont l'écoute peut traumatiser, qui nécessite une préparation et une parole adaptées à la puissance de l'œuvre.

Il faut être curieux et attentif pour faire entrer la musique dans l'histoire et l'histoire dans la musique[1]. Un choix pertinent permet de jalonner musicalement le parcours historique, de l'illustrer d'une pâte sonore stimulant la mémoire auditive des enfants.

3. Musique et Géographie

Le monde est à celui qui l'écoute. À tous les niveaux, dans tous les cycles, l'approche sonore d'une région, d'un pays, peut être musicale. Elle permet de pénétrer au cœur des conditions climatiques, de l'environnement minéral et végétal impliqué dans la fabrication des instruments locaux. Les fêtes traditionnelles, les actes importants de la vie quotidienne et sociale, naissances, mariage, enterrements, sont généralement révélateurs des pratiques sonores du terroir. Toutes les régions françaises ont un particularisme musical très marqué par leur mode de vie et leur implantation géographique.

En réaction à la mondialisation d'un certain type de musique, un retour s'opère actuellement vers les sonorités originales transmises par les ancêtres. On voit se dessiner un intérêt marqué pour les traditions sonores. Les « clarines » animent la vie dans les alpages, nous rappelant que l'oreille est précieuse lorsque l'œil est déficient. Conçu pour communiquer d'un massif à l'autre, le cor des Alpes utilise la réverbération du son sur les parois rocheuses pour couvrir de longues distances. Si nous nous déplaçons vers l'Asie, les bambous sont à la base d'une très grande palette d'instruments à vent, à percussion. La même utilisation de la végétation se rencontre sur d'autres continents, en Afrique où les calebasses deviennent résonateurs, les coquillages trompes ou sont simplement utilisés dans la fabrication des percussions, etc.

La connaissance de la vie musicale des autres peuples apporte une ouverture sur le monde, un enrichissement certain à ceux qui vont à sa rencontre. Elle

1. Selon le titre de l'excellent ouvrage de B. Pineau (*cf.* Bibliographie, p. 223).

pose les bases de la tolérance sonore, source de compréhension profonde. Elle nous renvoie à cette phrase de Confucius : «*Si tu veux connaître une société, écoute sa musique*».

4. Musique et Sciences

Plusieurs domaines de la science s'offrent au curieux qui cherche à approfondir certains aspects de la musique. La **biologie** pour explorer les productions sonores animales, l'**anatomie** pour approcher le mécanisme de la voix ou de l'écoute, la **physique** avec de multiples possibilités d'applications : acoustique, reproduction sonore sous toutes ses facettes, phénomènes de résonance, de réverbération du son, langage synthétique, l'**astronomie**, à l'écoute des phénomènes sonores naturels, musique des sphères, etc.

Du point de vue pédagogique la biologie apporte aux enfants une source inépuisable d'investigations pour l'éducation des yeux, des oreilles, des possibilités vocales.

Chaque oiseau, chaque animal proche de l'environnement immédiat, personnage d'un conte ou d'une histoire, peut être l'objet d'un *travail de connaissance visuelle, verbale et auditive.* Il sera suivi de la phase de reconnaissance, signe d'une bonne assimilation des informations reçues. Nous disposons actuellement de tous les moyens utiles pour mener à bien cette approche de la nature qui peut évoluer selon les souhaits de l'enseignant : cassettes sonores, vidéo, enquêtes photographiques, enregistrements en direct, etc.

5. Musique et Technique

De l'artisanat très spécialisé à la technique de pointe, la musique permet, dans ce domaine, de s'exprimer selon ses aspirations et ses capacités. Le luthier doit maîtriser un savoir faire vieux de plusieurs siècles, mais le facteur d'orgue doit innover pour introduire l'informatique au service d'une interprétation toujours plus brillante. La recherche technique est également très active, actuellement, dans le domaine des instruments à vent pour améliorer le confort des exécutants et faciliter la virtuosité. Inversement les facteurs d'instruments anciens sont tenus de trouver des solutions nouvelles pour adapter les matériaux modernes au respect des traditions séculaires.

Pour analyser et mixer les sons l'IRCAM offre le tableau le plus complet des moyens techniques très sophistiqués dont on mesure la perfection dans le film *Farinelli*. La voix de castrat, obtenue par le filtrage d'un voix masculine et d'une voix féminine chantant en relai, nous restitue une tessiture et un timbre absolument inégalés. L'électronique a complètement investi les manifestations musicales de tous ordres dans le domaine de la production, la transmission, la diffusion et de la reproduction. Combien de partitions, graphiques ou notées, sont actuellement saisies par l'ordinateur? Le musicien ne doit plus ignorer cette technologie. C'est par l'ordinateur que sont créées des sonorités nouvelles porteuses d'œuvres originales, telles que *Polytope* pour rayons laser et sons, de Xenakis donné en 1967. Reprenant cette idée, J.-M. Jarre construit de gigantesques spectacles dont on connaît le succès mondial.

Pour l'enseignant qui veut proposer à ses élèves un travail manuel technique dans ce domaine, la construction d'instruments très simples (sistres - petites percussions - tambourins) est à la portée de tous et ceux qui aiment aller plus loin trouveront des idées et des conseils dans les livres figurant dans la bibliographie.

Certaines grandes fabriques d'instruments offrent des visites d'ateliers passionnantes qui, d'ailleurs, peuvent être à l'origine d'une orientation de vie déterminante. Quelques luthiers ou facteurs de flûtes à bec acceptent de parler de leur métier, et le contact direct (par exemple au salon Musicora)[2] apporte toujours une documentation plus vraie, plus vivante. On peut s'inspirer aussi des instruments de musique du Musée de l'Homme, ou, dans les provinces, des instruments traditionnels pour en retrouver les matériaux, les étapes de construction.

Si cette approche ne séduit pas forcément, l'enregistrement peut être un domaine exploré avec enthousiasme, surtout si l'on manipule une table de mixage en jouant avec les paramètres du son ! Le champ d'investigation est très vaste, il suffit de quelques idées et d'un peu de patience !

6. Musique et Communication

La musique joue ici un rôle capital. Elle est le moyen de communication par excellence, celui qui touche au plus profond de l'être humain et, sans doute, le plus universel.

Pour communiquer, elle contourne l'équivoque des mots en développant un mode d'expression direct, compréhensible par tous selon sa culture, ses moyens et sa sensibilité. C'est sans doute de cette faculté de transcender les mots, de les accentuer, de dépasser leur signification première, que vient la puissance du langage musical et son universalité. La lecture et l'exécution d'une partition rapprochent sans problèmes des personnes d'origines très diverses pour une production sonore chargée de l'apport particulier de chacun dans l'émotion musicale commune, souvent très forte !

Elle a été un des premiers moyens de communication, elle est celui qui ne laisse personne sur le bas côté de la route, où chacun peut puiser selon ses goûts pour retrouver son équilibre ou son épanouissement. Elle peut aussi, comme les chants des griots africains, être le support de la mémoire collective. S'adressant directement au corps, elle est un moyen privilégié d'expres-

2. Le salon « Musicora » se tient à Paris, généralement au Grand Palais, dans la deuxième quinzaine du mois de mars. Il regroupe de nombreux éditeurs de musique, d'associations d'activités musicales, un grand nombre de constructeurs et de vendeurs d'instruments.

sion pour certains handicapés, trisomiques et même sourds, sensibles aux vibrations, pour traduire leur besoin de communication. Elle permet aux personnes introverties de se glisser dans une œuvre collective et de libérer ainsi leur expressivité au cœur de cette communauté. La musique de chambre est, sans doute l'expression la plus épurée de l'apport des individualités à une création collective. La puissance de l'orchestre provoque (parfois) dans les salles de concert une atmosphère exceptionnelle d'écoute et de communication dont tous les participants savourent l'intensité prolongée par un silence chargé d'émotion.

Observer les enfants pendant une séquence de musique réserve bien des surprises. Leur comportement, loin de la tension provoquée par certaines disciplines, peut être étonnant. L'expression musicale ne demandant pas d'effort soutenu, ils se détendent, réagissent avec spontanéité, sont porteurs d'initiatives inattendues. Cela est vrai surtout pour les enfants de continents différents, déséquilibrés par le rythme scolaire imposé. Il suffit parfois de leur confier un tambourin pour révéler un véritable talent rythmique, valorisant un aspect refoulé de leur culture. Mais la musique ne doit pas, pour autant, « priver » de l'usage des mots en se substituant à eux.

7. Musique et Création

L'alliance musique et création ouvre un champ d'expériences inépuisable allant des activités corporelles, chorégraphiques, vocales, instrumentales aux innovations technologiques. Elle recouvre toutes les audaces mélodiques, rythmiques, toutes les interactions (corps, instruments, voix, théâtre), les adaptations littéraires et picturales inspirées par des œuvres musicales, etc.

L'interprétation vocale ou instrumentale relève aussi de la création puisque le musicien transmet sa sensibilité pour re-créer l'œuvre et non pour « l'exécuter ».

Cette création fugitive, toujours renouvelée, des musiciens de jazz, rassemble un public en quête d'échanges audacieux, de notes extrêmes, de virtuosité, d'inventivité, conscient de la valeur artistique de l'instant.

Poème électronique de E. Varèse, proposé à l'exposition universelle de Bruxelles, création futuriste associant la technologie à l'expression musicale sous des formes très contrastées, ouvre la voie aux amateurs de musique contemporaine séduits par l'ordinateur.

L'improvisation instrumentale à l'école, si les enseignants sont expérimentés ou soutenus par une collaboration avec des spécialistes, apporte aux enfants l'apprentissage de l'écoute collective et de la rigueur, dans une réalisation valorisante. Dès la maternelle les enfants peuvent composer une partition vocale et / ou instrumentale, introduction à une création plus élaborée. Cet apprentissage de l'acte créatif trouve souvent son aboutissement dans de petits opéras réalisés et joués par les enfants. Ces spectacles, s'ils ne sont pas détournés de leur objectif par une surcharge journalière et des consignes impératives et restrictives, leur apportent aisance vocale, gestuelle, spatiale, éléments importants pour le développement de leur personnalité.

Le noyau de la création peut être proposé par les enfants eux mêmes, poèmes, contes, romans, films, etc. dans lesquels ils peuvent libérer leur sens de l'imaginaire et tisser une trame musicale plus ou moins dense, individuelle ou collective, patchwork d'œuvres enregistrées ou improvisation sonore.

A l'inverse, si l'on ne dit pas aux enfants ce que le compositeur cherche à évoquer, une musique dite descriptive peut servir de point de départ à une création d'histoire, de bande dessinée. Il y a là une construction à partir de l'écoute très enrichissante pour les élèves, mais aussi pour l'enseignant qui participe à l'œuvre commune. Son attitude dans ces activités créatrices est déterminante. Il faut arbitrer, conseiller, proposer, sélectionner, aider à la réalisation sans imposer... tâches délicates qui demandent disponibilité, certes, mais aussi une sorte de confiance a priori. Mais quelle expérience ! Les enfants ne l'oublieront pas... l'enseignant non plus !

Indépendamment de l'attrait du travail collectif, ces activités permettent de découvrir les élèves sous un jour différent, de les connaître mieux sur le plan psychologique, d'aborder avec eux des sujets inhabituels, d'avoir des échanges très ouverts.

Toutes les tentatives sont souhaitables, même si elles n'aboutissent pas toujours, elles auront le mérite d'ouvrir des espaces sur la liberté de création.

La musique, interprète privilégiée de nos aspirations, permet à tous ceux qui l'approchent ou la pratiquent de *créer* à chaque instant. C'est, sans doute, ce qui la rend si précieuse.

8. Musique et Langues

Musiques en elles-même qui se donnent à entendre indépendamment des mots, les langues offrent une richesse de phonèmes et d'intonations inconnus à notre entendement, qui font d'elles des langues étranges et étrangères à notre oreille. À l'heure où ces langues étrangères s'installent au Cycle 3[3], où de l'expérience de *sensibilisation* aux langues on passe à une systématisation de celles-ci, il est grand temps de s'interroger sur les interactions entre pédagogie des langues et pédagogie de la musique[4]. En effet, toutes deux font appel à l'interaction production, écoute. L'oreille surprise par l'inconnu, l'« in-ouïe », de l'une comme de l'autre, soit se refuse à décoder le message – « je n'y entends rien », c'est-à-dire, « je n'y comprends rien » – soit accaparée par la musique des mots, n'arrive pas à focaliser sur le contrepoint indissociable du sens. À moins que ne cherchant à capter que ce dernier, elle occulte

3. Et plus récemment encore au Cycle 2.
4. Consulter à ce propos la contribution de C. GILLIE-GUILBERT intitulée « Quand la musique donne "Son-Sens" à la langue » in *L'apprentissage des langues étrangères à l'école*, collectif de travail sous la direction de C. GERBEAULT, ouvrage à paraître au dernier trimestre 95 chez Nathan.

l'aspect mélodique et rythmique de la phrase; et au moment de parler en langue étrangère, la boucle audio-phonatoire, entravée par la déformation des messages acoustiques, ne peut remplir sa fonction d'autorégulation.

Prendre le temps d'écouter la langue avant de la parler, offrir à l'enfant ce temps de latence indispensable entre entendre et répéter, lui donner la possibilité de jeux vocaux sur les phonèmes étranger (*cf.* p. 56) afin que son appareil phonatoire puisse apprivoiser ces sonorités nouvelles, s'arrêter aux sensations corporelles associées à l'émission de celles-ci... tels sont les incontournables pédagogiques amenées par la réflexion sur les champs (et chants !) d'interférence de ces deux domaines disciplinaires.

On pourra alors aborder tout un répertoire de comptines, chants populaires, chants de variété; mais on veillera auparavant à vérifier que rythmes et contours mélodiques ne déforment pas la prosodie. On n'oubliera pas non plus d'écouter des musiques en langues étrangères, telles que mélodies, extraits d'opéra, etc., et pas uniquement dans la langue pratiquée régulièrement en classe. Là encore, le jeu du «pareil / pas pareil» sera de la plus grande efficacité.

«*Take care of the sense, and the sounds will take care of themselves !*»[5]. Voici comment d'un jeu de sons (le proverbe anglais parle en fait de «pences» et de «pounds»), Lewis Carroll fait un jeu de sens dans *Alice au Pays des merveilles*, précédant par là tout ce qui fera la richesse des élucubrations de Devos. Rendons lui ici hommage, tant sa façon d'aborder notre langue maternelle avec une oreille neuve, redonnant à ces sons trop connus l'ambiguïté du sens qu'ils avaient perdue, devrait être pour nous, pédagogues, une leçon de musique... et de langue !

Mais concluons pour notre part en disant : «*Take care of the sense and of the sounds **too** !*»[6]; ou traduit en terme de démarche pédagogique : «*Take care of the sense and of the sounds **both** !*»

---

5. «Occupez vous du sens, et les sons s'occuperont d'eux-mêmes»; cité par M. CHION dans *Le Promeneur écoutant*.
6. «Prenez soin du sens et du son aussi !»

Conclusion

« En ce monde secoué par le nihilisme et la crise des valeurs, l'art musical (...) porte le message de la spiritualité et de l'amour. »

M. F. Castarède in *Le Miroir sonore.*

À l'heure de conclure, devions-nous choisir en cette *coda* d'insérer une *cadence* avec sa volubilité de soliste tandis que l'orchestre se tait ? Ou devions-nous lui préférer une *strette*, avec son retour précipité des sujets et contre-sujets qui cimentèrent l'ouvrage ? Pouvions-nous nous résoudre à considérer que tout cet ouvrage ne fut qu'un *prélude*, et qu'il vous appartient désormais de reprendre le thème comme nous le suggérions dès l'avant-propos ?

« *Nous sommes le fruit contracté d'un grand prélude inachevé* »[1]

Oserions-nous faire nôtre, et vôtre, cette phrase du poète nous conviant à l'humilité ?

C'est alors que ***La Musique au Quotidien*** (*cf.* Annexes, p. 238) fit « la une » des nouveaux textes officiels de septembre 95, nous interpellant de cette formule qui nous tentait depuis un an ! *Musique au Quotidien... ; défi ou réalité...* Tel est le titre que nous avions pensé donner à cet ouvrage dans un premier temps

Quel impact cette expression ministérielle allait-elle avoir sur les pratiques des maîtres et des enfants dans leur réalité quotidienne ?

Donner à la musique une place au quotidien, c'était enfin la reconnaître présente comme activité à part entière *aux côtés* et *au sein* des autres disciplines. C'était aussi lui redonner ses lettres de noblesse, perdues au fil des siècles ; on l'avait pourtant vue élevée au rang de discipline intellectuelle fondamentale, au même titre que l'arithmétique, la géométrie et l'astronomie avec lesquelles elle constituait le *Quadrivium*.

Mais faire place à la musique au cœur de nos préoccupations de pédagogue, lui redonner vie « au quotidien » de la classe, n'était-ce pas le risque de banaliser un moment jusque-là attendu et désiré, car échappant à la répétitivité ? N'était-ce pas aussi le risque de réduire le moment de musique à un chant – le temps de l'apprendre –, une audition – le temps de l'écouter ? C'est-à-dire, d'offrir un substitut sonore à ces jeunes en quête de sens, leur donner du *son*, à défaut de *sens* ?

« *Demandons-nous alors si beaucoup parmi les entendants ne survivent pas, eux aussi, en utilisant l'écoute de la musique comme une invisible prothèse acoustique.* »[2]

1. R. Char in *Recherche de la base et du sommet.*
2. M. Chion in *Le Promeneur écoutant.*

Ce « eux aussi » nous invite à refaire cette histoire de notre voix et de notre écoute, avant de s'autoriser à partager celle des enfants dont nous avons la responsabilité.

« Quand on a la mission d'éveiller, on commence par faire sa toilette dans la rivière. Le premier enchantement comme le premier saisissement sont pour soi. »[3]

Revivant ce « premier saisissement », on repensera peut-être avec quelque nostalgie à ce à quoi nous conviait l'ancienne terminologie désignant les disciplines artistiques : « disciplines d'éveil ». Elle nous engageait à laisser parler en nous et chez les enfants les « sensations » liées à l'approche des disciplines artistiques dites à l'époque « disciplines de la sensibilité ».

Parler « d'apprentissages » ne doit pas être pour autant un déni de cette dimension affective et sensitive. Mais abandonnant là cette dichotomie regrettable, ce terme sollicite de la part des enseignants comme des enfants une approche identique à celle des archéologues et des détectives, toujours aux aguets et en quête d'indices, et allant au-delà des « premiers émerveillements » afin de comprendre le pourquoi de l'histoire. Il rappelle aussi aux partenaires de l'action éducative leur place dans un projet qui ne peut se concevoir sans désir et sans plaisir.

« Si le rôle du maître est bien de faire émerger le désir d'apprendre, sa tâche est de créer l'énigme (...) L'énigme meurt quand personne n'est là pour témoigner du plaisir que l'on peut trouver à la résoudre ! »[4]

Alors, on pourra affirmer que « La Musique au Quotidien » aura fait ses preuves !

Naissance, essence, sens... d'un projet, qui peut donner sens à notre vie d'enseignant et à celle des enfants, tous sujets en quête d'à-venir.

---

3. R. Char in *Rougeur des matinaux*.
4. P. Meirieu in *Apprendre, oui mais comment ?*

LEXIQUE DES TERMES MUSICAUX

A cappella : chant sans accompagnement.

A tempo : revenir au tempo initial.

Accolement : jonction des plis vocaux.

Accord : agrégat d'au moins trois sons simultanés répondant à des règles harmoniques précises (peut être consonant ou dissonant).

Acoustique : *a)* propriétés susceptibles de générer, de propager et de faire percevoir le son, *b)* science étudiant les fondements physiques du son, de la musique dans différentes dimensions : audition, génération, propagation, propriétés physiques, analyse, etc.

Aigu : (sonorité) élevée dans l'échelle musicale – *adjectif et nom commun.*

Aléatoire : se dit d'une musique contemporaine ou d'une improvisation dont la structure et la conception font intervenir le hasard, contrairement à une écriture thématique.

Altération : modification affectant la hauteur d'une note.

Altiste : *a)* voix d'homme chantant en tessiture d'alto avec un registre de tête, *b)* musicien jouant de l'alto.

Alto : voix de femme de tessiture grave dite aussi contralto.

Ambitus : étendue entre la note la plus aiguë et la note la plus grave d'une partition vocale (peut être restreint ou large).

Anacrouse : note(s) qui précède(nt) le 1er temps d'une phrase musicale (ex. : « Allons en »... 3 premières notes de la « Marseillaise »).

Appeau : sifflet imitant le cri des oiseaux.

Aria : air (italien) ; mélodie accompagnée le plus souvent par un orchestre dans les opéras, cantates, oratorios ;

Arioso : air de dimensions plus réduites.

Arpège : exécution successive des notes d'un accord.

Baryton : voix d'homme intermédiaire entre ténor et basse.

Basse : voix masculine la plus grave.

Bécarre : (♮) signe annulant une altération (bémol ou dièse).

Bel canto : style italien privilégiant la virtuosité et les performances vocales et reléguant l'expressivité au second plan.

Bémol : (♭) altération permettant de baisser d'un 1 / 2 ton la note devant laquelle elle est placée.

Cadence : *a)* formule harmonique concluant une phrase musicale, *b)* passage de virtuosité réservé au soliste qui devait improviser vers la fin d'un mouvement de concerto.

Canon : (vocal ou instrumental) composition polyphonique dans laquelle toutes les voix chantent une partition identique avec des départs décalés.

Cantabile : expressif, chantant (italien).

Cantate : composition pour solistes chœurs et orchestre destinée au concert.

Cantus firmus : désigne la voix supérieure dans les polyphonies du XVe et du XVIe siècle.

Castrat : chanteur masculin ayant conservé le registre de sa voix d'enfant à la suite d'une opération effectuée avant la mue; très apprécié aux XVIIe et XVIIIe siècles.

Cellule rythmique et / ou mélodique : ensemble de valeurs de durée formant un rythme et / ou une mélodie (en général court(e)) servant d'élément de base à une chanson, un accompagnement.

Chœur à voix égales : composé de voix d'une même tessiture (voix d'enfants, de femmes ou chœur d'hommes).

Chœur mixte : composé de voix de femmes ou d'enfants et de voix d'hommes.

Choral : chant religieux d'origine protestante (Allemagne) destiné à être chanté à l'unisson par la foule; son harmonisation est apparue progressivement.

Chromatisme : utilisation systématique d'une succession plus ou moins longue de 1/2 tons.

Cluster : «grappe sonore» à tendance dissonante; attaque simultanée de plusieurs notes groupées; peut être vocal ou instrumental.

Coda : terme musical désignant la conclusion d'une œuvre.

Comédie musicale : sorte d'opérette dont la musique est proche des variétés et du jazz (ex. : «Cats»).

Concertino : petit groupe d'instrumentistes solistes dialoguant avec le Tutti dans le concerto grosso.

Contre ténor (counter ténor) : *haute contre.* Terme utilisé par l'Angleterre baroque pour désigner la voix de *haute contre.*

Contrepoint : procédé d'écriture (horizontale) consistant à écrire ligne mélodique contre ligne mélodique (point contre point). Interfère avec l'écriture harmonique (verticale) basée sur l'enchaînement des accords.

Contrapuntique : écriture basée sur le contrepoint.

Contre-temps : note accentuant un temps faible ou la partie faible de celui-ci.

Cordes vocales : cf. *plis vocaux.*

Costo-diaphragmatique : qualifie l'action simultanée du diaphragme et des côtes du thorax.

Crescendo : augmentation progressive de l'intensité du son.

Da Capo : (D.C.) indication de reprise au début de l'œuvre.

Decrescendo : diminution progressive de l'intensité du son.

Dièse : (♯) altération permettant de hausser de 1/2 ton la note devant laquelle elle est placée.

Dominante : 5e degré de la gamme, à un intervalle de quinte de la tonique avec laquelle il constitue les piliers du soutien harmonique.

Épiglotte : languette cartilagineuse qui sert à obturer le larynx pendant la déglutition.

Facteur : fabricant d'instruments autres que les cordes frottées et pincées (par extension) (Facteur d'orgue, de clavecin, piano, guitare, flûtes à bec, etc.).

Fausset : technique particulière pour les voix d'hommes permettant de produire des sons très au-dessus de leur registre naturel (voix de *falsetto* en italien).

Formant : groupement d'harmoniques intenses modifiant la perception de hauteur et de timbre.

Forme musicale : notion caractérisant des règles de composition précises : Ex. : forme rondo = refrain, couplets; forme Lied = A.B.A.; forme thème et variations, etc.

Forte : (se dit forté) intensité forte.

Fugue («fuite») **:** forme musicale (plus élaborée que le canon, à ne pas confondre avec lui) construite autour d'un motif unique, le «sujet» engendrant le «contre sujet»; ceux-ci entrent alternativement et successivement pendant «l'exposition»; ils seront exploités par toutes les voix dans le développement et reviendront avec des entrées plus rapprochées dans la «strette».

Genre musical : (G.M.) notion permettant de classer les oeuvres musicales en fonction de plusieurs paramètres : structures, fonction, textes, destination. Ex. : la symphonie est un *genre* dont chaque mouvement s'organise selon une *forme* précise.

Giocoso : joyeux.

Glissando : procédé d'exécution qui consiste à glisser sur tous les sons intermédiaires entre les deux extrémités d'un intervalle.

Grain : qualificatif spécifique à la musique contemporaine pour souligner les qualités du timbre de la voix.

Grave : (sonorité) placée «au bas» de l'échelle musicale – adjectif et nom commun.

Harmonie : *a*) écriture verticale de sons simultanés; concerne la science des accords et de leur enchaînement, *b*) groupe d'instrumentistes à vent (cuivres et bois).

Harmoniques : *a*) Sons découlant d'un son fondamental que l'on peut obtenir sur un instrument à cordes en effleurant celles-ci à certains endroits; ils sont à des intervalles d'octave, de quinzième, etc. *b*) sons produits par les fréquences multiples du son fondamental; le timbre d'une voix peut être riche ou pauvre en harmoniques.

Haute-contre : voix masculine travaillée, plus aiguë que celle du ténor, s'étageant dans une tessiture d'alto, voire de soprano féminin; les commentateurs ne sont pas tous d'accord quant au registre (voix mixte ou voix de tête) permettant l'émission de cette voix particulière; de tessiture plus restreinte que celle des castrats, ils en interprètent néanmoins les rôles.

Hauteur : place d'une note dans l'échelle musicale. Grave, aiguë, médium.

Interlude : courte pièce musicale insérée entre deux morceaux plus importants.

Jodel (Yodle; Yodel) **:** technique de chant populaire consistant à passer immédiatement du registre de poitrine au registre de tête; pratiqué dans les Alpes, en Afrique, en Mélanésie et en Polynésie.

Labial : qui est en relation avec les lèvres.

Larynx : partie non visible de la gorge s'étendant de l'épiglotte à la trachée; les plis vocaux, insérés dans le larynx, obturent la trachée lors de l'émission vocale et s'ouvrent lors de l'inspiration.

Leitmotiv : motif musical attaché à un personnage, un objet, un sentiment, une situation ou un symbole. Utilisé à propos et à partir de Wagner.

Liaison : *a*) ligne courbe placée au dessus d'une phrase indiquant une exécution très liée (legato),

b) ligne courbe reliant deux notes (ou plus) de même degré pour additionner leur durée sans interrompre le son.

Lied : poème chanté (d'origine germanique) accompagné par le piano ou par l'orchestre.

Luthier : fabricant d'instruments à cordes frottées et pincées : violon, alto, violoncelle, contrebasse, violes, violes de gambe, guitares, luths, etc.

Madrigal : composition polyphonique, le plus souvent a capella, sur un texte poétique, très pratiquée en Italie au XVIe siècle.

Maîtrise : ensemble choral d'enfants rattaché à une école ou à une église (ex. : Maîtrise de Radio France).

Majeur : adjectif qualifiant une gamme, un accord ou un intervalle (l'intervalle majeur étant d'un 1/2 ton plus grand que son contraire le mineur); détermine l'atmosphère du morceau que l'on a tendance à considérer comme plus lumineuse.

Marche mélodique : répétition du même dessin mélodique sur des degrés successifs.

Mélisme : groupe de plusieurs notes formant un dessin mélodique ornant une syllabe.

Mélodie : *a*) succession « horizontale » de sons musicaux par opposition à l'harmonie; chanter « l'air » d'une chanson c'est en restituer la « mélodie » dépouillée de ses paroles;

b) composition pour une voix; se dit « *Lied* » en Allemagne.

Messe : composition musicale destinée à l'office religieux; généralement en cinq parties : *Kyrie, Gloria, Credo, Sanctus, Agnus Dei.*

Mesure : division régulière (comportant un nombre égal de pulsations) de l'ensemble rythmique permettant de poser des repères facilitant la lecture. Battre la mesure à 2, 3, 4 temps, etc.

Mezza-voce : à mi voix (italien).

Mezzo-forte : moyennement fort.

Mezzo soprano : voix de femme de tessiture moyenne (entre alto et soprano).

Mineur : adjectif qualifiant une gamme, un accord ou un intervalle (l'intervalle mineur étant d'un 1/2 ton plus petit que son contraire le majeur); détermine l'atmosphère du morceau que l'on a tendance à considérer comme plus sombre.

Monodie : chant à une voix.

Motet : *a*) Polyphonie vocale sur des textes religieux ne faisant pas partie de la messe,

b) Grand motet : œuvre importante faisant alterner soli, choeurs et orchestre.

Mouvement : une des subdivisions d'une « forme » musicale.

Mue : transformation physiologique intervenant au moment de la puberté, (allongement du larynx et des plis vocaux) particulièrement sensible chez les garçons mais affectant aussi les filles et modifiant timbre et hauteur de la voix.

Nerf récurrent : nerf essentiel pour le larynx et les plis vocaux.

Nodule : épaississement localisé de la muqueuse des plis vocaux provoqué par un frottement excessif. Peut être œdémateux ou fibreux.

Note(s) de passage : suite de notes conjointes reliant les deux notes extrêmes d'un intervalle.

Octave : *a*) notes comprises dans un intervalle de huit degrés;

b) nom de cet intervalle.

Opéra : (G.M.) œuvre dramatique entièrement chantée, composée de récitatifs, d'airs, de chœurs, de danse, avec accompagnement d'orchestre et de morceaux d'orchestre seul (ex. : *Don Juan de* Mozart).

Opéra Ballet : (G.M.**)** œuvre dramatique chantée et dansée, très appréciée au XVIIIe siècle (ex. : *les Indes Galantes* de J.-P. Rameau).

Opéra comique : (G.M.) œuvre dramatique dans laquelle alternent les dialogues et les parties chantées (ex. : *le Barbier de Séville* de Rossini).

Opérette : de sujet plus léger que l'opéra comique mais avec la même structure (ex. : *La Vie parisienne* d'Offenbach).

Oratorio : opéra sacré, non représenté (ex. : le *Messie* de Haendel).

Orchestre philharmonique : ensemble de personnes composant un orchestre symphonique.

Orchestre symphonique : ensembles des instruments composant un orchestre.

Ostinato : cellule mélodique ou rythmique se répétant, imperturbablement identique à elle même; procédé systématique de composition (ex. : Chaconne, Passacaille, Ground).

Palais dur : partie osseuse antérieure supérieure du plafond de la cavité buccale (derrière les dents).

Palais mou : partie postérieure supérieure du plafond de la cavité buccale (proche de la gorge), se terminant par la luette.

Pentatonique (du grec *penta* = cinq, *tonos* = ton) **:** *qui* est composé de cinq sons; gamme pentatonique.

Pharynx : partie visible de la gorge allant de l'arrière de la langue à l'épiglotte.

Phonation : production des sons et de la voix par les organes vocaux.

Phoniatre : médecin spécialisé dans les maladies des organes de la phonation.

Piano : nuance ; intensité du son réduite.

Pianissimo : intensité très réduite.

Plis vocaux : (selon la terminologie employée par Le Huche) plis musculaires, appelés communément cordes vocales, dont les vibrations sont à l'origine du son.

Polyphonie : composition superposant plusieurs lignes mélodiques ou plusieurs voix.

Postlude : pièce instrumentale qui, contrairement au prélude, clôt une exécution.

Prélude : pièce instrumentale servant d'introduction, soit à une œuvre vocale, soit à une œuvre instrumentale (suite ou fugue) ; à partir de la fin du XIXe siècle, devient une pièce indépendante.

Pulsation : battement régulier avec lequel on peut accompagner une œuvre. Se fait spontanément par un battement (pieds ou mains) ou un balancement du corps.

Récitatif : déclamation chantée respectant la prosodie au détriment de la ligne mélodique.

Registre : partie de l'étendue d'une voix présentant la même couleur, le même timbre, obtenu par la même technique.

Ripieno : dans le concerto grosso, ensemble de musiciens doublant les parties principales de l'orchestre et formant avec celles-ci le *Tutti*, pour dialoguer avec le concertino.

Rubato : (littéralement : temps dérobé) interprétation tendant à déformer le rythme de la mélodie en le décalant par rapport à l'accompagnement.

Septième de dominante : accord de septième placé sur le 5e degré de la gamme appelé dominante ; cet accord renforce l'effet attractif vers la tonique.

Son fondamental : *a*) son de base, premier perçu de la série des harmonique ;

b) son servant de base à un accord.

Sonagramme : impression graphique sur un document des trois dimensions des signes acoustiques, temps, fréquences, intensité.[1]

Sonagraphe : appareil analyseur de sons en donnant une représentation graphique.

Sonate : héritée de la « suite » dont chaque mouvement s'enrichit de l'écriture bithématique ; elle se réduit ensuite progressivement à trois mouvements (vif, lent, vif).

---

1 E. Leipp, in *La Machine à Écouter.*

Sopraniste : chanteur masculin ayant conservé naturellement sa voix d'enfant de soprano.

Soprano : voix de femme la plus aiguë.

Sprechgesang : déclamation parlé-chanté privilégiée par les musiciens de l'école de Vienne, notamment par Schönberg et A. Berg.

Suite : suite de danses instrumentales (pouvant aller jusqu'à dix pièces) avec alternance de tempo : lent, rapide (ex. : sarabande (lent), gigue (rapide), menuet, etc.) ; elle prend le nom de *Partita* en Allemagne et d'*Ordre* chez Couperin.

Symphonie : de même conception que la sonate elle est destinée à l'orchestre ; elle comporte un 4e mouvement de danse, menuet ou scherzo, inséré entre le second (lent) et le troisième mouvement (rapide).

Tablature : terme désignant, à partir du XVe siècle, la notation musicale à l'aide de chiffres, lettres et symboles.

Ténor : voix d'homme la plus aiguë.

Tempo : terme italien désignant le plus souvent la pulsation. Il en précise la vitesse mesurable au métronome. Ex. : adagio = 66 ; à partir du XIXe siècle il est indiqué au début des œuvres ou de leurs parties dont il fixe la vitesse générale. Peut être lent (largo, adagio, andante), modéré, ou rapide (allegro, presto).

Tessiture : ensemble des sons qu'une voix peut émettre avec facilité. Elle peut s'étager sur plusieurs *registres*.

Thème : dessin mélodique formant l'élément principal d'une œuvre. Peut présenter un caractère rythmique.

Le thème est à la base de la construction musicale. Celle-ci peut être monothématique (fugue) ou bithématique (sonate).

Timbre : qualité du son, couleur sonore (liée au nombre d'harmoniques et à leur échelonnement) ; spécifique à la voix ou l'instrument qui l'émet.

Tonique : premier degré de la gamme ; donne son nom à la tonalité ; forme avec la dominante les piliers du soutien harmonique.

Tutti : (terme italien) désignant l'ensemble des musiciens de l'orchestre.

Unisson : émission par un groupe de voix et/ou d'instruments d'un son de même hauteur.

Variations : transformations partielles d'un thème, jouant sur certaines de ses composantes (mélodie, harmonie, rythme, mesure, etc.) mais lui conservant son identité.

Vibrato : oscillations autour d'un son produit par une voix (ou un instrument) lui donnant une vibration plus intense.

Virtuosité : maîtrise technique et rapidité dans l'exécution d'une oeuvre instrumentale ou vocale.

Voile du palais : *cf.* palais mou.

BIBLIOGRAPHIE

Voix

AUCHER M.-L., *L'Homme sonore*, Épi, Paris, 1983.
AUCHER M.-L., *Les Plans d'expression*, Épi, Paris, 1977.
BARTHÉLÉMY Y., *La Voix libérée*, Laffont, Paris, 1984.
BELLENGER L., *L'Expression orale*, E.S.F., Paris, 1992.
CASTARÈDE M.-F., *La Voix et ses sortilèges*, Les Belles Lettres, Paris, 1987.
CHION M., *La Voix au cinéma*, éd. de l'Étoile, 1982.
CORNUT G., *La Voix*, P.U.F., Que sais-je, 1986.
DINVILLE C., *Les Troubles de la voix et leur rééducation*, Masson, 1981.
GAGNARD M., *La Voix dans la musique contemporaine et extra européenne*, Van de Velde, 1987.
LE HUCHE F., ALLALI. A., *Anatomie et physiologie des organes de la voix*, Masson, Paris,1991.
MILLER R., *La Structure du chant*, I.P.M.C., La Villette, Paris, 1990.
OTT J. et B., *Les Techniques européennes du chant*, E.A.P., 1981.
PERRIER J., *Leur premier instrument, la voix*, Retz, Paris, 1985.
PFAUWADEL M.-C., *Respirer, parler, chanter*, Le Hameau, 1981.
REIBEL G., *Jeux musicaux ;* Vol. 1 « Jeux vocaux », Salabert, Paris, 1984.
RONDELEUX L.-J., *Trouver sa voix*, Seuil, Paris-Mesnil, 1977.
WYSS C., *Ce que chanter veut dire*, Leduc, 1961.
Collectif : *Parole étouffée, parole libérée*, Delachaux et Niestlé, 1991.
Collectif : *La Voix dévoilée*, Romillat & co, 1991.
Collectif : *La Voix*, les cahiers du C.E.N.A.M., 1984, 1987.
La Voix, 1, n° 32, Revue du chant choral, A.C.J.
La Voix, 2, n° 35, Revue du chant choral, A.C.J.

Chant

BRETÈQUE (de la) B.-A., *Le Chant, contraintes et liberté*, Fuzeau, 1991.
BUSTARRET A.-H., *La Mémoire enchantée*, Enfance Heureuse, 1986.
CASTARÈDE M.-F., *Le Miroir sonore*, Clé, col. Psychanalyse, 1989.
LEHMANN L., *Mon art du chant*, Rouart et Lerolle, Paris, 1922.
PIERLOT J., *Le Chant*, Denoël, Paris, 1983.
VISCONTI R.M., *Les Aujourd'hui qui chantent*, Le Centurion, Paris, 1979.
WAGNER C., *Meneur de chant*, Presses de l'Île de France, 1973.
Collectif : *L'Art du chant et la médecine vocale*, Roudil, 1984.

Écoute

BARRAUD H., *Pour comprendre les musiques d'aujourd'hui*, Seuil.

CHION M., *Le Promeneur écoutant*, Plume, Champagne, 1993.

CHION M., *Guide des objets sonores*, Buschet-Chastel, Paris, 1983.

FRANCES R., *La Perception de la musique*, Librairie philosophique J. Vrin, 1972.

IMBERTY M., *Entendre la musique*, Dunod, Paris, coll. Psychisme , 1979.

KAEPPELIN Ph., *L'Écoute*, E.S.F., Formation permanente en sciences humaines, 1989

LEIPP E., *La Machine à écouter*, Masson, Paris, 1977.

LELONG G., SOLEIL J., *Les œuvres clés de la musique*, Bordas, Paris, 1987.

RAPIN J.-J., *A la découverte de la musique*, 1 et 2, Payot / Lausanne, 1969.

RAKOWSKA-JAILLARD C., *Entendre*, éd. Universitaires.

RUAULT et BLIN, *Commentaires d'œuvres musicales*, Armand Colin, Paris, 1966.

TOMATIS A., *L'Oreille et la Voix*, Laffont, Paris, 1987.

TOMATIS A., *L'Oreille et la Vie*, Laffont, Paris, 1977.

TOMATIS A., *L'Oreille et le Langage*, Seuil, 1963.

WILLEMS E., *L'Oreille musicale*, Pro Musica, Fribourg, 1940.

Collectif : *Quelles musiques à l'école*, Armand Colin, Paris, 1990.

Collectif : *L'École et les Techniques sonores*, pratiques pédagogiques, Armand Colin, 1975.

Collectif : *L'Oreille en colimaçon*, Armand Colin, Paris, 1990.

Collectif : *L'Oreille oubliée*, Centre Pompidou CCI, Paris, 1982.

Pédagogie musicale générale

Collectif : *L'Oreille en colimaçon*, Armand Colin, Paris, 1986.

CNDP : *L'Éducation artistique à l'école*, Hachette, 1993.

DELALANDE F., *Pédagogie musicale d'éveil*, I.N.A.G.R.M., Cahiers recherche n° 1, 1976.

DELALANDE F., *La Musique est un jeu d'enfant*, Buschet-Chastel, 1984.

DELALANDE F., *L'Enfant du sonore au musical*, Buschet-Chastel, 1982.

GAGNARD M., *L'Éveil musical de l'enfant*, E.S.F., 1977.

GUIRAUD-CALADOU, *Un Chant d'action* - La créativité, Fuzeau, 1979.

JACQUES-DALCROZE, *Le Rythme, la Musique et l'Éducation*, Fœtisch, Lausanne, 1965.

LEY M, *La Mise en scène du conte musical*, Fuzeau, 1985.

MANEVEAU G., *Musique et éducation*, Edisud, 1977.

MARTENOT M., *Principes fondamentaux d'éducation Musicale*, Magnard, Paris, 1976.

SCHAEFFER P., *Traité des objets musicaux*, Seuil, Paris, 1966.

SCHAEFFER P., *Le Traité : 10 ans après*, I.N.A. G.R.M., Cahiers recherche 2, 1976.

STORMS G., *100 jeux musicaux*, Hachette, Paris, 1985.

WILLEMS E., *L'Oreille musicale*, Pro Musica, Fribourg, 1940.

WILLEMS E., *Les Bases psychologiques de l'éducation musicale*, Pro Musica, Fribourg,

WILLEMS E., *Le Rythme musical*, Pro Musica, Fribourg, 3e éd., 1984.

Le Pouvoir des sons, I.N.A. G.R.M., Cahiers recherche.

L'Éducation musicale à l'école, Actes de colloque, I.M.P.C., la Villette, 1989.

L'Éducation artistique à l'école, Ministère de l'éducation nationale et de la culture, Savoir Livre CNDP, 1993.

Pédagogie / Maternelle

ABBADIE-GILLIE, *L'Enfant dans l'univers sonore*, Armand Colin, Paris, 1973.

ALLAUX J.-P., *Apprenez à respirer à vos enfants*, Retz, Paris, 1982.

BESCHE G., *Avec mes oreilles et ma bouche*, éd. de l'École, 1985.

BUSTARRET A. H., *L'Oreille tendre*, éd. Ouvrières, Paris, 1982.

CATILLON M., *Approche et mise en place du langage musical*, Van de Velde, 1975.

CATILLON M., *De l'onomatopée à la percussion*, Van de Velde, 1980.

CHAUVEL et NORET, *Apprenez à relaxer vos enfants (2-7ans)*, Retz, Paris, 1987.

CHEVALIER A.-M., *L'Expression musicale*, Armand Colin,Paris, 1989.

C.D.D.P. St Brieux, *L'Éveil au monde sonore*, 1977.

C.R.D.P. Poitiers, *L'Éducation musicale à l'école maternelle*, 1983.

GIBUS, *Chant'idées*, éd. de Bœck Wesmael, 1974.

LESCOUT M., *Autour des comptines*, F. Nathan, Paris, 1987.

LÉVINE F., *L'Éveil musical de 2 à 4 ans*, Leduc, Paris.

LEY M., *Vers le conte musical*, Fuzeau, 1985.

LEY M., *Éducation musicale, réflexion préalable*, Fuzeau, 1983.

MULLER J., *Jeux de doigts, jeux de rythme*, Armand Colin, Paris, 1985.

PETIT et DELAUNAY, *A la découverte des rythmes et des sons*, Armand Colin, Paris, 1972.

RENARD C., *Le Geste musical*, Hachette, Paris, 1982.

TABERLET M.-O., *Comptines à malices*, Armand Colin, Paris, 1985.

TAVERNIER, *L'Ecole avant 6 ans* (chapitre univers sonore), Bordas, Paris.

Pédagogie / Primaire

BÉREL E., *L'Éveil au monde sonore : rythme, poésie, musique*, Fuzeau, 1985.

BÉREL E., *L'Éveil musical*, Fuzeau, 1985.

BERNARDEAU T., PINEAU M., *Apprendre à écouter au cycle III*, Nathan, 1995.

CATILLON M., *Jeux d'instruments à percussion d'ici et d'ailleurs*, Van de Velde, 1980.

Collectif : *Quelles musiques à l'école : Concerto pour un instituteur et des enfants, Colin*, Paris, 1990.

LEY M., *Éducation musicale : Guide de pédagogie pratique*, Fuzeau.

LEY M., *Éducation musicale, réflexion préalable*, Fuzeau, 1983.

MASSON J. F., VILLAIN J. J., *Écouter - chanter - jouer au CP*, Nathan, Paris, 1991.

NEU A., *Créations sonores*, Hachette / Van de Velde, 1982.

RIBIÈRE-RAVERLAT J., *Adaptation française de la méthode Kodaly*, Leduc, Paris, 1974.

VAN SULL L.-V., *Osez la Musique*, éd. Labor.

Instruments

ARMENGAUD C., *La Musique verte*, C. Bonneton, 1979.

ARMENGAUD C., *Musiques éoliennes*, Dessain et Tolra, 1983.

BARLI, FARADJI, GILLIE-GUILBERT, *Claviers*, éditions J.M.G., Paris, 1989.

CLAUDEL N., *Musique d'argile*, n° 1 et n° 2, Fuzeau.

CRANGA P., *Appeaux et sifflets*, Fuzeau, 1987.

DUDON J., *La Musique de l'eau*, éd. Alternatives, Paris, 1982.

JACQUET Y., *Construction d'instruments (11 recueils)*, Fuzeau, 1981.

LEY M., *Prenez en de la graine*, Fuzeau, 1987.

MANDEL et WOOD, *Sons et rythmes*, Presses de l'Île de France, 1973.

MAUMENÉ et PINEAU, *Construire des instruments*, Scarabée.

PENESCO-ZIGLER, *Cordes*, éditions J.M.G., Reims, 1988.

RENARD C., *Le Temps de l'espace*, Van de Velde.

TRANCHEFORT F.R., *Les Instruments de musique*, 2 tomes, Seuil, 1980.

WARING S., *Amusiquons-nous*, Chant du monde.

KREUSCH-JACOB, *La Musique et les petits*, Fleurus, série 107, 1981.

Collection Fleurus, *Petites percussions pour les quatre saisons*, série 101.

Flûte à bec

Laurent G., *Pour une autre approche de la flûte à bec*, Retz, Paris, 1983.

Musique et acoustique

CHION M., *La Musique électro acoustique*, P.U.F., Que sais-je ?, 1982.

LEIPP E., *La Machine à écouter*, Masson, Paris, 1977.

LEIPP E., *Acoustique et musique*, Masson, Paris, 1971.

Histoire de la musique

BARRAUD H., *Les Cinq Grands Opéras*, Seuil, Paris, 1972.

CANDÉ (de) R., *Petit dictionnaire de la musique*, Seuil, Paris, 1961.

DUFOURCQ N., *La Musique*, Larousse, Paris, 1946.
DUFOURCQ N., *Larousse de la musique*, Larousse, Paris, 1957.
DUFOURCQ N., *Petite histoire de la musique*, Larousse, Paris, 1961.
DRUILHE P., *Histoire de la musique*, Hachette, Paris, 1960.
HONEGGER M., *Dictionnaire de la musique*, Bordas, Paris, 1979.
HONEGGER M., *Sciences de la musique*, Bordas, Paris, 1977.
KOBBÉ G., *Tout l'opéra*, Laffont, Paris, 1985.
LONGCHAMPT J., *L'Opéra aujourd'hui*, Seuil, Paris, 1970.
MICHELS U., *Guide illustré de la Musique*, Fayard, Paris, 1988.
PINEAU B., *La Musique dans l'histoire et l'histoire dans la musique*, Hatier, Paris, 1989.
ROLAND-MANUEL, *Histoire de la musique*, 2 tomes, Gallimard (Pléiade), Paris, 1977.

Pour en savoir plus

ASSOUN P. L., *Leçons psychanalytiques sur Le regard et la voix*, tomes 1 et 2, Anthropos, Paris, 1995.
ARVEILLER J., *Des musicothérapies*, coll. Psychologie et pédagogie, E.A.P., 1980.
BELLET M., *L'Écoute*, Epi-Desclée de Brouwer, 1990.
BÉRARD S., *Musique : Langage vivant*, Hachette / Van de Velde, 1981.
BUSTARRET A.-H., *L'Enfant et les Moyens d'expression sonore*, éd. Ouvrières, 1978.
DESPINS J.-P., *Le Cerveau et la Musique*, C. Bourgois, 1986.
ESCAL F., *Espaces sociaux, espaces musicaux*, Payot, 1979.
FELDENKRAIS M., *La Conscience du corps*, Laffont, Paris, 1971.
GUILLARD G., *Manuel pratique d'analyse auditive*, éd. Musicales Transatlantiques, 1982.
HECAEN, LANTÉRI-LAURA, *Les Fonctions du cerveau*, Masson, Paris, 1983.
HUMEAU S., *Les Musiques qui guérissent*, Retz, Paris, 1985.
JANKÉLÉVITCH V., *La Musique et l'Ineffable*, Seuil, Évreux, 1983.
LECOURT E., *La Pratique de la musicothérapie*, éd. E.S.F., 1981.
MICHEL F., *Le Silence et sa réponse*, J.-C. Lattès, 1986.
MICHELS U., *Guide illustré de la musique*, Fayard, 1988.
MOYNE-LARPIN Y., *Musique pour renaître*, Épi, Desclée de Brouwer, 1988.
MURRAY-SCHAFER R., *Le Paysage sonore*, Lattes, 1979.
QUIGNARD P., *La Leçon de musique*, Hachette (textes du XXe siècle), 1991.
ROUGET G., *La Musique et la transe*, Gallimard, Paris, 1980.
SCHAEFFER M., *Le Paysage sonore*, Lattès, 1979.
VASSE D., *L'Ombilic et la Voix* (Champ freudien), Seuil, Paris, 1974.
ZENATTI A., *Le Développement génétique de la perception musicale*, C.N.R.S., 1969.

ZENATTI A., *L'Enfant et son environnement musical*, E.A.P., 1981.

Collectif : *Psychanalyse et Musique*, Les Belles Lettres, 1982.

Collectif : *À la Musique*, Les Belles Lettres, 1993.

Un CATALOGUE à ne pas manquer : Les éditions Fuzeau (spécialisées dans la pédagogie musicale) présentent tous les ans un catalogue recouvrant un spectre très large d'activités susceptibles d'intéresser tous les enseignants souhaitant acquérir des notions précises dans ce domaine; posters, documents audio et vidéo avec livret pour le maître et cahier pratique pour l'élève. *Cf.* :

- *Écoute et découverte des instruments* (2 cassettes + 1 cassette de tests + livre du Maître + T.P.).
- *Les formes musicales* (2 cassettes + 1 cassette de tests + livre du Maître + T.P.).
- *Les voix* (2 cassettes + 1 cassette de tests + livre du Maître + T.P.).
- *Moyen-Age* (2 cassettes + 1 cassette de tests + livre du Maître + T.P.).
- *Musique du monde* (2 cassettes + 1 cassette de tests + livre du Maître + T.P.).
- *Africa* (2 cassettes + 1 cassette de tests + livre du Maître + T.P.).

Discographie

Nous avons affirmé plusieurs fois, au cours de cet ouvrage, notre désaccord face à toute sélection discographique sclérosante.

La proposition thématique qui suit n'a d'autre prétention que d'aider l'enseignant à élargir ses choix et ses recherches, en mettant en regard des titres connus de (presque) tous avec d'autres références permettant l'approche de styles et genres de musique trop souvent ignorés.

Les cycles mentionnés ne le sont qu'à titre indicatif, notre conviction étant que l'on peut *tout* faire écouter *si la globalité de la démarche pédagogique est cohérente.*

Quelques œuvres pour marquer l'évolution du langage musical

Hymnes grecques

Chant grégorien

XIIIe et XIVe siècles

Chansons de troubadours et ménestrels

G. de Machaut	Messe

XVe siècle

Ockegem	Chansons polyphoniques et motets
G. Binchois	Chansons

XIVe siècle

C. Janequin	Chansons polyphoniques, *La Guerre* (bataille de Marignan), *Le Chant des oiseaux*
C. Lejeune	Psaumes et chansons
R. de Lassus	Motets et chansons
Josquin des Prés	Motets et chansons
Palestrina	Messes, musique instrumentale
W. Byrd	Pièces de virginal
J. Dowland	Suites pour luth

XVIIe siècle

Monteverdi	Opéra *Orféo, Le Couronnement de Poppée,* madrigaux
Lully	Opéra *Atys, Musique pour les écuries du Roy*
M.-A. Charpentier	Grand motet *(Te Deum)* soli, chœurs et orchestre

F. Couperin (dit le Grand)	Livres d'ordres pour clavecin
D. Buxtehude	Œuvres pour orgue

xviiie siècle

Vivaldi	Concertos *Les Quatre Saisons, La Notte*
J.-P. Rameau	Pièces de clavecin, opéra ballet *Les Indes galantes*
J.-S. Bach	Suites pour orchestre, passions, chorals, cantates
J. Haydn	Symphonies
W.-A. Mozart	Symphonies, concertos, opéras : *La Flûte enchantée, Don Juan*
Haendel	*Water Music*, concertos pour orgue, Oratorio : *Le Messie*

xixe siècle

Beethoven	Symphonies, sonates
Berlioz	Symphonie fantastique, opéra *La Damnation de Faust*
Liszt	Poèmes symphoniques, œuvres pour piano
Chopin	Concertos pour piano, valses, mazurkas, études
Schubert	Lieder, œuvres pour piano, *Symphonie inachevée*
Schumann	Lieder, Symphonies, Concerto pour piano et orchestre
Wagner	Opéras *Tanhauser, Les Maîtres Chanteurs*

xxe siècle

Debussy	*La Mer, Nocturnes*, œuvres pour piano
Ravel	*L'Enfant et les Sortilèges*, quatuor, concertos pour piano et orchestre
Stravinsky	Ballets, *L'Oiseau de Feu, Le Sacre du printemps, Pétrouchka*
Messiaen	Musique pour orgue, *Trois Petites Liturgies de la présence divine*
Penderecki	*Gloria*, soli chœurs et orchestre
Gershwin	Opéra *Porgy and Bess, Rhapsodie in Blue* pour piano et orchestre
Boulez	*Le Marteau sans Maître*

Musiciens de jazz

Duke Ellington, Sidney Bechet, Louis Armstrong, Charlie Parker, Cole Porter, Count Basie, Django Reinhardt, John Coltrane, Miles Davis, Billie Holiday, Ella Fitzgerald, Myriam Makeba, S.Grapelli, C.Luter, etc.

Les grandes tendances peuvent se résumer par siècles de cette façon :

– Jusqu'au XVIe siècle : prédominance de la musique vocale
– au XVIIe siècle : développement de toute la musique instrumentale (cordes, vents, claviers)
– au XVIIIe : naissance de l'orchestre et des grandes formes classiques : suite, sonate, symphonie, concerto
– au XIXe siècle : développement de l'orchestre qui devient le grand orchestre symphonique (60 musiciens)
– au XXe siècle : découverte du jazz, éclatement et renouvellement des formes, des règles d'écriture et du langage vocal, évolution des percussions considérées comme instruments à part entière, apparitions d'instruments électroniques.

Pour mener un travail thématique

Présentation des instruments

BRITTEN	*Variations sur un thème de Purcell*	Cycle 3
RAUBER	*La Bergère et le Ramoneur*	Cycle 2

Poèmes symphoniques

BORODINE	*Les Steppes de l'Asie centrale*	Cycles 2 et 3
DEBUSSY	*La Mer*	Cycles 2 et 3
DUKAS	*L'Apprenti Sorcier*	Cycles 2 et 3

Symphonies

MOZART Léopold	*Symphonie des jouets*	Cycles 1 et 2
MOZART W.A.	*Symphonie n° 40*	Cycles 2 et 3
PROKOFIEV	*Symphonie classique*	Cycles 2 et 3

Contes

PROKOFIEV	*Pierre et le loup*	Cycles 1 et 2
TCHAÏKOVSKI	*Casse-noisette (ballet)*	Tous cycles
RAVEL	*Les Contes de « Ma mère l'Oye »* (piano ou orch.)	Tous cycles
RAVEL	*L'Enfant et les Sortilèges*	Tous cycles
STRAVINSKY	*L'Oiseau de Feu* (ballet)	Tous cycles
HARSANYI	*Le Petit Tailleur*	Tous cycles

Le jour et la nuit

RAVEL	*Daphnis et Chloé (Le Lever du jour)*	Cycles 2 et 3
DEBUSSY	*Prélude à l'après midi-d'un faune*	Cycles 2 et 3

DEBUSSY	*Nocturnes : Nuages, Fêtes, Sirènes*	Cycles 2 et 3
MENDELSSOHN	*Le Songe d'une nuit d'été* (ouverture)	Cycles 2 et 3
RAVEL	*Nuit dans les jardins d'Espagne* (orchestre)	Cycles 2 et 3
FAURÉ	*Le Clair de lune* (mélodie)	Cycles 2 et 3
Musique japonaise adoration de la lune (flûte shakuhachi)		Cycles 2 et 3

L'eau, le feu

HAENDEL	*Water Music*	Tous cycles
BEETHOVEN	*L'Orage / 6ᵉ symphonie*	Cycles 2 et 3
RAVEL	*Jeux d'eaux* (piano)	Tous cycles
DEBUSSY	*Nocturnes Sirènes* (orchestre et chœur)	Cycles 2 et 3
VIVALDI	*La Tempesta de mare* (concerto)	Tous cycles
BEETHOVEN	*La Tempête* (sonate de piano)	Tous cycles
de FALLA	*L'Amour sorcier danse du feu*	Cycle 3
FAURÉ	*Les Berceaux* (mélodie)	Cycle 3
MESSIAEN	*La Fête des belles eaux (ondes Martenot)*	Cycle 3
BAYLE	*Jeïta (l'eau des grottes)* - musique électronique	Cycle 3

Les saisons

VIVALDI	*Les Saisons* (concertos)	Tous cycles
HAYDN	*Les Saisons* (oratorio - solistes, chœur et orch.)	Cycle 3
STRAVINSKY	*Le Sacre du printemps* (ballet)	Cycle 3

Fantastique

BERLIOZ	*Symphonie fantastique* (5ᵉ mouvement)	Cycle 3
MOUSSORGSKY	*La nuit sur le Mont Chauve*	Cycle 3
de FALLA	*L'Amour sorcier* (ballet)	Cycle 3

Danse

BORODINE	*Danses polovtsiennes* (extrait du « Prince Igor », opéra)	Cycles 2 et 3
CHABRIER	*Bourrée fantasque* (piano ou orchestre)	Cycles 2 et 3
BARTOK	*Danses populaires roumaines* (piano ou orchestre)	Cycles 2 et 3
GERSHWIN	*Un américain à Paris* (ballet)	Cycle 3
Toutes les danses traditionnelles de tous les pays		Tous cycles

Divertissements

BIZET	*Jeux d'enfants* (piano ou orchestre)	Tous cycles
DEBUSSY	*Children's corner* (piano)	Tous cycles
DEBUSSY	*La Boite à joujoux*	Tous cycles
MOZART	*La Flûte enchantée* (duo Papagena Papageno)	Tous cycles
OFFENBACH	*La vie parisienne*	Tous cycles
FAURÉ	*Dolly* (piano)	Tous cycles
SAUGUET	*Les Forains* (ballet)	Tous cycles
LANDOWSKY	*La Sorcière du placard au balai* (conte)	Tous cycles

Portraits musicaux

RAMEAU	*La Joyeuse, la Timide* (pièces de clavecin)	Cycles 2 et 3
MOUSSORGSKY	*Goldenberg and Schmuyle* (tableaux d'une exposition)	Cycles 2 et 3

Les animaux

DAQUIN	*Le Coucou* (clavecin)	Tous cycles
RAMEAU	*La Poule* (clavecin)	Tous cycles
SCHUBERT	*La Truite* (mélodie)	Cycles 2 et 3
DEBUSSY	*Poisson d'or* (piano)	Cycles 2 et 3
SAINT SAËNS	*Le Carnaval des animaux* (piano et orchestre)	Tous cycles
WARING	*Les Grenouilles, le Minou, le Hibou et la Minouchette*	Cycles 1 et 2
POULENC	*Babar le petit éléphant* (conte)	Cycles 1 et 2
Chants d'oiseaux, de baleines, cris de loups (cassettes spécialisées)		Tous cycles

Musiques de films

BERNSTEIN	*West side story*	Cycles 2 et 3
MARAIS	*Sainte Colombe, Tous les matins du monde*	Cycles 2 et 3
PROKOFIEV	*Ivan le terrible, Alexandre Nevski, (Bataille sur la glace)*	Cycles 2 et 3
VANGELIS	*L'Apocalypse des animaux*	Tous cycles
YEPES	*Jeux interdits*	Tous cycles
HAENDEL, PERGOLESE, etc.	*Farinelli*	Cycles 2 et 3

Pour évoquer les différents pays d'Europe

Allemagne, Autriche

MOZART	*Danses allemandes*	Tous cycles
SCHUBERT	*Danses allemandes ou Laendler*	Tous cycles

Angleterre

BRITTEN	*War Requiem*	Cycles 2 et 3
DOWLAND	*Lachrimae*	Cycles 2 et 3
PURCELL	*Music for a while* (chanson)	Tous cycles

Espagne

DEBUSSY	*Ibéria*	Cycles 2 et 3
RAVEL	*Boléro*	Cycles 2 et 3
GRANADOS	*Danses*	Cycles 2 et 3
MOMPOU	*Cançons*	Tous cycles

Finlande

SIBELIUS	*Finlandia* (poème symphonique)	Cycles 2 et 3
SIBELIUS	*La Valse triste* (extrait de l'opéra « la Mort »)	Cycles 2 et 3

France

JANEQUIN	*Les Cris de Paris* (chanson polyphonique)	Cycles 2 et 3
d'INDY	*Symphonie cévenole*	Cycles 2 et 3
MASSENET	*Scènes alsaciennes*	Cycles 2 et 3
MILHAUD	*Suite provençale*	Cycles 2 et 3

Grèce

XENAKIS	*Metastasis ou Pithoprakta*	Cycles 2 et 3

Hongrie

LISZT	*Danses hongroises*	Cycles 2 et 3
BARTOK	*Danses populaires roumaines* (piano ou orchestre)	Tous cycles

Italie

BERLIOZ	*Harold en Italie*	Cycle 3
LISZT	*Années de pélerinage* (piano / 2e cahier)	Cycle 3
LISZT	*Jeux d'eau de la villa d'Este*	Cycles 2 et 3

Liszt	*La Campanella*	Cycles 2 et 3
Respighi	*Les Fontaines de Rome*	

Suisse

Liszt	*Années de pélerinage* (1er cahier)	Cycles 2 et 3

Norvège

Grieg	*Danses norvégiennes, Peer Gynt* (opéra)	Cycles 2 et 3

Pologne

Chopin	*Polonaise, mazurkas*	Cycles 2 et 3
Penderecki	*Œuvres pour orchestre*	Cycles 2 et 3

Russie

Glinka	*Rousslan et Ludmilla* (ouverture)	Cycles 2 et 3
Borodine	*Danses polovtsiennes* (extrait de l'opéra « Prince Igor »)	Tous cycles
Moussorgsky	*Tableaux d'une exposition* (piano ou orchestre)	Cycles 2 et 3
Prokofiev	*Alexandre Nevski, Ivan le terrible* (musiques de Film historique)	
Rimsky Korsakov	*La Grande Pâque russe* (orchestre)	Cycles 2 et 3

République Tchèque

Smetana	*la Moldau* (extrait de « Ma Patrie »)	Tous cycles
Janacek	*La Petite Renarde rusée* (opéra)	Tous cycles

Pour évoquer les autres pays

Afrique

Musiques de Griots		Tous cycles
Tambours du Burundi et du Tchad		Tous cycles
Voix du Maghreb		Tous cycles

Amérique

Dvorak	*Symphonie du Nouveau monde*	Cycles 2 et 3
Gershwin	*Rhapsody in Blue*	Cycles 2 et 3
Varèse	*Amérique*	Cycle 3
Musique jazz		Tous cycles
Negro spirituals		Tous cycles

Asie

BORODINE	*Dans les steppes de l'Asie centrale*	Tous cycles
MESSIAEN	*Sept Haïkaï, esquisses japonaises*	Cycles 2 et 3
Cloches et musiques tibétaines		Cycles 2 et 3

Israël

BEN HAÏM	*Sonates pour violon*	Cycle 3
Chants yiddish		Cycles 2 et 3
La Musique de la Bible révélée		Cycle 3

Autres pays

Enregistrements coll. U.N.E.S.C.O et musée de l'homme

Pour illustrer les différentes voix

Voix d'enfants travaillées

Petits chanteurs de Vienne
Chœur de Cambridge
Maîtrise des hauts de Seine

Voix professionnelles

Soprano : F. POLLET, T. BERGANZA, B. HENDRICKS
Alto : K. FERRIER, N. STUTZMANN, M. HORNE
Ténor : P. DOMINGO, L. PAVAROTTI, P. SCHRAEIR
Baryton basse : R. RAIMONDI, J. VAN DAM
Basse *:* B. CHRISTOFF, K. MOLL
Basse profonde : I. PETROFF
Haute-Contre : A. DELLER, J. BOWMAN, R. JACOBS

Voix traditionnelles

Yodel : chants suisses et pygmées
Polyphonie improvisée de Polynésie
Polyphonie traditionnelle (femmes) bulgares
Polyphonie traditionnelle (hommes) corse
Jeux vocaux : Inuits (esquimaux)
Chant et bourdon simultanés : Rajastan
Voix graves des moines tibétains
Etc.

ANNEXES

1. Concours (B.O. n° 43 du 24/11/1994)

Épreuve de musique

L'épreuve permet d'apprécier, d'une part, les capacités du candidat dans le domaine choisi et, d'autre part, la maîtrise de quelques éléments simples de méthodologie, d'observation et d'analyse d'activités, correspondant à ce domaine, conduites à l'école primaire.

Elle consiste à interpréter instrumentalement une œuvre choisie par le candidat, à reproduire vocalement une phrase d'un chant et à analyser des documents pédagogiques.

(durée de l'épreuve : trente minutes pour la préparation ; vingt minutes pour l'entretien).

1. Le premier volet doit permettre de juger des compétences du candidat dans la discipline.

S'agissant du niveau scientifique de l'épreuve, on veillera à ne pas perdre de vue qu'elle s'adresse à des candidats qui, titulaires d'une licence ou d'un diplôme au moins équivalent, pourront être, ou non, spécialistes du domaine considéré. L'exercice du métier de professeur des écoles implique la polyvalence, mais il serait illégitime d'exiger des candidats qui se destinent à ce métier les mêmes compétences et connaissances dans tous les domaines. L'épreuve doit cependant leur permettre de mettre en valeur des qualités d'expression musicale.

Deux épreuves constitueront ce premier volet :

La première notée sur huits points.

Elle consiste en une interprétation instrumentale ou vocale d'une œuvre choisie par le candidat. La durée pourra varier de deux à cinq minutes.

L'objectif de l'épreuve n'est pas de vérifier des compétences techniques de spécialiste, au sens de virtuosité. Le jury appréciera les aptitudes instrumentales ou vocales du candidat, la cohérence entre ses capacités techniques et l'œuvre choisie, enfin ses qualités d'expression musicale.

L'interprétation pourra être réalisée avec ou sans accompagnement, au choix du candidat. Le candidat se charge d'assurer son accompagnement (enregistrement ou accompagnateur). Pour l'œuvre exécutée vocalement, la partition musicale sera mise à la disposition du jury.

La seconde notée sur quatre points.

Le candidat devra reproduire vocalement une phrase d'un chant adapté à des élèves du cycle des apprentissages fondamentaux, après deux auditions proposées par le jury au cours de l'entretien. Les paroles de cet extrait sont fournies au candidat.

Le jury estimera les capacités de mémorisation, de justesse et les capacités du candidat à analyser sa prestation.

2. Le second volet de l'épreuve a pour objet l'analyse « des approches didactiques et des démarches pédagogiques correspondantes ».

Le candidat doit faire preuve qu'au-delà de la maîtrise des compétences et des connaissances nécessaires pour enseigner à des élèves d'école primaire dans la discipline ou le domaine considéré, il a réfléchi aux problèmes spécifiques que pose aux enfants l'apprentissage de notions et d'éléments de méthode propres à cette discipline ou à ce domaine.

Dans la mesure où la formation professionnelle initiale n'est pas achevée, il est souhaitable d'eviter à la fois les questions trop ouvertes susceptible d'entraîner des exposés de caractère très général et les analyses fines de progressions ou de séquences pédagogiques.

Le candidat sera placé en situation de réagir à des documents. Guidé par des questions progressives, il devra être capable de situer le niveau d'enseignement correspondant aux documents proposés par référence aux instructions et programmes officiels, de faire une analyse critique de ces documents et de les situer dans le cadre d'une progression.

Plusieurs types de documents peuvent être envisagés : outils pour le maître (extrait de guides ou de manuels, documents audiovisuels), extraits d'œuvres musicales, jeux sonores, etc.

En rapport au domaine artistique et aux finalités disciplinaires telles qu'elles sont définies dans les instructions officielles, et à partir d'une ou plusieurs questions posées par le jury, le candidat devra montrer ses capacités à :

– déterminer les objectifs visés au travers de ces documents,

– repérer et analyser les différents types de contenus sous-jacents (scientifique, artistique, culturel, etc.),

– apprécier le type d'activités de l'élève : écoute, modalités d'expression musicale et donner un avis critique sur la démarche pédagogique proposée,

– juger de l'intérêt, du moment et des conditions d'utilisation du ou des documents,

– apprécier l'aptitude du candidat à introduire dans son commentaire des modes d'expression variés susceptibles de l'illustrer : chants, gestes, frappés rythmiques, évolutions etc.,

– proposer des éléments d'évaluation,

– envisager des prolongements pédagogiques.

Le jury peut consacrer une dizaine de minutes à l'interrogation d'un candidat qui aura disposé d'une demi-heure de préparation pour étudier les documents.

2. Programmes pour l'école primaire (B.O. n° 5 du 9 mars 1995)

(Nous avons mis en italique les phrases qui figuraient dans les projets d'instructions au 1er septembre 1994. Elles ont été supprimées dans la version 1995. Éducation musicale et arts plastiques étant traités sous la même rubrique, ne figureront ici que ce qui traite de l'éducation musicale.)

Le cycle des apprentissages premiers

Imaginer, sentir, créer

A l'école maternelle, l'enfant développe sa sensibilité, son imagination et sa capacité de créer, ses facultés d'attention et de concentration, son esprit critique et son aptitude à exprimer des goûts et des choix.

L'éducation artistique met en œuvre des démarches actives qui s'inscrivent dans une relation constante entre voir, entendre, faire, ressentir, agir.

Il s'agit d'amener les enfants à rencontrer les arts et éprouver des emotions, et de leur donner les moyens de vivre des activités artistiques.

Par des contacts nombreux et variés avec des œuvres d'art de toutes époques et de toutes civilisations, l'enfant enrichit son imaginaire.

En imaginant, en créant des objets sonores ou plastiques, des textes ou des gestes, l'enfant apprend à dire ses sentiments. Il découvre ainsi qu'il peut manifester les idées ou les rêves qu'il désire exprimer ou échanger. Ce faisant, il prend plaisir à construire, à inventer, à laisser libre cours à son imagination et il apprend à aller le plus loin possible dans son expression. *L'école est ainsi le lieu où l'enfant apprend à construire, dans le partage des sentiments et des émotions, un monde plus compréhensible.*

Deux domaines artistiques sont obligatoirement présents à l'école maternelle : la musique et les arts plastiques. Leurs sont ajoutés ici l'expression dramatique et le théâtre, la danse ainsi que l'image comme exemples d'ouverture possible à d'autres domaines artistiques.

Nature et contenu des activités

L'éducation musicale

A l'école maternelle, par l'affinement et la mise en relation de perceptions sensorielles, les enfants découvrent et reconnaissent des bruits, des sons, des objets sonores. Ils apprennent ainsi à écouter leur environnement sonore mais aussi de la musique sous des formes variées.

Ils développent leur imagination créatrice en inventant et produisant des musiques pour traduire leurs sentiments et impressions.

En outre, toutes ces activités participent à leur socialisation : chanter ensemble, danser en groupe, écouter les autres, respecter l'écoute des autres, ressentir ensemble des émotions.

Activités vocales

– Repertoire vocal simple : comptines et chansons de la tradition orale enfantine *et d'auteurs contemporains* ; phrases musicales courtes et motifs simples ;

– *voix parlée, voix chantée :* jeux vocaux à partir de chansons, comptines et poèmes ;

– *imaginaire : chant spontané,* sonorisation de contes, dialogue de marionnettes, invention de chansons.

Activités corporelles

– Répertoire de rondes et jeux dansés : tradition orale enfantine, invention de danses ;

– activités instrumentales : exploration gestuelles d'objets sonores, d'instruments simples ;

– réactions corporelles en relation avec des musiques variées : approche de notions musicales simples (rythme, nuances...).

Activités d'écoute

– Écoute du monde sonore : identification, comparaison, reproduction des bruits et des sons de l'environnement familier, «paysages sonores» divers ;

- écoute de musiques différentes : pays, époques, styles... ;
- affinement de l'écoute : durée d'un bruit, d'un son, intensité, hauteur, mouvements sonores, fragments de chansons ;
- perception et reproduction de formules rythmiques et mélodiques.

Le cycle des apprentissages fondamentaux

L'éducation artistique

L'éducation artistique a pour but d'amener les élèves à développer leur sensibilité, leurs capacités de création, à découvrir les œuvres d'art, à saisir les démarches d'artistes.

En poursuivant l'action de l'école maternelle, il s'agit de les engager dans des activités artistiques impliquant des compétences de plus en plus affirmées, ainsi qu'une connaissance plus large du patrimoine artistique et culturel (régional, national, mondial).

Deux disciplines artistiques sont obligatoirement enseignées : la musique et les arts plastiques. En outre, sont présentés ici, à titre d'exemples d'ouverture à d'autres domaines artistiques : le théâtre et l'expression dramatique, la danse, l'image...

L'éducation musicale

Dans la continuité de l'action conduite à l'école maternelle, l'éducation artistique a pour but d'amener les élèves à développer leur sensibilité, leurs capacités de création, à decouvrir des œuvres d'art à saisir des démarches d'artistes.

Deux disciplines artistiques sont obligatoirement enseignées : la musique et les arts plastiques. En outre sont présentés ici, à titre d'exemples d'ouverture à d'autres domaines artistiques : le théâtre et l'expression dramatique, la danse, les images.

Activités vocales

- Pratique régulière du chant, *pour stabiliser la voix, rechercher la justesse, contrôler la respiration et parfaire l'articulation.*
- Constitution d'un répertoire de chansons simples : *chants du patrimoine et d'auteurs contemporains, quelques chants à deux voix.*
- Jeux vocaux à des fins expressives, *pour les réinvestir dans des situations telles que la sonorisation de contes.*
- Invention de chansons...

Activités corporelles et gestuelles

- Réalisation et invention de danses ;
- exercices corporels à partir de musiques et de rythmes divers ; *perception de la pulsation,* respect des changements de mouvements (vif, lent...) ;
- participation à des activités instrumentales e*n recherchant une plus grande habileté gestuelle.*

Activités d'écoute

- Écoute et identification de sons divers, repérage de leurs caractéristiques (intensité, timbre, hauteur, durée),

– écoute de sons créés par les élèves (création vocale, usage d'objets sonores et d'instruments),

– écoute de musiques *diverses* (musiques anciennes, classiques, contemporaines...),

– passage d'une réalisation sonore à une représentation graphique (recherche de codages correspondants, individuellement ou en groupe) et inversement.

Le cycle des approfondissements

L'éducation artistique

Composante essentielle de la formation générale, l'éducation artistique a un rôle important au cycle des approfondissements où les disciplines s'affirment. Ainsi, les élèves peuvent montrer un goût ou une compétence particulière dans tel ou tel domaine artistique, qu'il est bon d'encourager sans toutefois négliger les autres domaines.

Parce qu'elle accueille des enfants de toute origine et de tout milieu social, l'école se doit de remplir pleinement son rôle de formation culturelle. C'est au maître qu'il appartient d'assurer la mise en cohérence des informations multiples que l'élève recueille dans l'école et hors de l'école.

Deux disciplines artistiques sont obligatoirement enseignées : la musique et la arts plastiques. En outre, sont proposés ici, à titre d'exemples d'ouverture à d'autres domaines artistiques : le théâtre et l'expression dramatique, la danse, les images.

L'éducation musicale

Par l'alternance et l'interaction entre écoute, production et invention, les élèves peuvent s'exprimer, développer leurs compétences, améliorer leurs productions et les comparer avec celles des autres, émettre des avis argumentés, développer leur sensibilité musicale, leur imagination créatrice et vivre des démarches qui rejoignent celles du musicien.

Activités vocales

– Constitution d'un répertoire de chants à une ou plusieurs voix : divers styles et époques, canons, chansons simples en langue étrangère, avec accompagnement vocal ou instrumental ; invention d'un autre texte sur un air connu ou l'inverse.

– Travail de la voix : respiration, recherche de souplesse (dans toute l'étendue de la voix), timbre, jeux vocaux (d'imitation, de création).

Activités corporelles et instrumentales

– Activités dansées recherchant une plus grande aisance corporelle,

– différenciation entre la régularité (pulsations) et les rythmes de base,

– exploration de matériaux sonores actuels, jeux collectifs (accompagnement de chansons, création de séquences sonores),

– affinement des gestes dans le jeu instrumental, travail rythmique précis,

– invention de musiques, jeux instrumentaux (en dialogue, en petit groupe).

Activités d'écoute

– Écoute et reproduction de musiques ou fragments musicaux : affiner la perception auditive, developper l'écoute analytique, mémoriser.

– Passage d'une réalisation sonore à une représentation graphique et inversement (recherche de codages de plus en plus précis), approche de la notation usuelle, découverte de partitions avec des notations diverses (anciennes, contemporaines, inventées par des enfants), élaboration collective de partitions.

3. B.O. n° 33 14 sept 1995

À l'heure ou nous mettons sous presse, le B.O. n° 33 du 14 septembre 1995 vient de sortir. Nous donnons ici l'introduction de Monsieur Marcel Duhamel, Directeur des écoles, pour les instructions sur LA MUSIQUE AU QUOTIDIEN À L'ÉCOLE : choix d'outils pour les maîtres.

(On pourra se référer à ce document pour trouver des idées et des chants en se souvenant toutefois que le répertoire est fonction du milieu socio-culturel des enfants, de leur âge, de leurs possibilités, sans oublier la personnalité du maître qui est, dans ce choix, déterminante.)

La musique au quotidien à l'école : choix d'outils pour les maîtres

Dans le cadre du Nouveau contrat pour l'école, un moment quotidien de musique est instauré, à partir de la rentrée 1995, pour tous les élèves de l'école primaire : il s'agit, par l'imprégnation auditive et la formation de l'oreille, d'affiner les possibilités de perception et d'expression des enfants, de favoriser l'assimilation d'un langage artistique et, au-delà, d'une culture.

Pour aider les enseignants à mettre en œuvre cette nouvelle démarche pédagogique, fondée sur des séquences musicales courtes mais fréquentes, la direction des écoles a confié à une commission nationale de spécialistes la tâche de recenser et d'analyser les outils et documents musicaux les plus susceptibles d'apporter aux maîtres des supports pédagogiques pour la classe, ou simplement des idées pour enrichir ou diversifier leur patique. Composée de musiciens et de pédagogues, cette commission a conduit ses travaux avec l'ensemble des conseillers pédagogiques en éducation musicale et dans le souci constant de repérer les matériels pédagogiques les plus utiles et les plus variés. Sur tous les documents musicaux qu'elle a pu recenser et examiner, elle a finalement retenu une soixantaine de produits audio ou audio-visuels : certains très récents, d'autres plus anciens mais réédités en raison de leur richesse et d'un intérêt non démenti au fil des années et dont témoigne l'expérience des maîtres. La présente sélection, à la fois didactique et culturelle, est nécessairement succincte ; elle n'est ni exhaustive ni exclusive ; les documents utitlisés avec profit par les enseignants et non signalés ici ne sont pas à écarter.

La liste est sructurée autour de la caractéristique dominante des documents ; chant ; écoute ; conte musical ; initiation aux activités de la création ; musiques ; activités corporelles et danse. Un bref commentaire accompagne les références ; on trouvera en annexe les coordonnées des éditeurs chez lesquels se procurer renseignements complémentaires et documents eux-mêmes, ainsi qu'une courte bibliographie.

Les productions sélectionnées sont proposées à titre indicatif et se prêtent à de multiples activités laissées à l'initiative du maître. Certains outils peuvent être, partiellement ou dans leur intégralité, écoutés et / ou regardés dans la classe pour commencer, illustrer, prolonger une séquence musicale. D'autres, plus spécifiques, invitent à une exploitation plus complète nécessitant éventuellement l'aide d'un intervenant musicien.

L'exploration des différents domaines de l'éducation musicale, définis par les programmes de l'école primaire de 1995 – activités vocales, activités corporelles et gestuelles, activités d'écoute-relève de la polyvalence du maître. La démarche à privilégier est celle qui associe activement écoute, interprétation et création ; elle ne s'inscrit pas dans une pédagogie du modèle mais vise simplement à nourrir la sensibilité des enfants, à leur apprendre à écouter, à s'écouter, à écouter les autres. L'écoute, compétence essentielle à développer en classe, permet d'explorer et d'assimiler progressivement toutes sortes de musiques, d'en inventer d'autres à partir des éléments découverts par chaque enfant dans une démarche collective et individuelle. C'est lui montrer qu'il peut explorer le monde avec tous ses sens, qu'il en éprouve de l'émotion et qu'il peut la transmettre aux autres. Source de rigueur et de plaisir, l'éducation musicale participe au développement de la sensibilité de l'enfant, à la formation générale de l'élève et à la construction harmonieuse de sa sensibilité.

Marcel DUHAMEL
Directeur des écoles

4. Compétences d'ordre disciplinaire (extrait de : « Les Cycles à l'école primaire », Ministère de l'Éducation nationale, Hachette/CNDP 1991)

Éducation musicale cycle 1

L'enfant doit être capable :

- de s'intégrer à des activités musicales collectives ;
- de jouer avec sa voix (parlée, chantée) et d'en explorer les ressources ;
- de se repérer dans l'espace et le temps par des jeux chantés et dansés ;
- d'explorer ses attitudes motrices dans de premières activités instrumentales ;
- d'être attentif au monde sonore, de discerner et de reconnaître quelques caractéristiques des sons (intensité, timbre, hauteur...) ;
- de percevoir une relation entre activités de production et d'écoute ;
- d'inventer des musiques, des chansons.

Éducation musicale cycle 2

L'enfant doit être capable :

- d'interpréter des chansons simples avec précision et expression ;
- de chanter juste, en contrôlant l'intonation par un travail de l'oreille ;
- de participer à des activités instrumentales avec une motricité mieux maîtrisée ;
- d'écouter un document sonore avec plus d'attention, une perception plus fine ;
- de repérer quelques éléments musicaux et de les mémoriser lors d'auditions musicales ;
- d'apprendre à écouter les autres dans des activités de création ;
- de passer d'une pratique musicale collective à un jeu musical individuel en contrôlant son émotivité ;
- de justifier ses jugements de valeur.

Éducation musicale cycle 3

L'enfant doit être capable :

- d'interpréter un assez large répertoire (chansons, canons) de mémoire et avec expression ;
- d'accompagner des chansons de façon simple (corps, instruments) ;
- de participer avec aisance à une danse collective ;
- d'analyser l'organisation d'éléments sonores dans leur succession et leur simultanéité ;
- de faire appel à des codages de plus en plus précis, pour aider la mémoire à se structurer ;
- de réinvestir ces acquis pour les mettre en œuvre dans des productions personnelles ou collectives ;
- de reconnaître quelques œuvres musicales.

5. Programmes et instructions de l'école élémentaire (B.O et Supplément au B.O. n° 21 du 23 mai 1985)

Éducation artistique

L'éducation artistique est faite d'un ensemble de disciplines : l'éducation musicale, les arts plastiques, le théâtre et l'expression dramatique, la danse, le cinéma et la photographie, l'architecture. Si l'école privilégie la musique et les arts plastiques comme matières formatrices, elle s'ouvre néanmoins à la diversité des arts, des moyens d'expression et des techniques mises en œuvre. Dans tous les cas, il s'agit de procurer aux enfants le plaisir du geste, de former le goût, de donner accès au patrimoine artistique et culturel, de développer les capacités d'expression et de création.

Éducation musicale

Nature et objectifs

La musique est le bien de tous. L'école donne à l'enfant l'expérience du beau dans l'œuvre musicale : il maîtrise les possibilités du corps par la danse et le chant ; il s'initie aux instruments et aux signes ; il écoute, analyse et apprend à aimer des œuvres d'époques et de cultures diverses.

Instructions

La pratique du chant constitue l'essentiel de l'éducation musicale à l'école élémentaire. Dès le cours préparatoire, l'enfant apprend des comptines et des chansons, développe son attention et sa mémoire. Veillant à la justesse et insistant sur l'expression, le maître respecte la tessiture des voix d'enfants, initie à la polyphonie en enseignant à tenir sa voix malgré un contre-chant, encourage la pratique individuelle et l'improvisation. A l'issue de l'école élémentaire les élèves détiennent en leur mémoire un répertoire de chants connus et interprétés, et un trésor de souvenirs musicaux.

La présence de nombreux enfants d'origine étrangère oriente le maître vers le choix de chansons appartenant à leur culture ; il prête attention à leurs particularités : étendue vocale, pose de la voix, accentuation.

Le maître utilise les activités rythmiques, les jeux d'écoute et l'audition d'œuvres musicales aussi bien pour susciter le plaisir esthétique que pour faire acquérir les notions musicales de base et développer les aptitudes. Quand l'élève écoute des œuvres, il analyse, sur certains extraits, les éléments thématiques, les changements de mouvement et d'intensité, les détails d'instrumentation, les formes et articulations essentielles.

L'élève reconnaît les instruments de musique, directement si possible ou par l'enregistrement ; il en note les caractéristiques essentielles, il apprend leur classification et leur histoire.

Quelques-unes des grandes figures de la musique (classique, moderne et contemporaine) sont étudiées dans leur vie, leur œuvre et leur époque, en liaison avec l'enseignement de l'histoire (Beethoven, la révolution française, la *symphonie héroïque* ; Bessie Smith, l'esclavage des noirs, le *blues*).

Il est souhaitable que l'heure hebdomadaire soit fragmentée en plusieurs séquences.

Des concours extérieurs peuvent apporter une aide à l'action du maître, sous sa responsabilité.

Programmes

Cours préparatoire

L'élève se fait attentif, place sa voix, apprend des chansons.

Exercices vocaux et corporels

Rondes, jeux dansés, berceuses et balancements, comptines, formulettes, chansons du folklore.

Exercices rythmiques

Changements de mouvements, appréciation des durées, sens des pulsations régulières et perception du rythme.

Activités d'écoute

Jeux d'écoute, écoute de sons créés par les élèves (percussions corporelles, créations vocales, usage d'objets sonores et d'instruments).

Écoute du monde sonore et localisation dans l'espace sonore.

Écoute de fragments d'œuvres musicales.

Cours élémentaire

L'élève apprend à chanter juste, précisément et bien. Il distingue les bruits et les sons, et analyse de courts extraits d'œuvres musicales. Il s'essaie à la création et à l'improvisation.

Chants simples à une ou deux voix, exercices collectifs ou individuels.

Activités corporelles et instrumentales : association de la mélodie, voire de l'harmonie, aux rythmes ; reproduction, avec le corps ou avec des instruments simples de formules rythmiques présentes dans des chansons ou musiques ; improvisation de formules rythmiques.

Écoute de productions sonores réalisées par les élèves (acquisition des notions de hauteur, mouvement mélodique, intensité, tempo).

Écoute d'œuvres musicales de toutes époques, de différents styles et de diverses origines (perception des motifs, phrases, accords, silences).

Étude élémentaire des signes musicaux usuels.

Cours moyen

L'élève connaît et interprète un repertoire de chansons, joue des chants simples sur un instrument de son choix, improvise en développant ses ressources vocales et corporelles. Il écoute des musiques différentes et acquiert le discernement musical.

Répertoire de chansons et de canons appartenant au patrimoine national et régional, œuvres d'auteurs classiques et contemporains, chœurs parlés, chansons d'autres cultures.

Accompagnement de chants (souligner une mélodie avec un rythme obstiné ou varié ; la nuancer, la modifier et l'enrichir). Improvisation.

Pratique instrumentale (instrumentarium, flûte à bec, etc.).

Écoute de musiques diverses (analyse des notions de registre, tempo, intensité, mouvement mélodique).

Analyse élémentaire d'extraits musicaux.

Lecture et écriture musicales (notation usuelle, recours au solfège).

6. L'Éducation musicale à l'école élémentaire : compléments aux programmmes et instructions du 15 mai 1985

Programmes et instructions, p. 74.

« La musique est le bien de tous. L'école donne à l'enfant l'expérience du beau dans l'œuvre musicale ; il maîtrise les possibilités du corps par la danse et le chant ; il s'initie aux instruments et aux signes ; il écoute, analyse et apprend à aimer des œuvres d'époques et de cultures diverses. »

La progressivité des apprentissages dans chacun des domaines de l'éducation musicale

Quelles que soient leurs compétences personnelles, tous les maîtres peuvent offrir aux enfants des activités musicales dans des conditions favorables, bien intégrées à la vie de la classe.

Pour chaque cours de l'école élémentaire sont précisés des programmes d'éducation musicale qui impliquent des activités complémentaires : corporelles, vocales, instrumentales, activités d'écoute, codages, lecture et écriture musicales. A l'intérieur de ces différents champs d'activités s'affirment des constantes en même temps que se marquent une évolution et des adaptations.

Cette évolution, favorable au développement des enfants, nécéssite une réelle continuité de l'éducation musicale depuis l'école maternelle jusqu'à la fin de l'école élémentaire. Pour cela, il convient d'évaluer, à chaque étape de la scolarité, le niveau des acquisitions et des manques, de proposer des situations qui permettent d'acquérir ou de consolider des aptitudes, de veiller à l'équilibre entre ces différentes activités musicales. Par ailleurs, il est souhaitable de proposer des activités de libre expression, mais il est en même temps nécessaire d'amener progressivement les enfants à découvrir certains aspects techniques qui conditionnent la qualité des réalisations.

Les activités corporelles

Avec de jeunes enfants, ces activités prennent la forme de jeux chantés et dansés. Elles favorisent le passage entre l'école maternelle et l'école élémentaire, préservent la spontanéité des enfants et favorisent leur socialisation. Elles amènent à prendre conscience du corps, à affiner la coordination sensori-motrice, à vivre concrètement les notions d'espace et de temps.

Plus tard ces jeux dansés peuvent évoluer vers des danses collectives mieux adaptées à l'âge des enfants de cours moyen, et les activités corporelles restent très liées au travail rythmique : sens de la pulsation, coordination pulsations-rythmes, polyrythmie simple, improvisation de formules, accompagnement libre ou structuré, de chants, avec le corps ou des instruments à percussion.

Les activités vocales

Le principal objectif est de poser la voix des futurs adultes : recherche de la justesse dans l'intonation, de la précision rythmique et mélodique de la qualité d'articulation et d'expression, mais également souci d'apprendre aux enfants à bien respirer dans une chanson.

Au début, le répertoire est constitué de comptines et de chansons adaptées à l'âge des enfants et surtout à leurs possibilités vocales (tessitures limitées). Ce répertoire doit devenir progressivement le plus varié possible (patrimoine régional, français et étranger, auteurs classiques et contemporains) et s'étendre à des canons et des chants à deux voix, éventuellement à trois voix.

En même temps que les enfants s'initient à chanter à plusieurs voix, ils apprennent à contrôler auditivement cette polyphonie. Cela développe la coordination audition-phonation et peut quelquefois corriger des maladresses d'intonation. Compte tenu de la présence, dans beaucoup de classes, d'enfants appartenant à d'autres cultures d'origine que la culture française, il est recommandé de faire également place aux chansons qui traduisent ces cultures.

Il est important de proposer régulièrement aux enfants des situations dans lesquelles ils apprennent à avoir confiance en eux et où ils peuvent avoir des comportements créatifs.

– improvisation de formules rythmiques à partir d'éléments donnés ou de façon spontanée, jeux d'intonation, jeux de lecture parlée/chantée ;

– invention d'un texte sur un air connu, essai individuel ou collectif pour créer la mélodie d'une comptine ou d'un chant ;

– accompagnement de chansons en utilisant toutes les ressources de la voix et les compétences acquises (rythme obstiné ou varié, chant bouche fermée ou en écho, son tenu ou contre chant simple, variation d'intensité ou de tempo, percussion corporelle, ritournelles instrumentales...).

Le rôle du maître est alors de faire ressortir les caractères de chants proposés, de guider le choix des éléments et le déroulement de l'ensemble, de recueillir et d'exploiter les trouvailles des enfants. Pour cela il lui faut moins de connaissances techniques que d'attention aux contributions et à l'engagement des enfants.

Les activités instrumentales

Héritées de l'école maternelle, ces activités sont très liées au besoin et au plaisir d'agir, aux jeux sensoriels qui permettent de capter l'attention et de renforcer l'acuité des discriminations auditives, à la nécessité d'une éducation gestuelle pour améliorer progressivement la qualité des réalisations. Suivant les écoles et grâce aux apports des uns et des autres, les enfants peuvent disposer de matériaux très divers et plus ou moins élaborés : objets sonores, instruments fabriqués par les enfants, petite percussion, instrumentarium.

Dans un premier temps, l'objectif est de s'approprier tous ces matériaux : affinement et maîtrise de la motricité (bras, poignets), recherches libres ou exécutions précises, alternance et coordination (des deux baguettes pour le xylophone ou le carillon), approche d'une gestique adéquate. Peu à peu, sous forme de réalisations collectives et individuelles plus élaborées, ces activités instrumentales deviennent étroitement liées au travail rythmique dès lors que s'y ajoutent les éléments mélodiques, harmoniques, formels, et le plaisir des timbres.

La fabrication d'instruments par les enfants est une approche intéressante mais le maître doit veiller à ce que la finalité des sons obtenus permette la pratique effective de ces instruments.

Les activités d'écoute

Elles ne doivent pas trop vite s'enfermer dans ce qu'il est convenu d'appeler « musique». La sensibilisation à l'environnement sonore et aux bandes sonores de films contribue à la formation de l'oreille, au même titre que l'écoute des productions musicales réalisées en classe et l'écoute active de fragments d'œuvres musicales. Il convient de proposer diverses musiques de toutes époques, de tous styles et de toutes origines (au début par extraits de courte durée), et de prendre en compte les habitudes musicales des enfants, le caractère pluriethnique de beaucoup de classes et l'impact des médias.

Dans un premier temps (cours préparatoire), l'objectif essentiel est de capter l'attention des enfants au moyen de jeux sensoriels, de développer leur concentration et leur mémoire auditive par des moments d'audition très courts puis progressivement plus longs, de les aider à identifier et à distinguer des sons voisins.

Par la suite les objectifs restent les mêmes mais les exigences se précisent davantage :

- percevoir et analyser diverses situations sonores avec plus de sûreté et de rapidité,
- être capables de soutenir son attention plus longtemps,
- s'acheminer vers l'acquisition de notions fondamentales qui permettent – à l'écoute de documents sonores inconnus – de se construire des repères de perception auditive : tempo, pulsation, éléments mélodiques et rythmiques qui émergent, instrumentation, modes d'attaque et qualités des sons, forme, perception horizontale (entendre d'abord, ensuite) et perception verticale (entendre en même temps).

Si les enfants sont invités à réinvestir dans leurs productions les découvertes faites dans ces activités d'écoute (la démarche inverse étant tout aussi enrichissante), cette relation production - écoute constituera un élément moteur de leur évolution.

Progressivement l'écoute du monde sonore peut devenir beaucoup plus audacieuse, avec des exemples plus subtils ou une organisation dans le temps plus complexe.

Les activités de codage, lecture et écriture musicales

Les activités de codage et de décodage ont un objectif précis : elles permettent aux enfants de garder des traces de leurs réalisations sonores, de les reproduire, de les communiquer à d'autres. Si le besoin s'en fait sentir, les maîtres peuvent aider les enfants à fixer de tels graphismes traduisant des faits sonores qui ont été vécus, perçus, intériorisés (ex : succession de timbres, durée des sons, différences de hauteur).

Occasionnellement une approche des signes musicaux usuels peut se faire car elle s'inscrit tout naturellement dans la période de transition où l'enfant veut l'abstraction. Ce recours au solfège, moyen et non fin en soi, peut se concevoir à l'occasion d'activités vocales et instrumentales plus exigeantes mais restant vivantes.

La démarche utilisée peut être la suivante :

– Partir d'activités musicales au moment où l'enfant a besoin d'agir, de créer, au moment où le travail corporel et sensoriel est indispensable.

– Poursuivre ces activités musicales mais aussi aider à noter ces productions sonores au moment où l'enfant recherche la représentation symbolique. Cette phase très importante, qui amène à de nombreux exercices d'encodage et de décodage, fait passer les enfants par une analyse des faits sonores et la recherche de signes correspondants. Dans cette même phase on peut montrer qu'il existe d'autres types de notations musicales (anciennes, contemporaines). Ceci apporte une dimension culturelle, permet un accès aux musiques contemporaines et relativise la conception de « notation musicale ». Par exemple :

(Chant grégorien)

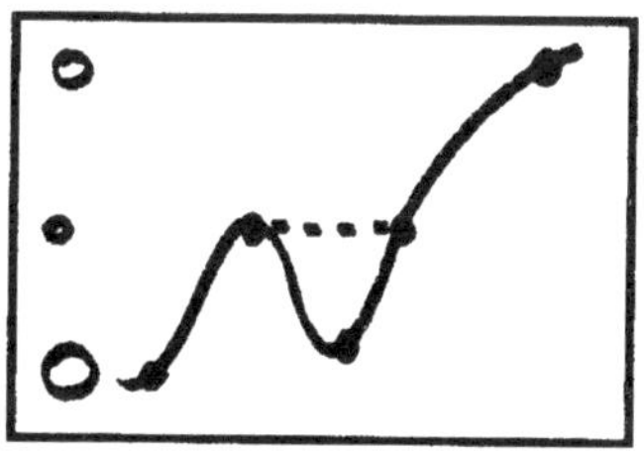

« petit mot mélodique »
méthode Martenot

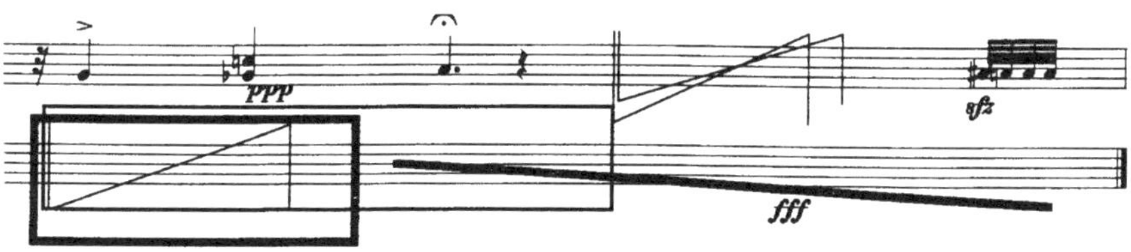

Exemple d'écriture de musique contemporaine

– Donner occasionnellement la possibilité d'accéder à quelques éléments de la notation usuelle par l'intermédiaire d'activités musicales plus exigeantes :
- connaissance de quelques cellules rythmiques pour accompagner des chansons ou réaliser une polyphonie instrumentale simple ;

- connaissance de quelques signes de nuances permettant de mieux interpréter une chanson ou d'analyser la dynamique d'une musique;
- connaissance de quelques relations mélodiques pour accompagner des chansons sur des instruments à lames ou pour commencer à jouer de la flûte à bec.

C'est dans ce sens, avec une idée de progressivité implicite, que le maître doit comprendre ces extraits de programmes et instructions :

– «nature et objectifs» (p. 74) : « l'enfant s'initie aux instruments et aux signes ».

– « Programmes ».

(p. 77) : « Étude élémentaire des signes musicaux usuels » (au C.E.).

(p. 78) : « Lecture et écriture musicales (notation usuelle, recours au solfège) » (au C.M.).

– Utiliser la notation usuelle.

Si tout ce qui précède a effectivement été réalisé, dans la continuité, il est alors tout à fait possible de proposer aux enfants, généralement vers le cours moyen, des partitions musicales simples permettant, par exemple, de mettre en place de petits moments musicaux qui demandent de la précision :

D'autres partitions, pas encore déchiffrables dans leur globalité, sont sans doute plus difficiles d'accès. En effet la lecture synchronisée de mouvements mélodiques et de durées de sons demande beaucoup d'attention et une pratique régulière. Mais l'utilisation de telles partitions permet aux enfants de s'initier à un type de codage qui donne accès à bien des musiques, et elle permet au maître d'attirer l'attention sur un endroit précis où les enfants font une erreur (faute d'intonation, manque de synchronisme entre deux parties,imprécision rythmique...). Le fait d'avoir une partition entre les mains incite l'enfant à se concentrer sur un point précis; cela le responsabilise, le valorise aussi. Mais ce recours au solfège ne doit en aucun cas être une fin en soi.

L'improvisation, l'expression et la création

Les programmes officiels demandent aux maîtres de « développer les capacités d'expression et de création», d'« encourager la pratique individuelle et l'improvisation». (Programmes et instructions p. 74). Il est nécessaire de préciser ces termes et de faire quelques remarques avant de montrer l'intérêt de cet aspect de l'éducation musicale.

L'expression. Pour tout enfant la musique est jeu et moyen d'expression. Une expression dans le sens d'un mouvement de l'intérieur vers l'extérieur, pour libérer une énergie, une émotion, une sensation, et tenter de formuler ce que l'on sent. Une pédagogie musicale de la créativité incite l'enfant à comprendre qu'il a des possibilités d'expression musicale propres.

L'improvisation est une forme particulière de création. C'est une création unique et spontanée où le processus prime sur le résultat. Il peut être intéressant d'utiliser le magnétophone pour développer l'écoute critique et faire évoluer le premier jet spontané vers la création.

L'improvisation collective doit nécessairement se pratiquer en petits groupes. Au-delà de huit, il est impossible d'écouter ce qui se passe.

Improvisation et éducation musicale

« Personne, qu'il soit Indien, Afriquain ou Européen, ne peut improviser dans le vide » (Menuhin).

– Si les réactions spontanées et l'expression libre présentent un intérêt certain, il faut aussi en connaître les limites.

D'où la nécessité pour le maître d'aider l'enfant :

– à mieux écouter ce qu'il fait, à se montrer exigeant et critique,

– à mieux écouter ce que fait l'autre,

– à ce que son improvisation se coordonne avec l'autre et devienne une véritable communication.

– L'improvisation libre ne peut évoluer et s'enrichir que si des moments d'improvisation sont intégrés à l'éducation musicale proprement dite :
- liaison avec le chant,
- liaison avec l'audition musicale
- liaison avec le rythme.

– Outre un moyen d'expression, l'improvisation est une forme d'auto-apprentissage à travers laquelle le maître peut évaluer quelles notions musicales l'enfant a intériorisées.

– Cette pédagogie de l'activité musicale associe des moments où l'enfant explore, élabore, s'exprime, et des moments où il revient au maître d'apporter des moyens qui développent les aptitudes musicales de l'enfant.

Recherche de moyens d'expression

Un support musical à la portée de tous : la voix

– Découverte de sa voix au moyen de jeux vocaux : murmurer, parler, moduler, crier ; souffle, cascade de rire étonnement, plainte ; jeu sur les voyelles et les consonnes, jeu d'articulation ; accords libres, situer sa voix dans un ensemble, intervenir ou disparaître ; opposition de timbres et de volumes sonores ; imiter des bruits de la nature, évoquer un monde imaginaire, etc.

– Mise en relation de la poésie et de la musique. Un texte peut devenir matière musicale. Le point de départ est le plaisir de jouer avec la matière sonore de phonèmes, de mots, de phrases. Cette recherche d'expressions sonores s'organise dans le temps.Toutes les ressources de la voix peuvent être utilisées. De nombreuses situations imaginaires peuvent favoriser cette interpénétration des mots et des sons : dire un texte avec différents accents (anglais, bourguignon, mondain...), créer différents climats ou états d'âme (colère, ennui, ironie...), mettre en valeur certains mots ou casser le discours (appareil en panne).

La pratique de ces différentes formes d'expression vocale permet aux enfants une réelle approche des musiques de notre temps et fait comprendre la démarche de création des compositeurs contemporains.

Le mouvement et le corps

– À partir d'œuvres enregistrées, s'exprimer corporellement, librement ou de façon plus organisée.

– À partir d'un chant, créer une danse ou des mouvements d'ensemble inspirés par la musique plus que par les paroles.

Jeu instrumental

– Création d'un climat sonore par la recherche des sonorités diverses que peuvent produire les instruments quand on les gratte, frotte ou frappe. Choisir celles qui conviennent le mieux pour accompagner une chanson, puis les organiser.

– Montages rythmiques :

- sur des rythmes improvisés qui s'organisent dans le temps et qui nécessite l'utilisation du magnétophone ou d'un codage inventé par les enfants ;
- sur des rythmes étudiés, à partir de différentes sonorités instrumentales et organisées suivant une forme. Par exemple :

1) les claves,
2) entrées progressives des instruments,
3) jeux de nuances,
4) fin, selon les vœux du groupe.

– sur des instruments qui permettent à la fois l'élargissement et la précision du geste : timbales, cymbales, tuyaux sonores...

– Accompagnement harmonique d'un chant simple, avec une tonique et une dominante.

– Improvisation sur des instruments à lames (xylophone, carillon) sur une échelle pentatonique, c'est-à-dire à cinq sons (retirer les FA et les SI).

- inventer une mélodie sur les notes restantes ;
- accompagner cette mélodie avec un accord (DO-SOL ou RÉ-LA ou FA-DO) ;
- créer une forme. Par ex. : introduction rythmée, interludes instrumentaux, recherche d'une conclusion.

Évolution dans les improvisations instrumentales collectives

1re étape jeux libres

Objectif : s'exprimer librement.

Caractéristiques de cette étape :

– chaque enfant choisit un instrument, joue seul,
– consigne : rechercher tous les modes de jeu possibles,
– retour au groupe : chacun présente ses trouvailles,
– changer ensuite d'instruments,
– plaisir de la manipulation libre, décharge affective,
– inévitable désordre sonore mais c'est une étape indispensable.

Rôle du maître :

– observations individuelles (attitude et jeu musical de chaque enfant),
– observation du groupe (comportement de chacun par rapport au groupe),

– faire analyser ce qui s'est passé. Valoriser les trouvailles,
– proposer des moyens d'évolution, suggérer des idées.

2e étape jeux en dialogue

– Objectif : amorcer l'écoute de l'autre.

Caractéristiques de cette étape :

– groupes de deux dispersés dans la salle,
– réalisation d'un moment musical ; la musique naît du silence. Seule consigne de jeu : « On s'écoute »,
– on joue quand on veut, comme on veut, mais on écoute ce qui se passe,
– après le jeu, analyse de ce qui s'est passé,
– de tels moments d'improvisation cimentent le groupe ; chacun devient capable de s'exprimer tout en écoutant les autres et en tirant parti de ce qu'il entend,
– malgré les jeux préliminaires, certains enfants jouent encore sans se soucier de l'autre,
– une lassitude peut survenir, le jeu musical perd de sa spontanéité, des stéréotypes interviennent. Il devient nécessaire d'insuffler à l'imagination des forces nouvelles.

Rôle du maître :

– faire respecter la consigne « On ne parle pas, c'est la musique qui dit »,
– valoriser les moments réussis en les rappelant avec précision,
– solliciter la mémoire de chacun et affiner l'écoute musicale,
– mener à une prise de conscience du rôle de chacun pour favoriser une réalisation musicale collective plus riche.

3e étape jeux en trio

Deux instruments cherchent à s'accorder, le troisième est libre (même disposition que pour deux).

Jeux en petits groupes

Objectifs :

– mieux écouter les autres et acquérir des moyens d'expression qui développent les aptitudes musicales ;
– affiner le jeu instrumental (autres modes de jeu, recherche sur les possibilités spécifiques des familles instrumentales) ;
– enrichir le langage musical : dans les domaines rythmique et mélodique, en abordant des formes (dialogue / superposition, forme A-B-A, jazz) ;
– prolonger l'écoute active d'une œuvre par une improvisation qui utilise un matériau sonore analogue ;
– utiliser les possibilités de la voix. Mêmes recherches qu'avec les instruments : du cri au chuchotement, des onomatopées aux complaintes, jeux d'intonation du parlé / chanté ;
– partir d'un thème descriptif et expressif (ex. : l'hiver, la peur), mettre en musique un poème, un conte ;
– inventer une musique pour accompagner une bande dessinée, un montage audiovisuel, un jeu de marionnettes ;
– danser sur une musique inventée par le groupe.

Rôle du maître :

– veiller à sortir du mode descriptif ;

– apporter des éléments techniques précis qui favorisent le développement des aptitudes musicales ;

– se documenter pour faire entendre des musiques riches dont certains éléments pourront être appropriés et réinvestis par les enfants dans leurs improvisations ;

– chercher des supports extra-musicaux qui créent un climat affectif dont la musique bénéficie.

INDEX

Masson & Armand Colin Éditeurs
5, rue Laromiguière
75241 Paris Cedex 05
N° : 105512
Dépôt légal : Février 1996

Imprimerie Nouvelle
45800 Saint-Jean-de-Braye
N° d'imprimeur : 28665
Dépôt légal : Janvier 1996